Colloquial
Malay

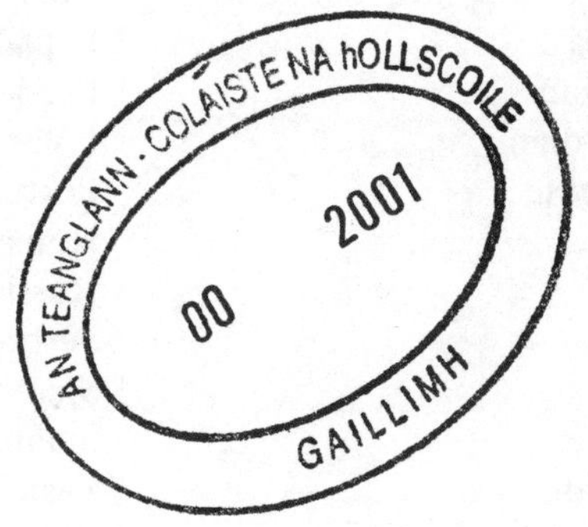

The Colloquial Series

The following languages are available in the Colloquial series:

* Albanian
* Amharic
* Arabic (Levantine)
* Arabic of Egypt
* Arabic of the Gulf and Saudi Arabia
* Bulgarian
* Cambodian
* Cantonese
* Chinese
* Czech
* Danish
* Dutch
* English
* Estonian
* French
German
* Greek
* Gujarati
* Hungarian
* Indonesian
* Italian
* Japanese
* Malay
* Norwegian
* Panjabi
* Persian
* Polish
Portuguese
* Romanian
* Russian
* Serbo-Croat
* Spanish
* Spanish of Latin America
* Swedish
* Thai
* Turkish
* Ukranian
* Vietnamese
* Welsh

* Accompanying cassette(s) available

Colloquial Malay

A Complete Language Course

Zaharah Othman and Sutanto Atmosumarto

London and New York

First published 1995
by Routledge
11 New Fetter Lane, London EC4P 4EE

Simultaneously published in the USA and Canada
by Routledge
29 West 35th Street, New York, NY 10001

Typeset in Times Ten by Florencetype Ltd, Stoodleigh, Devon

Printed and bound in England by Clay Ltd, St Ives plc

British Library Cataloguing in Publication Data
A catalogue record for this book is available from the British Library

Library of Congress Cataloguing in Publication Data
A catalogue record for this book has been requested

ISBN 0–415–11012–2 (book)
ISBN 0–415–11013–0 (cassettes)
ISBN 0–415–11014–9 (book and cassettes course)

Contents

Malay transcription and pronunciation 1

1 **Nama saya John Stanton**
My name is John Stanton 12
2 **Ini bukan anak Susan**
This is not Susan's child 22
3 **Ada berapa murid dalam Darjah Satu?**
How many pupils are there in Standard One? 35
4 **Di mana Tugu Negara?**
Where is the National Monument? 50
5 **Bagaimana rumah anda yang baru?**
How's your new house? 66
6 **Anda suka berjalan?**
Do you like walking? 76
7 **Hari ini berapa haribulan?**
What is today's date? 88
8 **Menunggu siapa?**
Who are you waiting for? 102
9 **Kembali ke kolej**
Back to college 115
10 **Pembangunan di Malaysia**
Development in Malaysia 129
11 **Surat saya sudah ditaip?**
Has my letter been typed? 143
12 **Tolong ambilkan saya surat**
Please get me the letters 152
13 **Mana yang lebih baik?**
Which is better? 164

14 Ramai orang mengerumuni kawasan rumah itu
Many people gathered in the compound 177

15 Ayam terlepas keluar
The chickens have escaped 191

16 Bermaaf-maafan di Hari Raya
Asking for forgiveness on the Day of Eid 207

Grammar summary 225
Key to the exercises 243
Malay–English glossary 273

Malay transcription and pronunciation

For speakers of European languages, Bahasa Melayu (the Malay language) is perhaps among the easiest of oriental languages to learn, mainly because Malay is written in roman characters. Moreover all syllables are pronounced almost equally and it is not a tonal language.

The basic intonation of Malay (the 'music of the language') is conventional, that is, it uses a rising intonation for yes–no questions and a falling intonation for *who*, *what*, etc. questions and statements, just like English.

Pronunciation, however, can be a problem. There are five vowels in Malay and none of them has an exact equivalent in English. Of the twenty-four consonants, six – namely /f/, /m/, /n/, /l/, /s/ and /y/ – can be pronounced roughly the same as English. In the following section, however, the Malay sounds are described in terms of the closest English sounds. The English referred to is Standard British English.

Word stress

In Malay a word is segmented into syllables, all of which receive almost equal stress, e.g. **ma/kan** (two syllables), **mi/nu/man** (three), **per/kah/wi/nan** (four), etc.

A sequence of stresses and non-stresses causes fluctuation(s) in utterance. In a stream of English speech, unstressed syllables are slurred or pronounced almost inaudibly whilst the stressed ones are accented, hence creating a wave of contractions. This is not the case with Malay speech. Because all syllables have to be pronounced almost equally, one by one, a sentence in Malay takes a longer time to read or say compared with an English sentence. However, Malay speakers have a way of cutting or dropping a syllable or even a word which they find disposable in an utterance. Here are some examples:

full/formal form	*short form*
tetapi ('but')	**tapi**
Saudara hendak ke mana? ('Where do you want to go?')	**Nak ke mana?**
masuk ke dalam bilik ('to enter the room')	**masuk bilik**
bukan (question tag)	**kan**
Saudara mahu makan apa? ('What do you want to eat?')	**Mau makan apa?**

Also the prefix **me** attached to a verb is often partially chopped off. Only the root verb is used. For example:

Dia memukul gendang. ('He is beating the drum.')	**Dia pukul gendang.**
Saya hendak menulis surat. ('I want to write a letter.')	**Saya nak tulis surat.**
Dia mencuci baju ('She is washing clothes.')	**Dia cuci baju.**

Intonation

In normal speech one can distinguish four levels of pitch: very low (symbolized by 1); low, which is the usual voice level at the beginning of an utterance (2); high (3) and very high (4). A varied combination of these pitch levels, plus a pause, makes up the intonation of an utterance. It should not be much of a problem for an English speaker to learn basic Malay intonation because it is similiar to that of English:

Statements (falling intonation)

Saya / makan. 2 3 3 1	I'm eating.
Orang itu / minum susu. 2 2 31 / 2 2 3 1	That person is drinking milk.
Dia / tidak mau duduk. 2 3 / 2 2 2 2 3 1	He doesn't want to sit.

Yes–No questions (rising intonation)

Orang itu / datang? 2 2 23 / 2 3	The man came?
Datangkah / orang itu? 2 2 3 / 2 2 2 3	Did the man come?

'Who', 'what' etc. questions (falling intonation)

Bila / orang itu / pergi? 2 3 / 2 2 2 3 / 3 1	When did the man go?
Apa / kerja anda? 2 3 / 2 2 3 1	What's your job?
Siapa / menulis surat itu? 2 2 3 / 2 2 2 2 3 3 1	Who wrote that letter?
Saudara / makan apa? 2 2 3 / 2 2 31	What are you eating?

Reading and writing

Let's note the definition of the linguistic word 'phoneme'. A phoneme is a minimal distinctive sound unit, sufficient to distinguish a word from one otherwise similar. For example /t/ in *time* and /d/ in *dime* are two distinctive sound units or phonemes. Similarly /i:/ in *deed* and /i/ in *did* are two different vowel phonemes.

English phonemic transcription is very different from the regular writing – the former is for linguists and the latter is for everybody. In English, words with the same vowel sounds can be written in very different ways, for example the phoneme /ei/ is in the words *make*, *weight*, *plain*, all of which, though pronounced in a similar fashion, are spelt quite differently.

There is a more consistent relationship between Malay phonemes and their written forms. Normally, for one Malay phoneme there is one written form, namely one of the letters in the Latin alphabet. This applies to vowels as well as to consonants. In Malay it is the consistency of the one-to-one relationship between sound and symbol that makes the reading and writing of the language relatively straightforward. There is therefore no problem with spelling.

Pronunciation

In Malay, there are five basic vowel phonemes: /a/, /e/, /i/, /o/, and /u/. Diphthongs or glides are made by combining one with another.

Vowels

/a/

The Malay /a/ is pronounced in two ways depending on its position. When **a** is in word-initial position (which is normally accented) or when it is between two consonants, it is pronounced like the *a* in the English word *father*:

taman	garden	**makan**	eat
banyak	many/much	**dapak**	can/get
balas	reply	**bayar**	pay
akar	root		

The second way to pronounce **a** occurs in word-final position, in which case it is pronounced as *a* in the English word *china*. In this position, **a** is usually unaccented:

ada	to exist/to have	**bahawa**	that
apa	what	**tanda**	sign
acara	programme	**kata**	word

Note: **a** can combine with **i** or **u** to produce the diphthongs **ai** (as in the English *my* and *tie*) and **au** (as in the English *cow* and *bow*):

air	water	**haus**	thirsty
cair	watery	**maut**	death
lain	different	**laut**	sea
kait	hook	**daun**	leaf

/e/

The Malay /e/ has two different sounds. One is pronounced like the English *a* in *ago* and *again*. The other sounds somewhere between the *e* in *bed* and the *a* in *bad*.

e in *ago*		*e* between *bed* and *bad*	
emas	gold	**enak**	delicious
kertas	paper	**elak**	avoid

serbu	attack	**beza**	differ
entah	don't know	**elok**	nice
beras	rice	**ejaan**	spelling

/i/

The Malay /i/ is pronounced much like the English vowel sound in *feet*, *meat* and *be*:

itu	that	**beli**	buy
ikan	fish	**beri**	give
kira	count	**sunyi**	quiet
kita	we	**mandi**	bathe
gila	mad	**tinggal**	stay

Note: The **i** can combine with **u** or **o** to produce diphthongs **iu** (no English equivalent) and **io** (as in the English *kiosk*).

iu		*io*	
tiup	blow	**biola**	violin
siul	whistle	**Tioman**	(an island)
cium	kiss		
liur	saliva		

/o/

The Malay /o/ is different from the English /o/. Generally the English /o/ in an open syllable is long, as if being followed by *u* at the end whereas the Malay /o/ is short, the nearest to English being like the *o* in *go* and *so*. In a closed syllable the Malay /o/ is very much like the vowel sound in *more*, *saw* or *door*.

(An open syllable has a vowel ending the syllable. A closed syllable has a consonant ending the syllable, for example, in **ti/dur** ('to sleep'), the first syllable **ti** is open and the second syllable **dur** is closed.)

so/to	soup	**kotor**	dirty
ko/ko	cocoa	**botol**	bottle
kuno	old	**kosong**	empty
		tonton	to watch

Note: If there are two **o**s in a word, both should be pronounced the same. If in a word one **o** is in an open syllable and the other in a closed syllable, the **o** in the closed syllable is dominant. So both **o**s in each word in the right-hand column above are pronounced as the vowel sound in *more*, *saw* and *door*.

/u/

The Malay /u/ in an open syllable is pronounced like the English *oo* in *tooth*, *boom* or *shoot*. All **u**s in the two columns below are pronounced the same.

buku	book	**dulu**	first, before
susu	milk	**suhu**	temperature
cucu	grandchildren	**sudu**	spoon
kuku	fingernail	**tuju**	towards

In a closed syllable /u/ is pronounced much like the Malay short /o/ above. This applies to the second syllable of the words below. The /u/ in the first syllable, however, is pronounced long as in *tooth*, *boom* and *shoot* above.

tumpul	blunt	**gunung**	mountain
musuh	enemy	**umum**	public
urus	to manage	**untuk**	for
sudut	corner	**masuk**	enter

The **u** can combine with **a** to produce the diphthong **ua** (no English equivalent):

muat	load	**suatu**	a *or* an
kuat	strong	**buat**	make
buah	fruit	**suara**	voice
kuasa	power	**suami**	husband

Consonants

There are twenty-four consonants in Malay. A few technical terms have to be used to describe their pronunciation.

aspirated	with a puff of air
voiced/voiceless	with/without vibration of the vocal cords in the Adam's apple
unreleased	no explosion in the production of /t/, /d/, /p/, /b/, /k/, /g/ in the final position

/t/ and /d/

Unlike the English /t/, the Malay /t/ is not aspirated when it occurs in syllable-initial position (no puff of air) like the English sound /t/ in *time*. As in English, the Malay /d/ is the counterpart of /t/: /d/ is voiced whereas /t/ is voiceless. Note the contrast of meaning when one replaces the other in the following pairs of words:

Initial position

tari	dance	**dari**	from
tahan	endure	**dahan**	branch
tua	old	**dua**	two
titik	dot	**didik**	teach
talam	tray	**dalam**	inside

Final position

/d/ is usually devoiced (voiceless) when it occurs at the end of a word/syllable, whereas /t/ is pronounced unreleased.

abad	century	**cepat**	quick
murid	pupil	**tempat**	place
Ahad	Sunday	**sempit**	narrow
abjad	alphabet	**rumput**	grass

/p/ and /b/

Both bilabial sounds, as in English, /p/ is voiceless and /b/ is voiced. The main feature of Malay /p/ is that, unlike the English sound /p/ in *pin*, it is never aspirated. It is also unreleased when it occurs in the final position in a word. As in English, in Malay /b/ is the counterpart of /p/. The /b/ is voiced whereas /p/ is voiceless. Note the contrast of meaning in the following pairs of word when /p/ is replaced by /b/ or vice versa:

pagi	morning	**bagi**	for
pedas	hot	**bedah**	operate
parang	large knife	**barang**	thing
puluh	ten	**buluh**	bamboo
palang	cross	**balang**	big bottle

In the final position in a word, both /p/ and /b/ are pronounced unreleased.

tetap	constant	**biadab**	rude
lengkap	complete	**sebab**	because
sikap	attitude	**bab**	chapter
cukup	enough	**lembab**	damp
tutup	close	**Arab**	Arab

/k/ and /g/

When the Malay /k/ occurs initially it is different from the English /k/ in that it is not aspirated. In a final position /k/ is pronounced unreleased, making it into a glottal stop. As in English, the Malay /g/ is the counterpart of /k/: the /g/ is voiced whereas /k/ is voiceless. In initial position the pronunciation of Malay /g/ is very much like the English /g/ in *game*. Note the contrast of meaning in the following pairs of word when /k/ is substituted by /g/ or vice versa:

kelas	class	**gelas**	glass
kakak	sister	**gagak**	crow
kalah	defeated	**galah**	pole
karang	compose	**garang**	fierce

/k/ in syllable-final position is pronounced unreleased or serves as a glottal stop.

anak	child	**busuk**	rotten
adik	younger sibling	**mogok**	to strike
selidik	investigate	**pokok**	tree

/g/ does not occur in syllable-final position.

/c/ and /j/

Malay /c/ is pronounced much like the English *ch* in *chair*, *cheat* or *cheese*. The Malay /j/ is pronounced much like the English *j* in *Jack* or *Jill*. The difference between them is that /j/ is voiced whereas /c/ is voiceless. **C** never occurs in the final position. Note the contrast of meaning in the following pairs of words when /c/ is replaced by /j/ or vice versa:

cari	find	**jari**	finger
cucur	cake	**jujur**	honest
acar	pickle	**ajar**	teach

/h/

The Malay /h/ is pronounced very much like the English /h/ in *hen*, *home* or *hay*. It is found in initial, medial and final positions. Attention needs to be drawn to the fact that in the final position the /h/ must still be pronounced audibly, otherwise the meaning changes:

guru	teacher	**guruh**	thunder
buru	to hunt	**buruh**	labour
dara	virgin	**darah**	blood
muda	young	**mudah**	easy
kera	monkey	**kerah**	to 'mobilise'
tua	old	**tuah**	good fortune

In the medial position, flanked by two different vowels, the /h/ is optionally audible:

written	*spoken*	*meaning*
tahu	**tau**	to know
pahit	**pait**	bitter
mahu	**mau**	to want
dahi	**dai**	forehead

When **h** is flanked on both sides by the same vowel, the /h/ is clearly pronounced:

sihir	witchcraft	**mohon**	request
leher	neck	**dahan**	branch

/ng/

These two letters represent one sound. It is pronounced much like the English *ng* in *ring* or *sing*. The /ng/ in the initial and medial positions is difficult for foreign learners.

initial position		*medial position*	
ngeri	fear	**tangan**	hand
ngantuk	sleepy	**bunga**	flower
nganga	to open the mouth wide	**dengan**	with

final position			
terbang	fly	**pulang**	to return
barang	thing	**hilang**	to lose
datang	to come	**abang**	big brother

Combined /ng/ and /g/

The three-letter combination **ngg** should be pronounced very much like the English *ng* in *angle*, *congress* and *tango*.

ganggu	to disturb	**tunggu**	to wait
panggung	cinema	**bangga**	to be proud of
singgah	to stop over		

/ny/

The two letters **ny** represent one phonemic unit. It is pronounced much like the English *ny* in *canyon* and *Kenya.*

nyanyi	to sing	**nyamuk**	mosquito
tanya	to ask	**kenyang**	full
banyak	many	**sunyi**	quiet

/r/

The Malay /r/ is similar to the English /r/, although it should be rolled very slightly when in syllable-final position.

initial position	*syllable-cluster*	*syllable-final*
rasa	**praktik**	**sabar**
rumah	**drama**	**air**
ramah	**pra**	**khabar**
roda	**pro**	**tukar**

/w/

The Malay /w/ differs from the English /w/ in that it is pronounced with much less rounding of the lips.

wajib	obligatory	**warna**	colour
wanita	women	**wayang**	film show
waktu	time	**walaupun**	even if
warkah	letter	**warisan**	heritage

/kh/

The two letters **kh** are represented by one phonemic unit /kh/. It is pronounced like *ch* in the Scottish *loch*. It occurs at both the beginning and the end of a syllable. Many of the following words are originally from Arabic.

initial		*final*	
khuatir	worried	**tarikh**	date
khabar	news	**akhirat**	end of the world
khutbah	sermon	**makhluk**	creature

/m/, /n/, /l/, /s/, /sy/, /f/, /v/ and /y/

The remaining consonants **m**, **n**, **l**, **s**, **sy**, **f**, **v** and **y** are phonemically similiar to their counterparts in English, though never quite the same.

	as in English	*Malay examples*
/m/	*mother*	**makan**, **minum**, **main**, **marah**
/n/	*no*	**nama**, **nasi**, **nada**, **niat**, **nombor**
/l/	*lip*	**lupa**, **lepas**, **laku**, **lampu**, **lapar**
/s/	*say*	**saya**, **siapa**, **asap**, **tugas**, **sepi**
/sy/	*she*	**syukur**, **syurga**, **syarat**, **isyarat**
/f/	*fun*	**fasal**, **fasih**, **fajar**
/v/	*television*	**televisyen**
/y/	*yet*	**yang**, **daya**, **saya**

Bahasa baku

There is an official move to standardise Malay pronunciation. This standard dialect is known as **bahasa baku**. In **bahasa baku,** for example, **a** in final position is pronounced as the *a* in *star*, rather than the *a* in *china*. However, please note that everyday Malay pronunciation has been used throughout this book and the accompanying cassettes.

1 Nama saya John Stanton

My name is John Stanton

In this lesson you will learn about:

- Personal and possessive pronouns (i.e. 'I', 'my', 'you/your', etc.)
- Compound nouns
- Simple questions using **apa** ('what') and **siapa** ('who')
- The phrases **maaf** and **apa khabar**

Nama saya John Stanton

John Stanton is at a Malaysian function, where he finds himself a total stranger. He gets himself a drink and decides to get to know a few people

JS: Apa khabar? **Nama saya** John Stanton. Saya orang Inggeris. Saya **pegawai bank**.

S: Khabar baik, terima kasih. Saya Siti dan **saya setiausaha**.

JS: Maafkan saya, nama anda siapa?

AB: Saya Ahmad. Saya **pengurus kedai pakaian**.

JS: Dan ini . . . isteri anda?

AB: Ya, **ini isteri saya**, Aishah. Dia bekerja di pejabat pos. Itu anak lelaki saya, Abdul. Dia bekerja dengan saya. Abdul, ini John Stanton.

JS: Apa khabar, Abdul?

Vocabulary

apa	what	**baik**	fine/good
apa khabar	(*lit.*) What news? How are you?	**nama**	name
		saya	I/me/my
khabar baik	(*lit.*) good news	**orang**	people/person

terima kasih	thank you	**itu**	that
pegawai	officer	**isteri**	wife
maaf	excuse me	**anak**	child
anda	you/your/yours	**anak lelaki**	son
siapa	who	**Inggeris**	English
kedai	shop	**dia**	he/him/his she/her/hers
dan	and		
ya	yes	**di**	at/in
pos	post	**pejabat**	office
dengan	with	**bekerja**	to work
pakaian	clothes/clothing	**pengurus**	manager
ini	this	**setiausaha**	secretary

My name is John Stanton

JS: *How are you? My name is John Stanton. I am English. I am a bank officer.*

S: *Fine, thank you. I am Siti and I am a secretary.*

JS: *Excuse me, what is your name?*

AB: *I am Ahmad. I am a manager of a clothes shop.*

JS: *And this . . . is your wife?*

AB: *Yes, this is my wife Aishah. She works at the post office. That is my son, Abdul. He works with me. Abdul, this is John Stanton.*

JS: *How are you, Abdul?*

Language points

Personal and possessive pronouns

In Malay, the same form is used for both personal (e.g. 'I', 'you') and possessive (e.g. 'my', 'your') pronouns:

saya	I, me, my
anda	you, your
dia	he, him, his she, her
kami	we, our (*excluding the person spoken to*)
kita	we, our (*includes the person spoken to*)
mereka	they, their, them

Examples

***Saya* setiausaha.**	*I* am a secretary.
Dia bekerja dengan *saya.*	He works with *me.*
Ini kedai *saya.*	This is *my* shop.
***Anda* pengurus.**	*You* are a manager.
Ini kerusi *anda.*	This is *your* chair.

For more on personal pronouns, see Lesson 3.

subject	*noun predicate*	*subject*	*noun predicate*
Ini	**Abdul**	This is	Abdul.
Dia	**pengurus**	He is	a manager.
Itu	**Aishah**	That is	Aishah.

As you can see from the examples above, colloquial Malay sometimes dispenses with the use of the verb 'to be' and the articles (i.e. 'a'/'an') as used in the English language. This will be discussed further in Lesson 4.

Compound nouns

A noun can be qualified by another noun or nouns to produce a compound noun. In English the qualifiers come before the noun they modify but in Malay it is the reverse. The rule is, if the English word order is 1, 2, 3, then the sentence in Malay is 3, 2, 1:

my name (1, 2)	**nama saya** (2, 1)
my wife (1, 2)	**isteri saya** (2, 1)
bank officer (1, 2)	**pegawai bank** (2, 1)
clothes shop manager (1, 2, 3)	**pengurus kedai pakaian** (3, 2, 1)
post office clerk (1, 2, 3)	**kerani pejabat pos** (3, 2, 1)

This rule often applies to verbs and adjectives which serve as the qualifier (for the noun):

noun	*verb*		*noun*	*adjective*	
meja	**makan**	dining table	**beg**	**merah**	red bag
mesin	**taip**	typewriter	**rumah**	**putih**	white house
bilik	**tidur**	bedroom	**kopi**	**hitam**	black coffee
ruang	**duduk**	lounge	**budak**	**pandai**	clever child
rumah	**rehat**	rest house	**teh**	**manis**	sweet tea

Simple questions using 'what' and 'who'

A statement can be changed into a question by the use of **apa** ('what') and **siapa** ('who') in place of the subject being queried. There are various ways of forming a question, as illustrated below. However, note that, as in English, **apa** is used only when referring to objects and **siapa** for people.

(statement)	**Itu buku.**	That is a book.
(question)	**Itu *apa*?**	(*lit.*) That is *what*?
(alternative)	***Apa* itu?**	What is *that*?
answer	**Itu buku.**	That is a book.
(statement)	**Itu buku Inggeris.**	That is an English book.
(question)	**Itu buku *apa*?**	(*lit.*) That is *what* book?
answer	**Itu buku Inggeris.**	That is an English book.
(statement)	**Ini meja makan.**	This is a dining table.
(question)	**Ini *apa*?**	(*lit.*) This is *what*?
(alternative)	***Apa* ini?**	*What* is this?
answer	**Ini meja makan.**	This is a dining table.
(statement)	**Ini meja makan.**	This is a dining table.
(question)	**Ini meja *apa*?**	(*lit.*) This is *what* table?
answer	**Ini meja makan.**	This is a dining table.
(statement)	**Ini Aishah.**	This is Aishah.
(question)	**Ini *siapa*?**	(*lit.*) This is *who*?
(alternative)	***Siapa* ini?**	*Who* is this?
answer	**Ini Aishah.**	This is Aishah.
(statement)	**Ini anak Aishah.**	This is Aishah's child.
(question)	**Ini *siapa*?**	(*lit.*) This is *who*?
(alternative)	***Siapa* ini?**	*Who* is this?
(alternative)	**Ini anak *siapa*?**	(*lit.*) This child is *who*(*se*)?
answer	**Ini anak Aishah.**	This is Aishah's child.

Interrupting and apologizing

When interrupting and apologizing, use the word **maaf**. **Maaf** literally means, 'forgive'. The phrase **maafkan saya** ('forgive me') is also commonly used.

Both of these phrases are equivalent to 'excuse me' and 'sorry'. As in English, they are normally used at the beginning of the sentence:

***Maaf*, nama anda siapa?**	Excuse me, what is your name?
***Maafkan saya*, anda siapa?**	Excuse me, who are you?
***Maaf*, sekarang pukul berapa?**	Excuse me, what is the time now?
***Maafkan saya*, saya mesti pergi sekarang.**	I'm sorry, I must go now.
***Maafkan saya*, saya terlupa.**	I'm sorry, I forgot.
***Maaf*, boleh saya lalu?**	Sorry, can I pass through?
terlupa	forgot

Selamat pagi

John Stanton meets an old friend, Ahmad, while he is doing his shopping. He stops for a chat and asks after Ahmad's family

JS: Selamat pagi, Ahmad. Apa khabar?
AHMAD: Selamat pagi, John. Khabar baik dan anda bagaimana?
JS: Saya juga sihat, terima kasih. Anak dan isteri sihat?
AHMAD: Ya, mereka semua sihat. Terima kasih. Mereka di rumah. Bagaimana kerja di pejabat?
JS: Baik. Oh, maaf, saya mesti pergi sekarang. Selamat tinggal.
AHMAD: Baiklah, selamat jalan!

Vocabulary

selamat	(*lit*) safe	**rumah**	house/home
pagi	morning	**mesti**	have to/must
selamat pagi	good morning	**sekarang**	now
juga	also/too	**selamat tinggal**	goodbye
sihat	well/fine/healthy	**baiklah**	all right/okay
selamat jalan	safe journey/farewell	**pergi**	to go
semua	all	**maaf**	sorry
bagaimana	how	**mereka**	they

Good morning

JS: *Good morning, Ahmad. How are you?*
AHMAD: *Good morning, John. I'm fine and how are you?*
JS: *I'm well too, thank you. The children and wife are well?*
AHMAD: *Yes, they are well. Thank you. They are at home. How's work at the office?*

JS: *Fine. Oh, sorry, I must go now. Goodbye.*
AHMAD: *All right. Safe journey!*

Language points

Selamat

Selamat on its own means 'safe'. Used in a phrase, it conveys a message of goodwill, whatever the occasion. Here are a few common examples:

Selamat pagi, Ahmad	Good morning, Ahmad.
Selamat tengah hari, Abdul	Good afternoon, Abdul. (*from 12 noon to 2 p.m.*)
Selamat petang, Aishah.	Good afternoon, Aishah. (*from 2 p.m. to 6 p.m.*)
Selamat malam, John.	Good night, John.

Note that **selamat malam** is never used to greet someone in the evening. As in English, it is used to wish someone a good night's sleep or to accompany 'goodbye' at night.

***Selamat tinggal*, Ali.**	*Goodbye*, Ali.

Selamat tinggal is normally used by the person leaving.

Selamat jalan.	Safe journey, farewell.

Selamat jalan is normally used by the person left behind.

Selamat datang.	Welcome!
Selamat makan.	Enjoy your food.
Selamat berjaya.	Good luck.

Exercises

Exercise 1

Read and try to understand the following sentences. Refer to the word list below for help with any unfamiliar words. Wherever possible, try to infer the meaning from the context.

1 Saya Jack Smith. Saya orang Amerika.
2 Nama saya Ali. Saya pelajar.

3 Ini Samad. Dia kawan saya.
4 Itu Henry. Dia kawan dari pejabat.
5 Ini Tuan dan Puan Smith. Mereka guru bahasa Inggeris.
6 Kami pegawai bank. Nama kami John dan Jane.
7 Anda pelajar bahasa Malaysia. Saya juga pelajar bahasa Malaysia. Kita pelajar bahasa Malaysia.

pelajar	student	**dari**	from
kawan	friend	**bahasa**	language
guru	teacher		

Exercise 2

Introduce these people to a newcomer at your local club. The newcomer is Aziz from Singapore. If you have any problems with new words, refer to the list below.

1 John Stanton, a bank manager
2 Siti, a secretary at a bank
3 Mary Jones, an English language teacher
4 Gopal, a restaurant manager
5 Tan, a clerk at a post office
6 John Smith and his wife, Jane, who are both English teachers. They are American. (*lit.*: American persons)
7 Anne Johnson, a tourist from England
8 Your husband/wife
9 Susan, John's daughter

restaurant	**restoran**
tourist	**pelancong**
husband	**suami**
daughter	**anak perempuan**
clerk	**kerani**

Exercise 3

Below are answers; what were the questions that prompted them?

1 Saya Susan.
2 Itu guru saya.
3 Dia setiausaha John Stanton.
4 Ini meja makan.
5 Nama dia Samy.
6 Nama saya Sonny.

7 Itu bilik tidur.
8 Ini isteri Bakar.
9 Mereka pelajar Amerika.

Exercise 4

Translate these sentences into Malay. Refer to the list of words below if you are in any difficulty.

1 Excuse me, what is your name?
2 My name is Hassan. I am Asiah's husband.
3 We are students here.
4 This is a Malaysian restaurant.
5 His wife is a doctor at that clinic.
6 Who is the manager of this bank?
7 Good afternoon. I am Wong, the manager of this hotel.
8 Bill is a post office clerk and Mary is a teacher.
9 Good morning. I am Susie's friend.
10 What is your husband's name?

clinic	**klinik**	doctor	**doktor**
hotel	**hotel**		

Exercise 5

Use the appropriate phrases for the following occasions:

1 when a friend arrives at your home
2 when you're leaving a party
3 when your wife/husband is leaving on a long journey
4 when you meet your friend Anthony in the morning
5 when everyone is about to eat
6 when your child is sitting for an examination

Exercise 6

A colleague is busy working on his computer. You would like to interrupt him to ask a few questions. How would you approach him to ask the following:

1 the name of his manager
2 the name of his manager's wife
3 where he lives
4 where the manager comes from

5 who the manager's secretary is

live	**tinggal**
where	**di mana**

Exercise 7

Make apologies for the following:

1 You have to leave a party.
2 You do not know about something that is being asked.
3 You're late.
4 You forgot someone's name.

know	**tahu**	forget	**lupa**
late	**lambat**	not	**tidak**, **tak** (*short form*)

Conversations

The following are a few conversations in colloquial Malay. Study them for understanding first, then read them aloud.

1 A: Siapa nama ayah Abdul?
B: Nama dia Bakar.
A: Dia bekerja di mana?
B: Dia bekerja di bank.

2 C: Selamat pagi, Tommy.
D: Selamat pagi, Hassan.
C: Itu kereta anda?
D: Ya, itu kereta saya.

3 A: Apa khabar, Aishah?
B: Khabar baik, Susan. Anda juga sihat?
A: Ya, sihat. Terima kasih. Ini siapa?
B: Ini anak saya, Fatimah.

4 C: Selamat datang, Chan.
D: Terima kasih. Ini isteri anda?
C: Oh, ya, maaf. Ini isteri saya, Yen.
D: Apa khabar?

5 A: Maafkan saya, siapa nama anda?
B: Nama saya Abidin.
A: Ini kedai anda?
B: Ya, ini kedai saya. Saya jual buku.

6 C: Siapa pengurus anda?
D: Pengurus saya Encik Bakar.
C: Siapa setiausaha pengurus anda?
D: Setiausaha Encik Bakar ialah Susan.

7 A: Maaf, itu bilik siapa?
B: Itu bilik tamu
A: Siapa tamu anda?
B: Tamu saya, Francis dari England.

8 C: Ini kopi manis.
D: Anda minum kopi manis?
C: Ya, saya suka kopi manis.
D: Saya tidak suka kopi manis.

9 A: Asmah bekerja di mana?
B: Asmah bekerja di pejabat pos.
A: Asmah bekerja dengan Atan?
B: Ya, Asmah dan Atan bekerja di pejabat pos.
A: Oh, mereka pekerja pejabat pos!

10 C: Karim kerani di bank.
D: Isteri Karim siapa?
C: Isteri Karim, Sofiah.
D: Sofiah bekerja di mana?
C: Sofiah juga bekerja di bank.

jual	to sell	**kopi**	coffee
pekerja	employee/worker	**manis**	sweet (adj)
kereta	car	**minum**	to drink
buku	book	**suka**	to like
tamu	guest		

2 Ini bukan anak Susan

This is not Susan's child

In this lesson you will learn about:

- Negative sentences with **bukan** or **tidak/tak**
- Verbs and tenses
- Questions with yes–no answers
- The phrases **silakan**, **silalah**
- The use of the suffix **lah** after a verb

Ini bukan anak Susan

Susan is celebrating a homecoming for one of her friends, Annie, who has been abroad for the past twenty years. She has invited some of their very close friends from school who were delighted to meet Annie again, and her four children. It was a very enjoyable moment for Susan and her friends as they watched their children play with each other, just as they had themselves played together more than twenty years ago

ANNIE: Susah hendak percaya. Kita semua sudah ada anak! Yang pakai baju merah itu anak Susankah?

SUSAN: Itu Suhana. Dia **bukan** anak saya. Dia anak Ramlah. Anak perempuan saya, Zainah **tidak ada** di sini. Dia pergi ke rumah datuknya. Dia akan balik esok.

ANNIE: Ramlah ada anak lelaki?

SUSAN: Ada, tapi dia **bukan budak** lagi. Dia sekarang sudah bekerja. Annie **tak ada** anak lelaki?

ANNIE: Tak. Anak saya semua perempuan.

SUSAN: Anak-anak perempuan Annie **nakal** tak macam Annie dulu?

ANNIE: Nakal juga macam emaknya!

SUSAN: Nasib baik juga anak-anak saya **tidak gemuk** macam saya dulu. Mereka **tak makan** banyak macam saya.

ANNIE: Itu anak bongsu Marykah?

SUSAN: **Bukan**, dia **bukan anak bongsu** Mary. Dia anak Mary yang kedua.

Note: when addressing a person in Malay, the person's name is used. Saying 'you' and 'yours' is almost always avoided.

Vocabulary

yang	that, which	**bongsu**	youngest
hendak	to want	**percaya**	to believe
susah	hard	**baju**	dress
merah	red	**bukan**	no/not (*in front of nouns*)
datuk	grandparent		
tidak	no/not (*in front of verbs or adjectives*)	**dulu**	before
		gemuk	fat
tak	shorter form of **tidak** – most commonly used	**kedua**	second
		pakai	to wear
		sudah	already
nakal	naughty	**banyak**	much
macam	like	**esok**	tomorrow
ada	to have/to be	**nasib baik**	is fortunate

This is not Susan's child

ANNIE: *It's hard to believe. We've all got children! The one in the red dress is Susan's child?*

SUSAN: *That's Suhana. She's not my child. She's Ramlah's child. My daughter, Zainah is not here. She's gone to her grandparents' house. She will come back tomorrow.*

ANNIE: *Has Ramlah any sons?*

SUSAN: *She has, but he is no longer a child. He is now working. Annie hasn't any sons?*

ANNIE: *No. All my children are girls.*

SUSAN: *Are your children as naughty as you were?*

ANNIE: *They are naughty too, like their mother.*

SUSAN: *It's fortunate that my children are not as fat as I was before. They don't eat as much as I did.*

ANNIE: *Is that Mary's youngest child?*

SUSAN: *No. She's not Mary's youngest (child). She's her second child.*

Language points

Negation

The English 'does not'/'is not'/'was not' etc. have two equivalents in Malay: **tidak** and **bukan**. The former is used to negate a verb or an adjective, the latter is to negate a noun. Note that **tak** is more commonly used in place of **tidak**.

Negating nouns

Saya guru sekolah.	I am a school teacher.
Saya *bukan* guru sekolah.	I am *not* a school teacher.
Dia anak abang saya.	She is my brother's child.
Dia *bukan* anak abang saya.	She is *not* my brother's child.
Itu kereta Mansur.	That is Mansur's car.
Itu *bukan* kereta Mansur.	That is *not* Mansur's car.

Negating verbs

Susan berjalan ke pejabat.	Susan walks to the office.
Susan *tidak* berjalan ke pejabat.	Susan does *not* walk to the office.
Mereka makan di restoran.	They ate at the restaurant.
Mereka *tidak* makan di restoran.	They did *not* eat at the restaurant.

Negating adjectives

Anak itu malas.	The child is lazy.
Anak itu *tidak* malas.	The child is *not* lazy.
Kereta itu mahal.	The car is expensive.
Kereta itu *tidak* mahal.	The car is *not* expensive.

Verbs

Unlike English, in spoken Malay the verb does not change its form according to the time referred to.

Saya *makan* di restoran.	I *eat* at the restaurant.
Saya sudah *makan* di restoran.	I have *eaten* at the restaurant.
Saya sedang *makan* di restoran.	I am *eating* at the restaurant.

Saya *akan makan* di restoran. I *will eat* at the restaurant.

Note that **sudah** for past tense, **sedang** for continuous tense and **akan** for future tense can easily be dropped when there is indication of time elsewhere in the sentence:

Saya makan di restoran kelmarin.	I ate at the restaurant yesterday.
Saya makan di restoran esok.	I will be eating at the restaurant tomorrow.
Dia pulang bulan depan.	He comes back next month.

Compare the English and the Malay versions:

Amran eats all the time. This morning he ate some bread. He is now eating some rice and he will be eating the pudding later in the afternoon.	**Amran makan setiap masa. Pagi tadi dia makan roti. Sekarang dia makan nasi dan dia makan pudding petang nanti.**

Yes–no questions

A yes–no question is the kind of question that demands the answer 'yes' or 'no'. In Malay, a sentence can be turned into this type of question simply by the tone of the voice. This is particularly the case with spoken Malay where the intonation makes redundant the use of other words which indicate a question.

Sometimes the word **tak** (short for **tidak** ('not')) is used after the verb or at the end of the sentence to form a question. Also a suffix **kah** may be used after a noun or a verb to turn a statement into a question:

statement	*question*
Susan bekerja esok.	**Susan bekerja esok?** **Susan bekerja *tak* esok?**
Susan is working tomorrow.	Is Susan working tomorrow?
Ini anak Susan.	**Ini anak Susan?** **Ini anak Susan*kah*?**
This is Susan's child.	Is this Susan's child?
Ahmad seorang guru.	**Ahmad seorang guru?** **Ahmad seorang guru*kah*?**
Ahmad is a teacher.	Is Ahmad a teacher?

Silakan duduk! Duduklah!

Mary has toothache, and she turns up at the dentist's without making an appointment

MARY: Maaf, saya tidak telefon. Tapi saya perlu jumpa doktor.
PENYAMBUT TAMU: Tak mengapa. **Silakan duduk**.
MARY: Terima kasih. Lama tak saya mesti tunggu?
P.T: Mungkin tidak.
(Tidak berapa lama kemudian)
P.T.: Puan Mary Tan, **silakan masuk sekarang**.
DOKTOR: Sila masuk Puan Tan. **Duduklah**!
MARY: Terima kasih.

Vocabulary

perlu	need	**jumpa**	to see
Tak mengapa.	It's all right.	**duduk**	to sit
tunggu	to wait	**mungkin**	may be
lama	long	**mesti**	have to, must
telefon	to phone	**sekarang**	now
tapi (short for **tetapi** – commonly used when speaking	but		

Take a seat! Do sit down!

MARY: *I'm sorry I didn't phone. But I need to see the dentist.*
RECEPTIONIST: *It's all right. Take a seat.*
MARY: *Thank you. Do I have long to wait?*
RECEPTIONIST: *Maybe not.*
(A few minutes later)
RECEPTIONIST: *Mrs Mary Tan, please go in.*
DOCTOR: *Please come in, Mrs Tan. Do sit down!*
MARY: *Thank you.*

In Malay a dentist is called **doktor gigi** (*lit.* 'teeth doctor') and is addressed as 'doktor'.

Language points

Silakan

Silakan is a polite form of requesting a person to do something. It is equivalent to the word 'please' in English (or even the rather formal 'do', as in 'Do sit down'). The root word is **sila**. The suffix **kan** is used simply to stress the polite nature of the request. **Sila** on its own can be used without causing offence.

***Sila/kan* duduk!**	*Please* sit down!
***Sila/kan* masuk!**	*Please* come in!
***Sila* berdiri!**	*Please* stand!
***Sila* minum!**	*Please* drink!

Occasionally, **sila** is used with the suffix **lah**. Here, the function is to persuade or to stress the intention. For example, **Silalah makan** meaning 'please eat'. Although the Malay equivalent of 'please eat' is **sila makan**, it is not impolite to drop **sila** and just use the suffix **lah** after **makan**. The intonation used shows that it is a gentle and polite request:

Makan*lah*.	*Do* eat.
Tidur*lah*.	*Please* go to sleep.
Jangan*lah*.	*Please* don't.
Jalan*lah* cepat sedikit.	*Please* walk a little faster.
Jangan*lah* marah.	*Please* don't be angry.
Bawa*lah* ibu datang ke rumah.	*Do* bring your mother to the house.

Terima kasih **and** sama-sama

Terima kasih ('thank you') literally means 'to receive with love'.

Although **sama** means 'the same', **sama-sama** is usually used to mean 'you're welcome' or 'not at all' as a response to 'thank you':

A: **Boleh saya bertanya, Pak Cik?**	A: Can I ask a question, Uncle?
B: **Boleh, silakan.**	B: You can, please go ahead.
A: **Pak Cik tinggal di mana?**	A: Where do you live?
B: **Saya tinggal di Kampung Bahagia.**	B: I live in Kampung Bahagia. (Bahagia Village)
A: **Terima kasih, Pak Cik.**	A: *Thank you*, Uncle.
B: **Sama-sama.**	B: *Not at all.*

Pak Cik ('uncle') is normally used to address an elderly man whose name you do not know. Avoiding the word 'you' is a form of respect for the older people in Malay. For an elderly woman, the correct form of address is **Mak Cik**.

Exercises

Exercise 1

Fill in the blanks using **bukan** or **tidak/tak**.

1 Harris ______ pergi ke sekolah hari ini. Dia masih sakit.
2 Susan ______ adik Mary. Dia kakak Mary.
3 Mereka ______ lapar sebab mereka sudah makan tadi.
4 Dia ______ tahu Amir ______ ketua pejabat itu.
5 Betty anak John? ______ Betty ______ anak John. Dia anak Tom.
6 Saya ______ beli kereta baru. Harganya ______ mahal.
7 Shirley ______ gemuk. Dia ______ suka makan banyak.
8 ______ ada orang di rumah Tom. Semuanya sudah pulang.
9 Kalau Harry ______ datang, siapa gantinya?

masih	still	**beli**	to buy
lapar	hungry	**harga**	cost
ketua	head/chief	**mahal**	expensive
ganti	replace	**pulang**	to go home
sekolah	school	**kalau**	if
hari ini	today	**datang**	to come
adik	younger sibling	**sakit**	sick/ill
kakak	elder sister	**tadi**	just now/earlier on
sebab	because	**baru**	new
makan	to eat		

Exercise 2

Alison is interviewing Gopal, an applicant for the post of a clerk at the bank. She asks him about his work experience and qualifications. Write out their conversation covering the following points:

Alison wants to know where Gopal was previously employed.
Gopal replies that he had previously worked as a school clerk.
Alison wants to know if he was the chief clerk there.

Gopal says he was not.
Alison asks whether he had enjoyed his work there.
Gopal answers yes but he wants to try working in a bank.
Alison wants to know whether Gopal smokes and if he minds others smoking.
Gopal says he doesn't smoke or drink, but he doesn't mind if others do so.

previously employed as	**bekerja sebelum ini sebagai**	to smoke	**merokok**
		others	**lain-lain**
to enjoy	**suka**	to mind	**marah**
to try	**cuba**		

Remember, questions requiring a 'yes' or 'no' answer can remain in the form of a statement, with a slight change of intonation.

Exercise 3

Roger Tan has been transferred to a small town where he will be the new editor of the local newspaper. He is taken on a guided tour of the office by Aman, the outgoing editor, before he starts work. Roger is full of enthusiasm and asks a lot of questions about the people he will be working with. Write out their conversation covering the following points:

Roger asks about the lady who sits near the window.
Aman replies that she is Mary Ong.
Roger asks whether she is the columnist for the newspaper.
Aman says yes.
Roger asks whether she is a staff or a freelance journalist.
Aman says she is not a staff but a freelance journalist who writes once a week.
Roger asks about the man who is working on his computer at the end of the room.
Aman replies that he is Azlan.
Roger wants to know whether he is the chief editor.
Aman says no. He adds that the chief editor, Susan, is attending a meeting.
Roger asks about the lady who is walking around with her camera.
Aman says that she is Mary the photographer.
Roger wants to know whether she works every day.
Aman says no. She works only three days a week.

Roger asks who takes photographs on the days Mary is not working.
Aman says Maniam is the other photographer for the newspaper.

woman/lady	**wanita**	writes	**menulis**
sits	**duduk**	once a week	**seminggu sekali**
near	**dekat**	staff	**kakitangan**
window	**tingkap**	end of the room	**hujung bilik**
columnist	**penulis kolum**	news editor	**pengarang berita**
freelance jounalist	**wartawan bebas**	meeting	**mesyuarat**
attending	**menghadiri**	who	**yang**
camera	**kamera**	photographer	**juru gambar**
every day	**setiap hari**	photographs	**gambar-gambar**
newspaper	**akhbar**		

Exercise 4

Rosemary is interviewing a student who has applied for a scholarship to study overseas. Write out the interview, which runs roughly as follows. I Interviewer, C Candidate.

I: invites C to enter the interviewing room and asks her to sit down.
C: says thank you.
I: asks what her name is.
C: answers that her name is Helen Tan.
I: asks what her interests are.
C: replies that she wants to work as a doctor.
I: asks whether she is interested in the field of science.
C: says yes.
I: asks whether her parents are doctors.
C: says no. She tells her that her parents are teachers.
I: asks whether she wants to study in America.
C: says no. She wants to study in England.
I: asks whether she will work as soon as she passes her examinations.
C: says yes.

interest(n)	**minat**	passes	**lulus**
parents	**ibu bapa**	examinations	**peperiksaan**
study(v)	**belajar**	field (of study)	**bidang**
as soon as	**sebaik saja**	science	**sains**

Exercise 5

How would you say the following in Malay using **sila**, **silakan** or **silalah**?

1 You invite someone to come to your house for a birthday party.
2 You ask someone to enter the house
3 You want someone to sit down
4 You want someone to eat
5 You want someone to stand up

birthday	**hari jadi**.
to stand	**berdiri**

Exercise 6

What are the following in Malay?

1 Thank you. I will come to the party.
2 Yes, thank you.
3 Where? Here or there?
4 Sorry, I don't smoke and I don't drink.
5 Yes, thank you. It's delicious.
6 Excuse me, can I talk to you?

party	**majlis**	here	**sini**
there	**sana**	delicious	**sedap**
talk	**bercakap**		

Exercise 7

These are some answers. What were the questions that prompted them?

1 Ya, Susan pengurus bank.
2 Bukan, Anwar bukan pelajar. Dia sudah bekerja.
3 Ya, Amran suami Hasnah.
4 Bukan, Peter bukan kerani pejabat. Dia budak pejabat.
5 Tidak. Rumah Asmah tidak besar. Rumah dia kecil.
6 Ya, dia pergi ke sekolah pagi tadi.
7 Tidak, Ariffin tidak datang ke pejabat hari ini.
8 Bukan, Lily bukan anak Richard. Dia anak Thomas.
9 Tidak, mereka tidak suka makan roti. Mereka suka makan nasi.
10 Ya, dia sakit semalam.

budak pejabat	office boy	**roti**	bread
nasi	(cooked) rice	**sakit**	ill
besar	big	**kecil**	small

Exercise 8

Ahmad is looking for a partner for his catering business. He knows of a number of very interested parties and he wants to know more about them. He asks an old friend Kassim, who knows them all. Ask these questions in Malay, either by changing the tone of your voice or by using the words **tak** and **kah**:

1 Is Henry Tan a supplier of fresh fruit?
2 Does he export the fruit?
3 Is Maniam's instant bread popular?
4 Does he supply for parties?
5 Does he supply gravy for the bread?
6 Is Maniam a reliable supplier?
7 Has he got a big staff?

supply	**bekal**	fresh fruit	**buah segar**
supplier	**pembekal**	popular	**terkenal**
overseas	**luar negeri**	instant bread	**roti segera**
gravy	**kuah**	reliable	**boleh dipercayai**
export	**eksport**		

Exercise 9

Atan was reading a book when the phone rings. At the end of the line was a very familiar voice, but he could not put a name to it. It was in fact Chong, an old acquaintance who had returned after five years in England. Complete the conversation between the two. Use the appropriate words given here: **dari**, **khabar**, **terima kasih**, **bila**, **kerja**, **sila**.

AMIR: Helo, Amir bercakap.
CHONG: Helo, Amir. Apa _______ ?
AMIR: Khabar baik? Ini siapa?
CHONG: Tak tahukah? Ini kawan lama _______ London.
AMIR: Ini Chongkah? Selamat pulang. _______ balik ke Malaysia?
CHONG: Saya sampai di sini minggu lepas.
AMIR: Chong sudah dapat _______ ?
CHONG: Belum. Saya masih mencari.

AMIR: _______ datang ke rumah saya.
CHONG: _______ Saya akan datang esok.

bila	when	**selamat pulang**	welcome back
semalam	last night	**belum**	not yet
mencari	to find/to search	**minggu lepas**	last week

Conversations

Study the following conversations, then read them aloud.

1

JOHN: Saya John. Anda Simonkah?
SIMON: Ya, saya Simon.
JOHN: Wanita itu isteri anda?
SIMON: Bukan, dia bukan isteri saya. Dia isteri Terry.

2

HARRY: Siapa itu, Tony?
TONY: Itu Encik Kassim.
HARRY: Dia pengurus bankkah?
TONY: Ya, dia pengurus bank.
HARRY: Diakah yang menang golf kelmarin?
TONY: Tidak, dia tidak menang golf. Dia kalah.

menang	to win	**kalah**	to lose

3

MARIAM: Itu kereta siapa?
ANNE: Itu kereta saya.
MARIAM: Kereta itu mahal, tak?
ANNE: Tidak, kereta itu tak mahal. Harganya murah.
MARIAM: Anda pandu laju tak?
ANNE: Ya, saya suka pandu laju.
MARIAM: Anda tidak takutkah?
ANNE: Tak, saya tak takut.

pandu	to drive	**takut**	to feel scared
laju	fast		

4

IDRIS: Apa khabar, Darus?
DARUS: Oh, Idris. Khabar baik. Silalah masuk.
IDRIS: Terima kasih.
DARUS: Sila duduk. Nanti saya ambil minuman.

IDRIS: Janganlah susah-susah. Saya sudah minum tadi.
DARUS: Ah, ini pun kopi. Sila minum.
IDRIS: Terima kasih. Saya mahu pergi ke Kuala Lumpur petang ini. Jadi saya mahu ucap selamat tinggal.
DARUS: Ya, selamat jalan dan selamat kembali.

minuman	drinks	**ambil**	to take
ucap	to wish	**mahu**	to want
janganlah susah-susah	don't trouble (yourself)	**selamat kembali**	safe return
		jadi	so

5

DIN: Maaf, Pak Cik. Boleh saya tanya?
OMAR: Boleh.
DIN: Ini rumah Rahim?
OMAR: Ya, ini rumah Rahim.
DIN: Rahim yang berkerja di Pejabat Daerah?
OMAR: Oh, bukan. Rahim yang bekerja di Pejabat Daerah tak tinggal di sini. Dia tinggal di rumah itu. Rahim yang tinggal di sini bekerja di Pejabat Pos.
DIN: Terima kasih, Pak Cik.
OMAR: Sama-sama

boleh	can	**Pejabat Daerah**	District Office

3 Ada berapa murid dalam Darjah Satu?

How many pupils are there in Standard One?

In this lesson you will learn about:

- The two meanings of **ada**
- Plural of nouns
- The functions of **yang**
- Numbers

Ada berapa murid dalam Darjah Satu?

Mrs Ong has just been appointed the headteacher of the Utama Primary School. On her first day of work, she inspects the classes with one of the senior teachers, Mr Rahman. Mrs Ong wants to know the size of each class

MRS ONG: Encik Rahman, **ada berapa murid** dalam Darjah Satu?

MR RAHMAN: Dalam Darjah Satu **ada dua puluh lima murid**.

MRS ONG: Dalam setiap Darjah **ada berapa orang pengawas**?

MR RAHMAN: Dalam setiap darjah **ada dua orang pengawas**.

MRS ONG: Darjah Dua **ada berapa orang murid**?

MR RAHMAN: Dalam Darjah Dua **ada tiga puluh orang murid**.

MRS ONG: Dan Darjah Tiga, Empat, Lima dan Enam?

MR RAHMAN: Darjah Tiga, Empat dan Lima masing-masing **ada tiga puluh lima** murid dan dalam Darjah Enam **ada dua puluh satu murid**.

MRS ONG: Jadi dalam sekolah rendah ini **ada sejumlah seratus lapan puluh satu murid dan dua belas orang pengawas dan sepuluh orang guru**.

Vocabulary

Darjah Satu	Standard One	**pengawas**	monitor
masing-masing	each	**sekolah rendah**	primary school
setiap	every/each	**dua puluh lima**	twenty-five
dalam	in	**tiga**	three
murid	pupils	**tiga puluh**	thirty
enam	six	**empat**	four
seratus	one hundred	**lima**	five

How many pupils are there in Standard One?

MRS ONG: *Mr. Rahman, how many pupils are there in Standard One?*
MR RAHMAN: *There are twenty-five pupils in Standard One.*
MRS ONG: *How many monitors are there in every class?*
MR RAHMAN: *There are two monitors in every class.*
MRS ONG: *How many pupils are there in Standard Two?*
MR RAHMAN: *There are thirty pupils in Standard Two.*
MRS ONG: *And how many pupils are there in Standard Three, Four, Five and Six?*
MR RAHMAN: *Standard Three, Four and Five each have thirty-five pupils and there are thirty-one pupils in Standard Six.*
MRS ONG: *So, there is a total of one hundred and eighty-one pupils, twelve monitors and ten teachers in this primary school.*

Language points

Ada **('there is/are')**

As used in the above conversation **ada** is equivalent to 'there is' or 'there are'. **Ada** can be used at the beginning of the sentence or in the middle of the sentence:

***Ada* dua orang guru dalam bilik itu**	*There are* two teachers in that room.
Dalam rumah itu *ada* dua budak kecil.	In that house *there are* two small children.
Tidak *ada* orang dalam pondok itu.	*There is* no one in that hut.

Di atas pokok itu *ada* seekor kucing.	*There is* a cat on the tree.
Tidak *ada* masalah kalau dia mahu tukar sekolah.	*There's* no problems if he wants to change school.

In the sentences below **ada** functions as the verb 'to be' ('is/are'). In this situation, the use of **ada** is optional because the preposition indicates the location.

Dia (*ada*) di pejabat.	He *is* in the office.
Kasut saya (*ada*) di mana?	Where *are* my shoes?
(*Ada*) di dalam bilik.	(*It is*) in the room.

Berapa **('how much/how many'?)**

Berapa is a question word which asks about a number or a quantity. To use it, simply slot it into the statement sentence. (For more on this see Lesson 5.)

statement	*question*
Sekarang pukul sepuluh.	Sekarang pukul berapa?
Ada tujuh hari dalam seminggu.	Ada berapa hari dalam seminggu?
Harga buku itu lapan ringgit.	Harga buku itu berapa?

Informal personal pronouns

Informal personal pronouns are used between close friends and members of the family. Note the possessive pronouns that derive from them:

aku *(subject) ('I')*

***Aku* makan.**	*I* eat. *I* ate.

ku *(possessive) ('my')*

Siapa ambil kasut*ku*?	Who took *my* shoes?

kamu *(subject) ('you')*

***Kamu* malas.**	*You* are lazy.

mu *(possessive) ('your')*

Kakak*mu* pandai.	*Your* sister is clever.

engkau *(subject) ('you')*

Bila *engkau* balik?	When did *you* come back?

kau *(possessive) ('your')*

Isteri *kau* sihat?	Is *your* wife well?

Note that other pronouns such as **dia** ('he/she'), **kami/kita** ('we/our') and **mereka** ('they/their') which were dealt with in Lesson 1, can serve as both informal and formal pronouns.

Dia ada kereta, tapi tak ada lesen

Mr and Mrs Harris have retired and have three grown-up children. The Harris's circumstances are as follows

Encik dan Puan Harris sudah **mempunyai** rumah, kereta, tiga anak dan dua cucu. Henry, anak nombor satu, laki-laki, sudah bekerja. Dia **ada** isteri dan dua anak. Dia juga **ada** rumah sendiri.

Harry, anak nombor dua, laki-laki, juga sudah bekerja, tetapi dia **belum ada** rumah. Dia sudah **ada** kereta, tapi belum **ada** lesen.

Hayati, anak nombor tiga, perempuan belum berkahwin, tapi sudah **ada** tunang. Dia masih belajar di universiti.

Keluarga Encik Harris tidak kaya, tapi tidak juga miskin.

Vocabulary

cucu	grandchildren	**mempunyai**	to have
rumah sendiri	own house	**nombor**	number
lesen	licence	**tunang**	fiancé
berkahwin	married	**kaya**	rich
miskin	poor	**tapi/tetapi**	but
universiti	university		

He's got a car but he hasn't got a licence

Mr and Mrs Harris have a house, a car, three children and two grandchildren. Henry, child number one, a son, has got a job. He has a wife and two children. He has his own house.

Harry, child number two, a son, is also working but he hasn't got a house. He has got a car but he still hasn't got a licence.

Hayati, child number three, a daughter, is not yet married, but she has a fiancé.

The Harris family are not rich but they are not poor.

Language points

Ada **('to have/own')**

Ada as used in this passage is another word for **mempunyai**, that is 'to have', or 'to own'. They are used interchangeably:

Mr Anderson *mempunyai* keluarga besar.	Mr Anderson *has* a large family.
Alan *ada* abang tapi tidak ada kakak.	Alan *has* an older brother but not an older sister.
Mariam sudah *mempunyai* Sijil Perguruan tapi belum ada pekerjaan	Mariam *has* got a Teaching Certificate but she still hasn't got a job.
Dia *ada* masalahkah?	Has he *got* a problem?
Mereka *ada* rumah di tepi pantai.	They *own* a house near the beach.

Plural of nouns

A countable noun is a noun that you can count (e.g. books, sheep, houses). Making the plural of countable nouns is very simple: just repeat the noun when it is not preceded by a number or a quantity word:

repetition		*number/plural word*	
kereta-kereta	cars	**tiga kereta**	three cars
budak-budak	children	**enam budak**	three children
pegawai-pegawai	officers	**banyak/ramai pegawai**	many officers
beg-beg	bags	**beberapa beg**	several bags
guru-guru	teachers	**sepuluh guru**	ten teachers

Uncountable nouns are – you guessed it – those nouns that you generally don't or can't or wouldn't count (e.g. rice, paint and, surprisingly, money). Put another way, these are nouns that don't generally have a plural form. Since uncountable nouns don't really have a plural form, no repetition is required. To express quantity, just put **banyak** ('much', 'a lot') or **sedikit** ('little') in front of the nouns.

wang, duit	money
Dia ada *sedikit* wang.	He has *a little* money.
Dia ada *banyak* duit.	He has *a lot of* money.
garam	salt
Sarah bubuh garam dalam kari.	Sarah puts salt in the curry.
Sarah bubuh *banyak* garam dalam kari.	Sarah puts *a lot of* salt in the curry.
kuah	gravy
Kuah tumpah ke atas bajunya.	The gravy spilt on to her dress.
***Sedikit* kuah tumpah ke atas bajunya.**	*A little* gravy spilt on to her dress.

Di mana barang-barang Din, Mak?

Din is the eldest in a family of six. Although he is by nature a very tidy person, his boisterous brothers and sisters are forever messing up his room. He is getting ready to go on a school trip but can't find most of his stuff. His mother is helping him

DIN: Di mana barang-barang Din, Mak?
EMAK: Tentu ada di dalam bilik itu. Mak akan tolong cari.
DIN: **Beg galas yang baru** di mana?
EMAK: Mak nampak (ada) di bawah katil adik semalam.
DIN: **Seluar tidur** Din (ada) di mana?
EMAK: Sudah Mak cuci. (Ada) dalam almari.
DIN: **Kasut yang hitam** (ada) di mana, Mak?
EMAK: (Ada) di dalam **kotak yang biru**.
DIN: **Berus gigi** Din tak ada dalam **bilik mandi**!
EMAK: Siapalah hendak guna berus gigi Din? Masing-masing ada berus gigi sendiri!

Vocabulary

beg galas	rucksack	**hitam**	black
nampak	to see	**biru**	blue
seluar tidur	pyjama trousers	**bilik mandi**	bathroom/toilet
almari	cupboard	**bawah**	under

barang-barang	things	**kasut**	shoes
tentu	surely	**kotak**	box
katil	bed	**berus gigi**	toothbrush
cuci	to wash	**guna**	to use

Where are my things, Mum?

DIN: *Where are my things, Mum?*
MOTHER: *(They are) surely there in that room. I'll help to find them.*
DIN: *Where's the new rucksack?*
MOTHER: *I saw it under your brother's bed last night.*
DIN: *Where are my pyjama trousers?*
MOTHER: *I have already washed them. (They are) in the cupboard.*
DIN: *Where are the black shoes, Mum?*
MOTHER: *In the blue box.*
DIN: *My toothbrush is not in the bathroom!*
MOTHER: *Who would want to use your toothbrush? Each (person) has his (her) own toothbrush!*

Language points

Yang **('who is', 'which is', 'that is')**

Yang + *adjective*

When the qualifier of a noun is an adjective such as 'white' as in 'white dress' and 'clever' as in 'clever student', the Malay equivalent often has **yang** inserted between the noun and the adjective. Thus **baju yang putih**, is literally translated as 'the dress that is white' and **pelajar yang pandai** is literally translated as 'the student who is clever'. In this way, the speaker points more clearly to the object being referred to. This is especially necessary when the speaker is being comparative:

beg *yang* baru	the new bag (*lit.* the bag *that is* new – not the old one)
kasut Din *yang* hitam	Din's black shoes (*lit.* Din's shoes *which are* black – not white)
jam *yang* rosak	the faulty watch (*lit.* the watch *that is* faulty – not the one that is still working)

Yang + *verb*

A relative pronoun is a 'wh'-word such as 'who', 'which' (and, note, 'that') used to introduce a relative clause. A relative clause is a phrase used to give more information about someone or something mentioned in the main clause. **Yang** can serve as a relative pronoun when it is followed by a verb:

budak *yang* berdiri di sana	the child *who* is standing there
telefon *yang* berbunyi di atas meja	the phone *that* is ringing on the table
emak saudara saya *yang* sakit di rumah sakit	my aunty *who* is sick in hospital

Cardinal numbers

Memorize the basic numbers from 1 to 10. For numbers between 11 and 19 a **belas** ending is used. You can think of this as being similar to '-teen' in English.

Note that **se** in **sepuluh** ('10'), **seratus** ('100'), **seribu** ('1,000') means one. For 20, 300, 4,000, etc., merely substitute **se** with **dua**, **tiga**, **empat**, etc. Added to single digits, they form combined or mixed numbers: see numbers 21 to 29 as an example.

1	**satu**	21	**dua puluh satu**
2	**dua**	22	**dua puluh dua**
3	**tiga**	23	**dua puluh tiga**
4	**empat**	24	**dua puluh empat**
5	**lima**	25	**dua puluh lima**
6	**enam**	26	**dua puluh enam**
7	**tujuh**	27	**dua puluh tujuh**
8	**lapan**	28	**dua puluh lapan**
9	**sembilan**	29	**dua puluh sembilan**
10	**sepuluh**	30	**tiga puluh**
11	**sebelas**	100	**seratus**
12	**dua belas**	200	**dua ratus**
13	**tiga belas**	300	**tiga ratus**
14	**empat belas**	1,000	**seribu**
15	**lima belas**	2,000	**dua ribu**
16	**enam belas**	3,000	**tiga ribu**
17	**tujuh belas**	1,000,000	**sejuta**
18	**lapan belas**	2,000,000	**dua juta**
19	**sembilan belas**	3,000,000	**tiga juta**
20	**dua puluh**		

Combined numbers:

27	**dua puluh tujuh**
38	**tiga puluh lapan**
94	**sembilan puluh empat**
110	**seratus sepuluh**
874	**lapan ratus tujuh puluh empat**
1,046	**seribu empat puluh enam**
3,991	**tiga ribu sembilan ratus sembilan puluh satu**
7,565,278	**tujuh juta lima ratus enam puluh lima ribu, dua ratus tujuh puluh lapan**

Ordinal numbers

Rule: to form an ordinal number just add **ke** to any number, except number 1.

1st	**pertama**	**anak (yang) *pertama***	the *first* child
2nd	**kedua**	**kumpulan (yang) *kedua***	the *second* group
3rd	**ketiga**	**cucu (yang) *ketiga***	the *third* grandchild
4th	**keempat**	**meja (yang) *keempat***	the *fourth* table
5th	**kelima**		
6th	**keenam**		
7th	**ketujuh** etc.		

Exercises

Exercise 1

Identify whether **ada** in these sentences means 'there is/are' or 'to own/have':

1 Pegawai baru itu ada banyak pengalaman kerja.
2 Ada banyak pelancong yang datang dalam musim ini.
3 Tidak ada siapapun yang mahu pergi ke pesta itu.
4 John ada kucing comel.
5 Ada empat bilik dalam rumah itu. Semua ada bilik mandi.
6 Di atas meja itu ada beberapa buku yang belum saya baca.
7 Siapa ada kereta?
8 Amin ada beberapa tugas yang baru.
9 Menon tak ada masa untuk belajar.
10 Tak ada apa yang harus anda bimbang.

pengalaman	experience	**beberapa**	several
harus	should	**masa**	time
bimbang	to worry (about)	**comel**	cute
pesta	fair	**kucing**	cat
untuk	to	**tugas**	task
musim	season		

Exercise 2

The personal circumstances of your friend Hassan are as follows. Say them in Malay, using **ada** or **mempunyai**.

1 As a student Hassan has many friends.
2 He has a part-time job.
3 He has no brothers or sisters.
4 He also hasn't got a lot of money.
5 He has no expensive clothes.
6 He has a room of his own.
7 And he has only an old bicycle.

old	**buruk**	part-time	**sambilan**
only	**hanya**	bicycle	**basikal**

Exercise 3

How would you say the following in Malay?

1 How many people are there in the office?
2 What is the population of Malaysia?
3 What is the age of your son?
4 How much did I borrow from you?
5 Not many people came to the party.
6 What is the price of the book that you bought?
7 How many years have you lived in this country?
8 What is the number of the car that you saw?
9 What year is this?
10 What is the number of her room?

population	**penduduk**	country	**negara**
to borrow	**pinjam**	years	**tahun**
age	**umur**		

Exercise 4

How would you say these numbers in Malay?

4, 9, 11, 12, 18
20, 23, 28, 29, 35
54, 67, 70, 77, 82
88, 89, 90, 96, 100,
110, 123, 131, 159, 242
682, 751, 800, 920, 999
1 001, 1 900, 2 533, 4 050, 5 211, 6 928
10 400, 26 972, 41 324, 11 423 212, 51 321 365

Exercise 5

Give the Malay equivalent of the following (and watch out for the plural form):

1 The children are at school.
2 Ali has three children and six grandchildren.
3 There are lots of food stalls along the roadside.
4 She drinks a lot of water but she doesn't drink coffee.
5 Houses in my area are expensive.
6 There's a lot of sugar in my tea.
7 There are lots of newspapers on the table.
8 She tries not to eat too much bread, but she eats lots of rice.
9 They have many relatives in Seremban.
10 Ariffin has a lot of problems at the office.

food stalls	**gerai makanan**	newspapers	**surat khabar**
area	**kawasan**	relatives	**saudara mara**
children	**anak-anak/anak**	sugar	**gula**
water	**air**	problems	**masalah**
roadside	**tepi jalan**	too	**terlalu**

Exercise 6

Answer these questions with the given cue words:

1 Berapa anak Pak Amir? (7)	Pak Amir ada _______
2 Berapa umur Udin? (2 tahun)	Umur Udin _______
3 Berapa jauh Kuala Lumpur dari sini? (100 km)	Kuala Lumpur _______
4 Sudah berapa lama Tony belajar di sana? (2 tahun)	Tony belajar di sana sudah _______

5	Sudah berapa tahun dia berkahwin? (11 tahun)	Dia berkahwin sudah ______
6	Berapa harga rumah itu? (RM143,504)	Harga rumah ______
7	Berapa nombor telefon pejabat talikom?(2119683)	Nombor telefon pejabat talikom ______
8	Dia bangun pada pukul berapa? (7 pagi)	Dia bangun pada pukul ______
9	Berapa hari Susie tinggal di Singapura? (5 hari)	Susie tinggal di Singapura ______
10	Berapa kali Norma melawat hospital? (4 kali)	Norma melawat hospital ______
11	Berapa jam adik tidur tadi? (2 jam)	Adik tidur ______
12	Berapa bayaran dia dapat sebulan? RM2,849.00)	Dia dapat ______
13	Mariam ada berapa rumah? (3)	Mariam ada ______

jauh	far/distance	**talikom**	telecommunications
lama	length of time	**bangun**	to set up
jam	hour	**melawat**	to visit
tidur	to sleep	**pada**	at
bayaran	pay	**Ringgit Malaysia (RM)**	Malaysian Ringgit (currency)
sebulan	a month		

Exercise 7

Give the Malay equivalent for the following, using **yang** to emphasize or clarify.

1 My red car is not in the garage.
2 He has got a small calculator.
3 Her new friend came yesterday.
4 Johan is a good student. All the teachers like him.
5 John has lost his black bag.
6 Rose is the second child in the family.
7 The woman who is sitting at the fourth table in the room is a doctor.
8 The officer is angry with the clerk who is late.
9 The police are looking for the thief who stole the bag.
10 Mum is reading a book which she borrowed from the library.

11 They are watching a sad story.
12 The woman who was ill died on Sunday.

garage	**garaj**	police	**polis**
watching	**menonton**	thief	**pencuri**
story	**cerita**	library	**perpustakaan**
died	**meninggal dunia**	sad	**sedih**
stole	**mencuri**	calculator	**kalkulator**
reading	**membaca**	yesterday	**kelmarin**
angry	**marah**		

Exercise 8

Say the following in Malay:

1 Puan Asiah has three children.
2 Her first child is a boy. His name is Ahmad.
3 The second child is a girl. Her name is Asma.
4 Tina is the third child. She is her second daughter.
5 Puan Asiah is celebrating her fortieth birthday. Her husband Ismail has given her a car. It is her second car.
6 They are going on their first holiday abroad in July.

celebrating	**merayakan**	holiday	**percutian**
abroad	**luar negeri**		

Conversation

Study this conversation. Note particularly the use of **ada**, **berapa** and **yang**. **Ibu** means 'mother'; Chong (shopkeeper).

Yang mana Puan mahu?

IBU: Chong, ada ubat gigi?
CHONG: Ada. Mahu yang besar atau yang kecil?
IBU: Yang besar. Berapa harganya?
CHONG: RM2 (Dua ringgit).
IBU: Ada berus gigi?
CHONG: Ada. Ada yang lembut dan ada yang keras. Yang mana Puan mahu?
IBU: Yang lembut. Berapa?
CHONG: RM1.00 (Seringgit)

IBU: Sabun yang wangi ada?
CHONG: Ada. Puan mahu berapa?
IBU: Dua sahaja. Berapa harganya?
CHONG: Harganya satu RM2.00. Harga kedua-duanya ialah RM4.00.
IBU: Baiklah. Semuanya berapa?
CHONG: Ubat gigi RM2.00, berus gigi RM1.00 dan dua sabun RM4.00. Jadi semuanya RM7.00
IBU: Ini duitnya. Terima kasih.
CHONG: Sama-sama.

Vocabulary

ubat gigi	toothpaste	**yang mana**	which one
wangi	aromatic	**sabun**	soap
mahu	to want	**kedua-dua**	both
lembut	soft	**sahaja**	only
keras	hard		

Reading

Study this text. Note especially the used of **ada**, compound nouns, plural and numbers. At the end of the text, there are some questions to see how well you understood the story.

Restoran Encik Sanusi

Encik Sanusi ada beberapa kedai di bandar ini. Pejabatnya sendiri ada di tingkat empat di sebuah bangunan di Jalan Utama. Kira-kira dua ratus orang bekerja dengan Encik Sanusi.

Salah satu kedainya, ialah kedai makan. Restorannya besar dan boleh muat 400 orang. Restorannya jual banyak makanan lazat. Pelayan-pelayannya yang seramai 43 orang sentiasa sibuk. Dia mempunyai seorang pengurus yang rajin. Di restoran itu juga ada beberapa tukang masak yang pandai.

Di halaman luar restoran itu ada tempat letak kereta yang boleh muat sehingga dua ratus kereta. Encik Sanusi ada seorang tukang kebun yang juga rajin.

Di Nombor 249 Jalan Tasik pula, Encik Sanusi ada sebuah

motel. Di situ ada sepuluh bilik sewa. Anak Encik Sanusi yang pertama bekerja di sini sebagai pengurus kepada kira-kira 28 orang pekerja. Dia bekerja di situ sudah empat tahun.

Anaknya yang kedua pula, seorang perempuan ialah seorang doktor di kliniknya sendiri. Klinik ini ialah klinik gigi. Klinik ini buka 24 jam sehari.

Vocabulary

bandar	city	**sentiasa**	always
bangunan	building	**tingkat**	floor
muat	to contain	**salah satu**	one of
lazat	tasty	**ialah**	is
sibuk	busy	**pelayan**	waiter/waitress
tukang masak	cook (chef)	**rajin**	hardworking
tempat letak kereta	parking space	**halaman luar**	outside area
		sewa	to rent
tanaman	plants	**situ**	there
tukang kebun	gardener	**pandai**	clever
restoran	restaurant		

Questions

1 Di mana kedai-kedai Encik Sanusi?
2 Pejabatnya sendiri di mana?
3 Berapa orang yang bekerja dengan Encik Sanusi?
4 Restoran Encik Sanusi boleh muat berapa orang?
5 Anak Encik Sanusi yang mana bekerja sebagai pengurus motelnya?
6 Motelnya ada berapa bilik sewa?
7 Berapa orang tukang kebun yang menjaga halaman restoran Encik Sanusi?
8 Encik Sanusi ada berapa orang anak perempuan?
9 Anak yang perempuan ini anak Encik Sanusi yang keberapa?
10 Klinik apa yang dia buka?

4 Di mana Tugu Negara?

Where is the National Monument?

In this lesson you will learn about:

- Basic prepositions: **di**, **ke** and **dari**
- Classifiers: **seorang**, **dua ekor**, **sebuah**
- Independent verbs

Di mana Tugu Negara?

A British tourist in Kuala Lumpur is asking a policeman the way to one of the city's tourist attractions, the Tugu Negara or the National Monument

T: Maafkan saya. **Di mana** Tugu Negara? Masih jauh dari sinikah?
P: Tidak jauh. Kira-kira 1 kilometer dari sini. Tugu Negara **di tengah** kawasan Tasik Perdana
T: Saya tak tahu **di mana** Tasik Perdana. Boleh beritahu saya?
P: **Dari sini**, Saudara jalan terus **sampai** Jalan Parlimen dan saudara akan nampak Tasik Perdana. Tugu Negara berada **di tengah-tengah** kawasan Tasik Perdana.
T: Oh ya. Kami juga ingin lihat Istana Agong.
P: Istana Agong agak jauh **dari sini**. Anda boleh lihat **dari luar** saja.
T: Oh, begitu? Terima kasih.

Vocabulary

Istana	palace	**beritahu**	to tell
tasik	lake	**begitu**	is that so
jalan	to walk	**kira-kira**	about
terus	straight ahead	**sampai**	reach
tengah	middle	**agak**	quite
saudara	(lit) brother, meaning 'you' for male persons you don't know	**lihat**	to see

Where is the National Monument?

T: *Excuse me. Where is the National Monument? Is it still far from here?*

P: *It's not far. About 1 kilometre from here. The National Monument is in the middle of the grounds of the Tasik Perdana.* [Tasik Perdana is a famous lake in Kuala Lumpur.]

T: *I don't know where the Tasik Perdana is. Can you tell me?*

P: *From here, you walk straight on till you reach Parliament Road and you will see Tasik Perdana. The National Monument is set in the middle of the grounds of Tasik Perdana.*

T: *Oh yes . . . we'd also like to see the King's palace.*

P: *The King's palace is quite a long way from here. You can see it only from the outside.*

T: *Oh, is that so? Thank you.*

Language points

Prepositions in Malay vary depending on the types of noun that follow, for example whether they indicate place, people or abstract concepts.

Prepositions for place: di ('at'), dari ('from') and ke ('to')

All can be combined with words of direction: front, back, under, above, behind, etc.

***di* belakang**	*at* the back	***di* hadapan**	*in* front
***ke* belakang**	*to* the back	***ke* hadapan**	*to* the front
***dari* belakang**	*from* the back	***dari* hadapan**	*from* the front
***di* atas**	*on* top	***di* bawah**	under
***ke* atas**	up*wards*	***ke* bawah**	down*wards*
***dari* atas**	*from* above	***dari* bawah**	*from* below
***di* kiri**	*on* the left	***di* kanan**	*on* the right
***ke* kiri**	*to* the left	***ke* kanan**	*to* the right
***dari* kiri**	*from* the left	***dari* kanan**	*from* the right
***di* dalam**	*in*side	***di* luar**	*out*side
***ke* dalam**	in*ward*(*s*)	***ke* luar**	out*ward*(*s*)
***dari* dalam**	*from* inside	***dari* luar**	*from* outside

***di* tengah**	*in* the middle	***di* tepi**	*on* the side
***ke* tengah**	*to* the middle	***ke* tepi**	*to* the side
***dari* tengah**	*from* the middle	***dari* tepi**	*from* the side

***di* sebelah kiri rumah**	*on* the left side of the house
***ke* sebelah kiri rumah**	*to* the left side of the house
***dari* sebelah kiri rumah**	*from* the left side of the house

Preposition for time: pada ('on', 'in', 'at')

***pada* saat yang ke-10**	*at* the tenth second
***pada* pukul 5 petang**	*at* 5 p.m.
***pada* hari Selasa**	*on* Tuesday
***pada* tahun 1994**	*in* 1994

Prepositions for people, animals and concrete objects: kepada ('to'), untuk ('for')

***kepada* ibu yang disayang**	(*Lit. to* a mother who is much loved)
***kepada* saudara-saudari**	*to* all of you, ladies and gentlemen
***untuk* saya**	*for* me
***untuk* anaknya**	*for* his/her child
***untuk* kucing itu**	*for* that cat
***untuk* bilik Ahmad**	*for* Ahmad's room

Preposition for abstract nouns: dalam ('in', 'at', 'on')

dalam pertemuan	at the meeting
dalam perjalanan	on the way to
dalam perkara ini	in this case

Saya berkenalan dengan seorang gadis cantik

Anthony is well known for his tall stories but his friends are quite prepared to hear him out. On several occasions they have managed to have some fun at his expense

ANTHONY: Semasa saya bercuti di London, saya kenal **seorang gadis** cantik.

SONY: Dia jatuh cinta dengan andakah?

ANTHONY: Tentu sekali. Saya beli segala-gala yang dia mahu. Dia mahu sewa **sebuah kereta** besar, saya sewa **sebuah kereta** besar. Dia mahu makan di **sebuah restoran** mahal, saya bawa dia ke **sebuah restoran** mahal. Apa saja yang dia mahu.

SONY: Sungguh banyak duit anda! Apa lagi yang anda beri kepadanya?

ANTHONY: Saya beli **seekor anjing** kesayangan sebagai cenderamata dan saya beli **seutas rantai emas** dengan **sebentuk berlian.**

SONY: Aduh, kau betul murah hati. Mari belanja saya makan tengah hari di hotel itu.

ANTHONY: Maaf, saya tak boleh guna kad kredit saya lagi!

Vocabulary

kenal	to know	**cantik**	beautiful
semasa	during	**anjing kesayangan**	pet dog
gadis	girl	**rantai emas**	gold chain
jatuh cinta	to fall in love	**belanja**	to treat
apa saja	whatever	**kredit**	credit
cenderamata	souvenir	**kad**	card
berlian	diamond	**murah hati**	generous
segala-gala	everything	**duit**	money
makan tengah hari	lunch	**dipakai**	used

I made friends with a beautiful girl

ANTHONY: *During my holidays in London, I made friends with a beautiful girl.*

SONY: *Did she fall in love with you?*

ANTHONY: *Of course. I bought her everything she wanted. She wanted to hire a big car; I hired her a big car. She wanted to eat at an expensive restaurant; I took her to an expensive restaurant. Whatever she wanted!*

SONY: *You do have a lot of money! What else did you buy her?*

ANTHONY: *I bought her a pet dog as a souvenir and I bought her a gold chain with a diamond.*

SONY: *Well, you're really generous. Come and treat me to lunch at that hotel.*

ANTHONY: *I'm sorry, I can't use my credit cards any more!*

Language points

Classifiers

The Malay equivalents of 'a' and 'an' vary according to the kind of object/noun they refer to:

For humans: **orang**		For animals: **ekor**	
a man	***seorang*** **lelaki**	*a* cat	***seekor*** **kucing**
a woman	***seorang*** **perempuan**	*a* dog	***seekor*** **anjing**
a doctor	***seorang*** **doktor**	*a* mouse	***seekor*** **tikus**
a singer	***seorang*** **penyanyi**	*a* fish	***seekor*** **ikan**

For thin/flat objects: **helai** For thin/flat/hard objects: **sekeping**		For solid objects: **buah**, **seketul**, **sebiji**	
a sheet of paper	***sehelai*** **kertas**	*a* house	***sebuah*** **rumah**
a shirt	***sehelai*** **baju**	*a* car	***sebuah*** **kereta**
a wooden plank	***sekeping*** **papan**	*a* pineapple	***sebiji*** **nenas**

Since **se** in **seorang**, **sebuah**, **seekor**, etc. implicitly means 'one', simply replace **se** with any number to form a plural word:

seorang lelaki ('a man')	***dua orang*** **lelaki** ('*two* men')
sebuah rumah ('a house')	***empat buah*** **rumah** ('*four* houses')
sehelai baju ('a dress')	***lima helai*** **baju** ('*five* dresses')
sebiji durian ('a durian')	***sepuluh biji*** **durian** ('*ten* durians')
seekor kambing ('a goat')	***enam ekor*** **kambing** ('*six* goats')

For abstract nouns, **suatu** is used:

a kindness	***suatu*** **kebaikan**	*a* crime	***suatu*** **kejahatan**
an association	***suatu*** **kumpulan**	*a* story	***suatu*** **cerita**

In a sentence, where the predicate is a noun, **seorang**, **seekor** and **sebuah** are often dropped for reasons of convenience. Thus, the sentence **Dia adalah seorang guru**, which means 'He is a teacher', would commonly be uttered as **Dia guru**. **Adalah**, which means 'is/was' is dropped for the same reason. See also Lesson 1.

Anda tinggal di mana?

Simon has just made a new friend, Kassim, who is a student at the local university. As Simon is not a student, he is interested in life at the university

SIMON: Anda tinggal di mana?
KASSIM: Saya **tinggal** di Taman Kenanga. Kira-kira 4 kilometer dari sini.
SIMON: Bagaimana anda **pergi** ke universiti?
KASSIM: Saya **naik** motosikal. Kadang-kadang saya **berjalan kaki**.
SIMON: Pukul berapa kuliah **bermula**?
KASSIM: Kuliah **bermula** pada pukul 10 pagi dan **habis** (pada) pukul 4 petang.
SIMON: Di mana anda **makan** setiap hari?
KASSIM: Di universiti ada kantin dan kelab. Saya **makan dan minum** di sana.
SIMON: Saya bukan pelajar. Boleh saya **makan** di kantin itu?
KASSIM: Tentu boleh, tapi makanannya bukanlah istimewa.

Vocabulary

kadang-kadang	sometimes	**kantin**	canteen
kuliah	lecture	**naik**	to ride
kelab	club	**pukul**	referring to time
istimewa	special	**bermula**	to start
berjalan kaki	to walk	**habis**	to finish, end

Where do you live?

SIMON: *Where do you live?*
KASSIM: *I live in Kenanga Gardens. About 4 kilometres from here.*
SIMON: *How do you get to the university?*
KASSIM: *I ride a motorbike. Sometimes I walk.*
SIMON: *What time do lectures start?*
KASSIM: *Lectures start at ten in the morning and end at four in the afternoon.*
SIMON. *Where do you eat every day?*
KASSIM. *There's a canteen and a club at the university. I eat and drink there.*
SIMON: *I'm not a student. Can I eat at the canteen?*
KASSIM. *Sure you can. But the food's not that special.*

Language points

Independent verbs

Although Malay verbs do not change for subject, person, tense and number, they are in fact much more complex than English verbs.

In Malay, generally the meaning of a word has much to do with the affixation applied. By affixation we mean some extra bits such as **ber** and **me** that we fix on the beginning or the end of the base-word.

It is this system of affixation throughout the language that presents the greatest challenge to learners. In terms of affixation, Malay verbs are divided into several categories. First come the so-called independent verbs. These are base verbs that can stand on their own without the affixation **ber** or **me**; the second group have the prefix **ber**; the third have the prefix **me**; the fourth have **me-kan**; and the fifth **me-i**, etc.

Below is a list of independent verbs. They can be used in sentences as they are without any affixation. The majority in the list are intransitive, meaning that they do not take objects and they generally require prepositions when used in sentences. Some of the prepositions which are usually used with them are included in the list.

ada	to have/there is/ are	**lahir (di)**	to be born
		lemas	to suffocate
bangun	to get up	**lepas**	to let go
buka	to open	**letak (di)**	to put
datang (ke)	to come to	**lulus (dalam)**	to pass
diam	to be quiet	**lupa (untuk)**	to forget
duduk (di)	to sit on	**maju (ke)**	to advance
gagal (dalam)	to fail	**makan**	to eat
habis	to finish	**mandi**	to bathe
hidup	to live	**marah (pada)**	to scold/to be angry at
hinggap (di)	to perch on	**masuk (ke)**	to enter
ikut (dengan)	to join in	**minum**	to drink
ingat (pada)	to remember	**mula**	to begin
ingin	to wish	**mundur (ke)**	to retreat
jatuh (ke)	to fall into	**naik (ke)**	to go up/to ride
kahwin (dengan)	to marry	**pergi**	to go
keluar (dari)	to go out	**pindah (ke)**	to move
kembali (ke)	to return to	**pulang (ke)**	to go home/to return
kenal (dengan)	to know/to recognize	**roboh**	to collapse
		sampai (di)	to reach

selesai	to finish	**terjun (ke)**	to dive
sembuh	to recover	**tiba (di/dari)**	to arrive
singgah (di)	to stop by	**tidur**	to sleep
suka (pada)	to like	**timbul**	to reappear
surut	to recede	**tinggal (di)**	to stay/live
tahu	to know	**tumbuh**	to grow
takluk	to conquer	**tunduk (pada)**	to bow
tamat	to know/to finish	**turun (ke)**	to go down
terbang	to fly	**tutup**	to close
terbit	to emerge/to publish		

Remember! The special characteristic of independent verbs is that they are not to be used with the prefixes **ber** or **me** as long as they have the meanings listed above. More verb forms are discussed in lessons to come.

Ada apa minggu ini?

The director of a government-owned company and his deputy are discussing their engagements for the week

DEP.: Apa rancangan Encik Tahir untuk **minggu** ini?

DIR.: **Esok**, **hari Selasa**, saya ada mesyuarat dengan Pengarah Bank Negara. Mungkin sampai petang, **kira-kira pukul 4**.

DEP.: Kalau begitu, saya tunggu di pejabat.

DIR.: Ya, hari Rabu saya tak ada apa-apa rancangan khusus.

DEP.: **Hari Khamis** boleh saya pergi ke Jerantut? Saya mahu melihat projek kita di sana.

DIR.: Anda boleh berangkat **malam Khamis** dengan kapal terbang.

DEP.: Oh, ya. Jangan lupa ada jemputan untuk **minggu yang akan datang** dari Menteri Besar.

DIR.: Ya, saya akan pergi. Eh, tadi pagi, kata Tan, ada telefon dari Menteri Perdagangan?

DEP.: Ya, dia minta Encik Tahir pergi ke pejabatnya hari Isnin **7 haribulan Mac** pukul 9 pagi.

Vocabulary

rancangan	programmes/plans	**minggu**	week
pengarah	director	**minggu akan datang**	next week
kapal terbang	plane		
Menteri Besar	Chief Minister	**berangkat**	to leave

mesyuarat	meeting	**melihat**	to see
jemputan	invitation	**projek**	project
khusus	specific		

What's on this week?

DEP.: *What's your [Mr. Tahir's] programme for this week?*
DIR.: *Tomorrow, Tuesday, I have a meeting with the Director of the National Bank. Probably till the afternoon, about 4 o'clock.*
DEP.: *If that is so, I'll wait at the office.*
DIR.: *Yes, on Wednesday, I don't have any specific programme.*
DEP.: *On Thursday can I go to Jerantut? I'd like to see our project there.*
DIR.: *You can take the plane on Wednesday night.*
DEP.: *Oh, yes. Don't forget there's an invitation for next week from the Chief Minister.*
DIR.: *Yes, I'll be there. Oh, this morning, did Tan say there was a call from the Minister of Trade?*
DEP.: *Yes, he wants you [Mr. Tahir] to go to his office on Monday 7 March at 9 a.m.*

Language points

Adjuncts of time

References to time are particularly important in Malay since verbs are not subject to tenses.

Yang lalu *('(the one) that's passed')*

minggu/bulan/tahun/abad *yang lalu*	*last* week/month/year/century
Bulan *yang lalu* dia terbang ke Paris	*Last* week he flew to Paris.

Yang akan datang *('(the one) to come')*

minggu/bulan/tahun/abad *yang akan datang*	*Next* week/month/year/century
Dia berkahwin pada tahun *yang akan datang.*	He'll be getting married *next* year.

Note that **yang** is commonly dropped:

minggu *yang* akan datang	**minggu akan datang**	(next week)
tahun *yang* lalu	**tahun lalu**	(last week)

Tadi *('just past')*

Pagi *tadi*	*this* morning (the morning that's just passed)
Malam *tadi*	*last* night (the night that's just passed)
Malam *tadi* dia tidak pulang ke rumah.	*Last* night he did not come home.

Nanti *('about to come, later')*

***nanti* malam**	tonight (the night *about to come*)
***nanti* petang**	this afternoon (the afternoon *about to come*)
***Nanti* malam emak dan bapa akan ke pesta.**	*Tonight* Mum and Dad are going to a party.

Sekarang *('now')*

Dia di mana *sekarang*?	Where is he now?

Esok/besok *('tomorrow')*

***Esok* Hamid keluar makan dengan ketua pejabatnya.**	*Tomorrow* Hamid eats out with his boss.

Kelmarin *('yesterday')*

***Kelmarin* dia tidak datang ke pejabat.**	*Yesterday* he did not turn up at the office.

In the absence of the specific time references, Malay speakers rely on context and circumstance to convey the period of time referred to.

Exercises

Exercise 1

How would you say the following in Malay?

1 in the car
2 outside the house
3 in the room
4 at the cinema
5 to the cinema
6 behind the garage
7 under the chair
8 above the building
9 inside the building
10 beside the house
11 on the left
12 at the corner
13 in the middle
14 to the middle
15 at the edge
16 on the table
17 to Mrs Tan's right
18 from the middle
19 for Mr Harris
20 to Jerantut
21 in Japan
22 at 6 o'clock
23 in January
24 on Monday
25 in 1993
26 at the end of the year

cinema	**panggung wayang**	corner	**sudut**
Japan	**Jepun**		

Exercise 2

Familiarize yourself with the vocabulary. Then cover the right-hand column with a piece of paper. Insert the word in the left-hand column into the model sentence and simultaneously replace the classifier as appropriate. Check the sentence in the right-hand column to see if you are right. The new sentence in the right-hand column automatically becomes the model sentence to be used with another word from the left-hand column. Model sentence: **Ada sebuah kereta di depan rumah.**

seekor kucing	Ada seekor kucing di depan rumah.
seorang lelaki	Ada seorang lelaki di depan rumah.
sebuah basikal	Ada sebuah basikal di depan rumah.
di belakang rumah	Ada sebuah basikal di belakang rumah.
seekor anjing	Ada seekor anjing di belakang rumah.
sebuah kedai	Ada sebuah kedai di belakang rumah.
dua orang budak perempuan	Ada dua orang budak perempuan di belakang rumah.

kelas	Ada dua orang budak perempuan di dalam kelas.
lima orang guru	Ada lima orang guru di dalam kelas.
di luar	Ada lima orang guru di luar kelas.
dua orang kerani	Ada dua orang kerani di luar kelas.
pejabat	Ada dua orang kerani di luar pejabat.

Exercise 3

Cover the sentences in the right-hand column with a piece of paper and insert the word in the left-hand column into the model sentence. Check the sentence in the right-hand column to see if your answer was correct. Change the preposition when necessary. The correct answer is now the model sentence to be used with the next word from the left-hand column. Model sentence: **Rita pergi ke pasar.**

masuk	Rita masuk ke dalam pasar.
kedai itu	Rita masuk ke dalam kedai itu.
kelmarin	Rita masuk ke dalam kedai itu kelmarin.
keluar dari	Rita keluar dari kedai itu kelmarin.
pergi ke stesen bas	Rita pergi ke stesen bas kelmarin.
malam tadi	Rita pergi ke stesen bas malam tadi.
pagi	Rita pergi ke stesen bas pagi tadi.
esok	Rita pergi ke stesen bas esok.
Seremban	Rita pergi ke Seremban esok.
Mereka	Mereka pergi ke Seremban esok.
minggu depan	Mereka pergi ke Seremban minggu depan.
tahun lalu	Mereka pergi ke Seremban tahun lalu.
pagi tadi	Mereka pergi ke Seremban pagi tadi.

stesen bas bus station

Exercise 4

Choose the correct preposition to complete the sentence from the list below. In certain instances, the use of the preposition is optional.

dari/di/ke (mana)	**pada**
dari/di/ke (dalam/luar)	**kepada**
dalam	**untuk**

1 Kami tinggal _______ Taman Melati.
2 _______ mana anda dengar berita ini?
3 Tahun lalu mereka pergi _______ Amerika.
4 Kami dan keluarga makan _______ rumah Sanusi.
5 Surat ini _______ siapa?
6 Tan datang ke sini _______ hari apa?
7 Saya tulis sepucuk surat _______ kawan saya.
8 Kanak-kanak duduk _______ bilik tamu.
9 Mereka pulang _______ Australia kelmarin.
10 Kita terbang ke Singapura _______ malam nanti?
11 _______ tahun 1992 banyak pelancong datang _______ Malaysia.
12 Tidak ada siapa _______ rumah.
13 Ibu masak nasi _______ kita semua.
14 _______ keluarga kami ada sembilan orang.
15 Kita sudah makan nasi _______ pagi tadi.
16 Saya pergi _______ rumah Sabri _______ hari Isnin.
17 Tetamu itu pulang _______ pukul 12 malam.
18 _______ mana datangnya cinta? _______ mata turun _______ hati.
19 Dia datang _______ mana dan mahu _______ mana?
20 Di mana Emak? Dia _______ luar.

tetamu	guest/visitor	**terbang**	to fly
keluarga	family	**masak**	to cook
surat	letter	**mata**	eyes
hati	heart	**turun**	to go down
cinta (n)	love		

Exercise 5

Choose the correct classifiers to complete the sentence from **seekor**, **sebuah**, **seorang**, **sehelai**, **sebatang**, **segelas**, **sebotol**, **sepiring**, **sepucuk**, etc.

1 Di istana itu ada _______ raja. Dia mempunyai _______ puteri yang cantik.
2 Dalam kocek baju saya ada _______ sapu tangan.
3 Ahmad membela _______ monyet.
4 _______ lelaki datang ke rumah saya kelmarin.
5 Di bilik tamu ada _______ meja dan _______ kerusi.
6 Dia minum _______ susu dan makan _______ epal.
7 Anda ada _______ kakak bernama Aishah?
8 Dia menulis _______ surat untuk kawannya.

9 Susie beli ______ pensil di kedai.
10 Anna pinjam ______ kertas daripada saya.
11 Ibu beli ______ minyak untuk masakannya.

kocek	pocket	**sapu tangan**	handkerchief
masakan	cooking (noun)	**kertas**	paper
puteri	princess	**membela**	to rear
raja	king	**minyak**	oil

Conversations

Study these conversations and then read them aloud. Note the uses of prepositions, classifiers, independent verbs and vocabulary of time, most of which are printed in bold.

Di mana sekolahmu?

An uncle and his nephew talk about the latter's school

UNCLE: Man bersekolah **di mana**?
MAN: Di Sekolah Rendah Raja Uda.
UNCLE: Di mana?
MAN: Di Kampung Atap, **dekat dengan stesen bas**.
UNCLE: **Di sebelah kiri** atau **di sebelah kanan** stesen?
MAN: **Di sebelah kanan**, Pak Long. Bangunannya tinggi. Catnya warna hijau.
UNCLE: Sekolah dekat stesen! Tak terlalu bisingkah?
MAN: Ya, bising, Pak Long. Tapi murid-murid dan guru-guru senang pergi **ke sekolah**.
UNCLE: Jadi Man pergi ke sekolah dengan bas?
MAN: Ya, saya **naik bas** nombor 3. Saya turun **tepat depan** pintu sekolah.
UNCLE: Man **dalam darjah berapa** sekarang?
MAN: Darjah enam. Bulan **Jun akan datang** ini ada ujian.
UNCLE: Man pelajar yang baik dan rajin. Moga-moga Man **lulus**.

Vocabulary

moga-moga	hopefully	**cat**	paint
terlalu bising	too noisy	**tepat**	exactly
kampung	village	**hijau**	green
warna	colour	**bangunan**	building
senang	easy		

Adakah anda kenal Pak Seman?

CHARLES: Adakah anda kenal Pak Seman?
ISA: Ya, saya kenal. Dia guru agama saya.
CHARLES: Dia datang dari mana?
ISA: Saya fikir dari Kampung Sentul.
CHARLES: Dia ada sebuah motosikal kecilkah?
ISA: Dia ada sebuah motosikal dan sebuah kereta.
CHARLES: Dia tinggal di mana?
ISA: Di sebuah pondok di Jalan Atap, Kampung Sentul.
CHARLES: Dia sudah kahwinkah?
ISA: Sudah. Dia ada tiga orang anak.

Vocabulary

agama	religion	**fikir**	to think
pondok	hut	**kenal**	to know
motosikal	motorcycle		

Reading

Study the text and answer the questions that follow. Note the uses of independent verbs (printed in bold), **ada**, prepositions, vocabulary of time and classifiers.

Sibuk setiap hari

Sejak tiba di Kuala Lumpur, Helen sibuk sekali. Setiap hari selalu **ada** urusan. Dia tinggal **di sebuah rumah pangsa** yang tidak begitu jauh **dari pusat bandar**.

Setiap hari Helen **bangun** pagi, sebelum pukul 6.00. Sesudah **mandi** dia turun ke bawah dan makan sarapan di sebuah kedai kopi di tepi jalan. Dia tidak lupa minum segelas susu dan makan vitamin kerana dia kurang sihat akhir-akhir ini.

Pukul 7.00 Helen pergi ke pejabatnya di Suruhan Jaya Tinggi Inggeris. Dia **naik** kereta. Dia tidak mahu naik bas kerana lalu lintas sibuk sekali. Hari ini, kira-kira pukul 11.00 pagi dia **ada** temu janji untuk berbincang dengan John Hardy, pengurus bahagian eksport dari Syarikat Cosmos. Pada tengah hari dia juga **ada** temu janji untuk makan tengah hari dengan Encik Baha Sani, Pengarah sebuah bank swasta di Petaling Jaya.

Pejabat **tutup** kira-kira pukul 4.30 petang. Helen **pulang**; badannya letih sekali. Biasanya dia **tidur** siang selama satu jam. Waktu **bangun** pukul 6.00 rasanya keletihannya sudah **hilang**. Dia **duduk** di tepi kolam renang sambil minum teh dan makan biskut.

Nanti malam **ada** acara penting; **keluar** dengan Steven, kawan lelakinya dari Amerika. Makan malam di sebuah restoran Thai di Jalan Ambak. Sesudah itu **pergi** ke panggung wayang di Jalan Melor.

Oleh kerana **minggu lalu**, Helen sudah ke Kota Bahru, **minggu akan datang**, 13 haribulan Mac dia akan **pergi** ke Taiping untuk melawat pejabat di sana. Dia akan naik kapal terbang kerana lebih cepat daripada naik kereta api.

Vocabulary

melawat	to visit	**temu janji**	appointment
sejak	since	**kolam renang**	swimming pool
rumah pangsa	flat	**berbincang**	to discuss
lalu lintas	traffic	**akhir-akhir ini**	lately
swasta	private	**Suruhan Jaya Tinggi**	High Commission
urusan	programmes	**tidur**	to sleep
acara penting	important event	**lebih cepat**	faster
sarapan	breakfast	**kereta api**	train
tiba	to arrive		
pusat bandar	town centre		

Soalan-soalan **(Questions)**

1 Di mana Helen tinggal?
2 Pukul berapa dia bangun setiap hari?
3 Mengapa dia banyak minum susu?
4 Di mana dia bekerja?
5 Mengapa dia tidak naik bas ke pejabat?
6 Hari ini dia ada dua urusan penting. Apakah urusan ini?
7 Mengapa dia duduk di tepi kolam renang?
8 Biasanya berapa lama dia tidur di waktu petang?
9 Siapa nama kawan lelaki Helen? Dia datang dari mana?
10 Ke mana mereka akan pergi malam nanti?
11 Bila Helen ke Kota Bahru?
12 Mengapa dia mahu pergi ke Taiping?

5 Bagaimana rumah anda yang baru?

How's your new house?

In this lesson you will learn about:

- 'Wh-' questions (where, when, how, why, what and who)
- The uses of **nya**
- Double adjectives

Bagaimana rumah anda yang baru?

Mr Ali has just moved to a new house. He is very proud of it and is telling his colleague, Hasnah all about it

HASNAH: **Bagaimana** rumah anda yang baru itu?
ALI: Wah, bagus sekali. Rumah itu besar.
HASNAH: **Di mana?**
ALI: Di Taman Melawati. Kawasannya tidak begitu sibuk.
HASNAH: **Bila** anda beli rumah itu?
ALI: Tiga bulan yang lalu.
HASNAH: **Berapa** harganya?
ALI: Tiga ratus ribu ringgit.
HASNAH: Wah, Ali memang banyak duit. Ada **berapa** bilik?
ALI: Ada empat bilik tidur, dua bilik tamu, satu bilik belajar, bilik makan, dua bilik mandi dan dapur.
HASNAH: **Bagaimana** halamannya?
ALI: Sungguh luas. Di depan rumah ada kebun bunga. Di belakang juga ada kebun. Ada pokok mangga, pokok betik dan pokok pisang.
HASNAH: **Mengapa** Ali mahu rumah yang besar sekali?
ALI: Keluarga saya besar. Anak saya banyak dan masih kecil-kecil lagi.

Vocabulary

betik	papaya	**pokok**	tree
bagus	nice	**dapur**	kitchen
sekali	very	**kebun**	garden
mengapa	why	**bunga**	flower
mangga	mango	**ringgit**	Malaysian currency
luas	large, wide	**ribu**	thousand
pisang	banana		

How's your new house?

HASNAH: *How is your new house?*
ALI: *Oh, it's very nice. The house is big.*
HASNAH: *Where (is it)?*
ALI: *In Melawati Gardens. The area's not that busy.*
HASNAH: *When did you buy the house?*
ALI: *Three months ago.*
HASNAH: *How much was it?*
ALI: *Three hundred thousand Ringgit.*
HASNAH: *Wow, (Ali) you do have a lot of money! How many rooms?*
ALI: *There are four bedrooms. Two guest rooms, one study, a dining room, two bathrooms and a kitchen.*
HASNAH: *How about the yard?*
ALI: *Very large. In front of the house there's a flower garden. At the back there's also a flower garden. There's a mango tree, a papaya tree and a banana plant.*
HASNAH: *Why do you want such a big house?*
ALI: *My family is large. I have lots of children and they are still very small.*

Language points

Wh- questions

Questions using

di mana	where	**bila**	when
bagaimana	how	**berapa**	how much/many
apa	what	**siapa**	who

can be formed by inserting these question words in the statement sentence. An alternative is to put them at the front of the sentence, as in English. Here are a few examples:

Rumah itu di Taman Melawati.	The house is in Melawati Gardens.
Rumah itu *di mana*?	The house is *where*? (*lit.*)
***Di mana* rumah itu?**	*Where* is the house?
Anda beli rumah itu bulan lalu.	You bought the house last month.
Anda beli rumah itu *bila*?	You bought the house *when*? (*lit.*)
***Bila* anda beli rumah itu?**	*When* did you buy the house?
Anaknya sudah sihat sekarang.	His child is now fine.
Anaknya *bagaimana* sekarang?	His child is *how* now? (*lit.*)
***Bagaimana* anaknya sekarang?**	*How* is his child now?
Dia beli dua buah kereta.	He bought two cars.
Dia beli *berapa* buah kereta?	He bought *how many* cars?
***Berapa* buah kereta dia beli?**	*How many* cars did he buy?
Harga tiket itu tiga ringgit.	The cost of the ticket is three ringgit.
Harga tiket itu *berapa*?	The cost of the ticket is *how much*?
***Berapa* harga tiket itu?**	*How much* is the ticket?
Itu ketua Pejabat Pos.	That is the head of the post office.
Itu *siapa*?	That is *who*? (*lit.*)
***Siapa* itu?**	*Who* is that?
Ini kapal selam.	This is a submarine.
Ini *apa*?	This is *what*? (*lit.*)
***Apa* ini?**	*What* is this?

The question word **mengapa** ('why') can be used *only* at the front of the sentence.

Dia menangis.	He is crying.
***Mengapa* dia menangis?**	*Why* is he crying?

Note that **mengapa** is commonly replaced by **sebab apa** ('for what reason'):

Dia menangis sebab . . .	He is crying because . . .
***Sebab apa* dia menangis?**	*For what reason* is he crying?
Ahmad pergi ke Kuala Lumpur sebab . . .	Ahmad went to Kuala Lumpur because . . .
***Sebab apa* Ahmad pergi ke Kuala Lumpur?**	*For what reason* did Ahmad go to Kuala Lumpur?

Nya

Nya can be added to a noun, an adjective or a verb. It has at least three meanings:

Possessive ('his/her/its')

See Lesson 1.

Maznah beli baju. Baju*nya* cantik.	Maznah bought a dress. *Her* dress is beautiful.

Definite article ('the')

Khabar*nya* dia kurang sihat.	*The* news is he is not very well.
Rupa-rupa*nya* dia bercakap bohong.	*The* truth is that he told lies.
Dengan ada*nya* meja itu saya boleh tulis.	With *the* presence of this table I can write (*lit.*)

Forming nouns

Added to adjectives or verbs, it transforms them into nouns:

Anak Azman sudah bercakap.	Azman's daughter already talks.
***Cakapnya* macam orang dewasa.**	*Her talking* is like an adult. (*lit.*)
Cerita itu terlalu panjang.	The story is too long.
***Panjangnya* tiga jam.**	*The length* (duration) is three hours.

Note that when added to an adjective **nya** can be used as an exclamation to stress the nature of the subject.

Lagu itu sungguh sedih.	The song is very sad.
***Sedihnya* lagu itu.**	*How sad* the song is. (*lit.*)
Orang itu baik hati.	That man is generous.
***Baiknya* hati orang itu.**	*How generous* that man is. (*lit.*)
Budak itu pandai melukis.	That boy draws well.
***Pandainya* budak itu melukis.**	*How clever* that boy draws. (*lit.*)
Hari ini sejuk.	Today is cold.
***Sejuknya* hari ini.**	*How cold* today is. (*lit.*)

Double adjectives

You remember how many nouns are made plural through doubling (i.e. repeating) them. This same principle can be used for adjectives. Double adjectives are used for plural subjects. The subject, however, remains in the singular form. Doubling also stresses the adjective in the superlative form.

Anak saya *kecil-kecil* lagi.	My children are still very *small.*
Dia selalu pakai baju *mahal-mahal*.	She always wears very *expensive* clothes.
Bunga di taman itu *cantik-cantik.*	The flowers in the garden are very *lovely*.
Pekerja kilang itu *malas-malas.*	The factory workers are all *lazy*.

Berapa jauh Alor Setar?

A British tourist in Penang wants to visit Alor Setar. She asks an officer at the Tourist Information Office for directions and other relevant information

TOURIST: Maafkan saya, boleh saya tahu tentang Alor Setar?
INFO.: Alor Setar di sebelah utara. Ia Jelapang Padi Malaysia.
TOURIST: **Berapa jauh** dari sini?
INFO.: Kira-kira 60 batu.
TOURIST: **Berapa lama** kalau naik kereta ke sana?
INFO.: Kira-kira dua jam.
TOURIST: Ada kereta api yang ke sana?
INFO.: Ya, ada kereta api ekspres dari Butterworth ke Alor Setar. Dua kali sehari.
TOURIST: **Berapa harga** tiketnya?
INFO.: Kalau tidak salah dua puluh ringgit.
TOURIST: Wah, murah sekali.
INFO.: Ya , sama dengan lapan dolar wang Amerika.

Vocabulary

utara	north	**ekspres**	express
jelapang padi	rice bowl	**murah**	cheap
batu	mile	**sama**	same

How far is Alor Setar?

TOURIST: *Excuse me, can I find out something about Alor Setar?*
INFO.: *Alor Setar is in the north. It's the rice bowl of Malaysia.*
TOURIST: *How far (is it) from here?*
INFO.: *About sixty miles.*
TOURIST: *How lòng does it take to get there by car?*
INFO.: *About two hours.*
TOURIST: *Is there a train going there?*
Info.: *Yes. There is the Butterworth to Alor Setar Express. Twice a day.*
TOURIST: *How much is the ticket?*
INFO.: *If I'm not mistaken, twenty Ringgit.*
TOURIST: *Wow, (that's) very cheap!*
INFO.: *Yes, that's about eight American dollars.*

Language points

Berapa + adjective ('how long', etc.)

This construction is quite straightforward:

***Berapa lama* pertunjukan budaya itu?**	*How long* is the performance?
***Berapa jauh* sekolahnya dari rumah?**	*How far* is her school from the house?
***Berapa dalam* tasik itu?**	*How deep* is the lake?
***Berapa mahal* baju itu?**	*How expensive* is the dress?
***Berapa tinggi* gunung itu?**	*How high* is the mountain?
***Berapa tinggi* anak lelaki anda?**	*How tall* is your son?
***Berapa rendah* meja itu?**	*How low* is the table?

murah sekali ('very cheap')

In this context **sekali** means 'very'. It is placed after the adjective.

Kereta itu *murah sekali*	The car is *very cheap*.
Orang itu *tinggi sekali*	That man is *very tall*.
Isterinya *cantik sekali*	His wife is *very beautiful*.
Merdu *sekali suaranya*	How *very sweet* her voice is.

Exercises

Exercise 1

Change the following statements into questions, replacing the words in bold type with **bila**, **di/ke/dari mana**, **siapa** or **apa**:

1 **Minggu lalu** Adam pergi ke Seremban.
2 Adam pergi **ke Seremban** minggu lalu.
3 **Adam pergi** ke Seremban minggu lalu.
4 Hassan makan nasi goreng **di rumah** setiap hari.
5 **Hassan** makan nasi goreng di rumah setiap hari.
6 Hassan makan **nasi goreng** di rumah setiap hari.
7 Nama penuhnya **Ali Rahman**.
8 Pelancong itu datang dari **Belanda**.

Exercise 2

Change the following statements into questions using **mengapa** or **sebab apa**. Remember to use the question words at the front of the sentence.

1 John pergi ke Singapura sebab ada urusan penting.
2 Asmah gembira sebab dia lulus peperiksaan.
3 Mereka masak banyak sebab malam itu ada pesta.
4 Ali tidak hadir di mesyuarat sebab dia mesti pergi ke rumah sakit.
5 Dia beri hadiah kepada Ani sebab hari ini hari jadinya.

gembira	happy	**hadiah**	gift

Exercise 3

Using **Nya**

John has just bought a new house. Here is a description of the features of his new residence. Put them into Malay.

1 The kitchen is large.
2 The bedrooms are small.
3 The lounge is painted green.
4 The doors are wide.
5 The bathrooms are clean and big.
6 The front and back gardens are beautiful.

paint	**cat**	painted	**dicat**

Exercise 4

Change the following sentences using **nya** at the appropriate places. Use it with or in place of words in bold. Reconstruct the sentences if necessary.

1 Masakan **Susan** sedap.
2 Tinggi **gunung itu** 32,000 kaki.
3 Harga **buku itu** lima ringgit.
4 Rumah itu mahal. Harga **rumah itu** lima ratus ribu ringgit.
5 Dia telefon saya tadi. **Dia kata** dia sakit.

Exercise 5

Make questions about the words printed in bold.

1 Umur Amran **32 tahun**.
2 Baha tinggal di Taiping dengan **isterinya**.
3 Mereka pergi ke luar negeri dengan **ibu mereka**.
4 Tahun lalu Pak Kassim dan anak-anaknya berkelah **di Pulau Pinang**.
5 Harga buku itu **sepuluh ringgit**.

berkelah	to have a picnic

Exercise 6

Practise the conversation below:

A: Di mana Pulau Nangka?
B: Di sebelah barat Malaysia.
A: Berapa jauh dari sini?
B: Kira-kira tiga ratus batu.
A: Berapa besar pulau itu?
B: Kira-kira besar Pulau Pinang.
A: Bagaimana cuacanya di sana?
B: Panas setiap tahun.
A: Siapa tinggal di sana?
B: Orang Melayu, India dan Cina.

cuaca	weather	**panas**	hot
barat	west	**India**	Indian
Melayu	Malay	**Cina**	Chinese
pulau	island		

Exercise 7

Double adjective

You're writing to a Malaysian friend who is about to visit London. Tell him the following in Malay:

1 Clothes are very expensive.
2 Souvenirs are very cheap.
3 The people are very friendly.
4 The hotels are very good.
5 The gardens are very big.
6 The policemen are very kind.
7 The men are very tall and the women are very beautiful.

Exercise 8

Sekali – give the Malay equivalents:

1 In London the weather is very cold, in Kuala Lumpur it is very hot.
2 Food is cheap in Malaysia but travelling is expensive.
3 The clothes that she wears are very expensive.
4 Her husband is very tall but her son is very short.
5 The teacher is very angry and the students are very scared.

short	**pendek**	scared	**takut**

Exercise 9

While in Malaysia as a tourist, you plan to visit the island of Penang. You make some enquiries at a travel agent. How would you say the following in Malay?

1 Where in Malaysia is Penang?
2 How large is the island?
3 How far is it from Kuala Lumpur?
4 How long is the flight from Kuala Lumpur?
5 How long does it take to go by car from Seremban?
6 How high is Maxwell Hill?

flight	**penerbangan**	Penang	**Pulau Pinang**

Exercise 10

Azman is going to London in three months' time on an assignment. As this is going to be the first time for him in a new country, he has written to you for advice. He sends the following questions in Malay. Answer them in Malay as well.

1 Di mana Birmingham, tempat yang saya akan tinggal selama tiga tahun?
2 Di mana Kolej Perubatan, tempat kajian saya?
3 Bila saya boleh berjumpa anda dan di mana?
4 Bolehkah saya singgah di rumah anda semasa tiba di London?
5 Berapa lamakah kalau saya naik kereta api dari London ke Birmingham?
6 Berapa jauhkah Birmingham dari London?
7 Tentang makanan, adakah makanan halal di Birmingham?
8 Bolehkah saya masak di rumah sewa saya?
9 Bolehkah saya bawa makanan dari Malaysia masuk ke England?
10 Bilakah musim sejuk di England?
11 Adakah murah pakaian-pakaian sejuk di England?
12 Bilakah pula musim panas bermula?
13 Berapa kadar pertukaran wang ringgit dengan wang sterling sekarang ini?
14 Ke mana saya harus pergi untuk sembahyang Jumaat?
15 Jauhkah Scotland dari Birmingham?
16 Berapa lamakah surat udara dari London akan tiba di Malaysia?

Kolej Perubatan	Medical College	**halal**	slaughtered according to Muslim rites
musim sejuk	cold season	**(per) tukar(an)**	exchange
sembahyang Jumaat	Friday prayers	**kadar**	rate
kajian	research	**musim panas**	hot season
berjumpa	to meet	**surat udara**	air mail
singgah	to stop over		

6 Anda suka berjalan?

Do you like walking?

In this lesson you will learn about:

- Verbs with the prefix **ber**
- Adding **ber** to nouns
- The phrase **Mari kita . . . !**

Anda suka berjalan?

While out walking in the park, Asma meets an acquaintance, Wong

ASMA: Kalau tak hujan saya suka **berjalan**.

WONG: Saya tak suka **berjalan**. Saya lebih suka **bermain** badminton. Lebih banyak **berlari**.

ASMA: **Berjalan** juga satu senaman. Lepas itu saya rasa segar, tidak begitu letih.

WONG: Anda selalu **berjalan** seorang?

ASMA: Biasanya saya bersama adik saya Hassan. Hari ini dia **berenang**.

WONG: Mengapa anda tidak **berenang** dengan dia?

ASMA: Saya tidak boleh **berenang**. Tapi satu hari nanti saya akan **belajar berenang**.

WONG: Kalau begitu boleh kita **belajar berenang** bersama!

Vocabulary

hujan	rain	**lebih suka**	to like more (*lit.*), to prefer
senaman	exercise	**bermain**	to play
letih	tired	**berlari**	to run
selalu	always	**seorang**	alone
biasanya	usually	**berenang**	to swim

Do you like walking?

ASMA: *If it isn't raining, I love walking.*
WONG: *I don't like walking. I prefer badminton. (There's) more running.*
ASMA: *Walking is also an exercise. Afterwards, I feel fresh, not too tired.*
WONG: *Do you always walk alone?*
ASMA: *I'm usually with my younger brother Hassan. Today he's swimming.*
WONG: *Why don't you swim with him?*
ASMA: *I can't swim. But one day, I'll learn how to swim.*
WONG: *If that is so, we can learn to swim together!*

Language points

Verbs with the ber- prefix

In Lesson 4 we learned about independent verbs, i.e. base-verbs (infinitives) that can be used as they are in sentences without any affixation. The majority of these are intransitive, that is they don't take objects.

There is a second group of base-verbs to which the prefix **ber-** is normally added before they are used in sentences (such as the ones in the dialogue above). Most base-verbs with the prefix **ber-** are intransitive; in fact intransitivity is their main characteristic. Like independent verbs, these '**ber-** + base-verbs' have to be memorized individually.

base-verb	***ber-** + base-verb*	
angkat	**berangkat**	to leave for
jalan	**berjalan**	to walk
gerak	**bergerak**	to move
kumpul	**berkumpul**	to gather, assemble
kunjung	**berkunjung**	to visit
kerja*	**bekerja**	to work
kelahi	**berkelahi**	to fight
main	**bermain**	to play
lari	**berlari**	to run
henti	**berhenti**	to stop
diri	**berdiri**	to stand

tanya	**bertanya**	to ask
cakap	**bercakap**	to speak
bicara	**berbicara**	to speak/talk
renang	**berenang**	to swim
fikir	**berfikir**	to think
temu	**bertemu**	to meet
tanding	**bertanding**	to stand for (election)
saing	**bersaing**	to compete
pindah	**berpindah**	to move

*This slightly different form is due to sound assimilation.

Now here is a short reading passage using some of the verbs.

Pada pukul 7 pagi, sudah ramai murid-murid berkumpul di halaman sekolah. Mereka bermain dan berlari-lari. Tidak lama kemudian loceng sekolah berbunyi. Murid-murid itu berkumpul dan bersiap untuk masuk ke bilik darjah masing-masing. Mereka berbaris di depan bilik darjah dan guru berdiri dekat pintu. Kemudian murid-murid itu masuk ke dalam bilik darjah. Mereka duduk di bangku masing-masing dan mula belajar. Semua diam kerana mendengar guru bercakap.

By seven o'clock in the morning, a lot of students had already assembled in the school yard. They played and ran around. Soon after, the school bell rang. The students gathered and got ready to go to their own classrooms. They lined up in front of the classroom and the teacher stood near the door. They sat on their respective chairs and started to study. Everyone was quiet because they were listening to the teacher speaking.

Language point

Mari (lah) kita

Mari, which literally means 'come', is used when the speaker asks someone to join him or her in some activity. The personal pronoun **kita** includes the person spoken to. **Lah** is an optional particle used to make the invitation more persuasive. See Lesson 2.

***Mari* kita berenang!**	*Let's* swim!
***Mari* kita bermain!**	*Let's* play!
***Mari*(lah) kita makan!**	*Let's* eat!

Siapa jiran sebelah?

Mrs Wong has just moved to a new neighbourhood. Her best friend, Asiah, also lives in the area and knows a lot of people. Mrs Wong is curious to find out about her next-door neighbour, Susan

MRS WONG: Susan sudah **bersuami**?
ASIAH: Sudah. Dan sudah ada anak.
MRS WONG: Berapa anaknya?
ASIAH: Dua. Kedua-duanya sudah bekerja.
MRS WONG: Susan bekerja di mana? Dia selalu **berbaju mahal**!
ASIAH: Dia pengurus bank. Dia **bergaji besar** dan **bersuami kacak**.
MRS WONG: Tak hairanlah! Dia juga **berumah besar**.
ASIAH: Masing-masing **berkereta mahal**! Tapi kedua-dua mereka sangat **berbudi bahasa**.
MRS WONG: Sungguh baik saya dan mereka **berjiran**.

Vocabulary

jiran	neighbour	**kacak**	good-looking
(ber) gaji	to have a salary	**berbudi bahasa**	to be courteous, polite (idiom)
tak hairan	not surprising		

Who is the next-door neighbour?

MRS WONG: *Does Susan have a husband?*
ASIAH: *Yes she has. And she (already) has children.*
MRS WONG: *How many children (has she got)?*
ASIAH: *Two. Both of them are already working.*
MRS WONG: *Where is Susan working? She always wears expensive clothes!*
ASIAH: *She's a bank manager. She has a big salary and a good-looking husband.*
MRS WONG: *That's not surprising! She's also got a big house.*
ASIAH: *Each has an expensive car! But both husband and wife are so courteous and polite.*
MRS WONG: *It's so good that I and they are neighbours!*

Language point

Ber- + noun

When **ber-** is attached to nouns as in the situation above, it indicates either 'having', 'using' or 'wearing' the noun.

Anna ada suami.	Anna has a husband.
Anna sudah *bersuami.*	Anna *is already* married. (*lit.*) Anna is already with a husband.
Dia ada kereta mahal.	He has an expensive car.
Dia *berkereta* besar.	He *owns* an expensive car.
Alan naik basikal ke sekolah	Alan rides the bicycle to school.
Alan *berbasikal* ke sekolah	Alan *cycles* to school.
Wanita yang memakai baju merah itu ibu saya.	The lady wearing the red dress is my mother.
Wanita *berbaju* merah itu ibu saya.	The lady *in* the red dress is my mother.
Baju itu ada tali pinggang.	The dress has a belt.
Baju itu *bertali* pinggang.	The dress *has* a belt.
Hassan ada duit. Jadi dia mampu belanja.	Hassan has money. So, he can afford to spend.
Hassan *berduit.* Jadi dia mampu belanja.	Hassan *has* money. So he can afford to spend.
Bilik itu tidak ada tingkap.	The room has no windows.
Bilik itu tidak *bertingkap.*	The room *is without* windows.
Alice pakai gincu merah dan ada tahi lalat.	Alice wears red lipstick and has a mole.
Alice *bergincu* merah dan *bertahi* lalat.	Alice *wears* red lisptick and *has* a mole.

Apa berlaku di Trafalgar Square?

Anthony is on holiday in London. While walking with his friend, Sue, a student in London, he sees a crowd of people, some carrying placards

ANTHONY: Mengapa ramai orang ke situ? Ke mana mereka pergi?

SUE: Mereka berjalan ke Trafalgar Square.
ANTHONY: Apa berlaku di Trafalgar Square?
SUE: Hari ini ada orang **berdemonstrasi** di Trafalgar Square. Mereka bantah dasar kerajaan.
ANTHONY: Apa bantahan mereka?
SUE: Harga barang mahal. Perdana Menteri pernah **berjanji** bahawa harga barang akan turun tahun ini. Tapi sampai sekarang, barang masih mahal.
ANTHONY: Mengapa mereka tidak pergi berjumpa dengannya? Apa guna berteriak di tengah bandar?
SUE: Demonstrasi sudah jadi satu amalan mereka yang tidak berpuas hati. Ada juga yang berkumpul di luar rumah Perdana Menteri untuk beri surat bantahan.
ANTHONY: Jadi, mereka ini **berpendapat**, **berdemonstrasi** begini lebih berkesan?
SUE: Ya, kerana mereka **bertujuan** mendapat perhatian ramai!

Vocabulary

berdemonstrasi	to demonstrate	**bantah**	to protest
barang	goods	**perdana menteri**	prime minister
berteriak	to shout	**turun**	to come down
perhatian ramai	public attention	**berpendapat**	of the opinion

What's happening in Trafalgar Square?

ANTHONY: *Why are (such) a lot of people going there? Where are they going?*
SUE: *They're walking to Trafalgar Square.*
ANTHONY: *What's happening in Trafalgar Square?*
SUE: *There are people demonstrating today at Trafalgar Square. They are protesting against government policy.*
ANTHONY: *What's their protest?*
SUE: *Prices. The prime minister has promised that prices of goods will come down this year. Up till now, prices are still high.*
ANTHONY: *Why don't they go and meet him? What's the use of shouting in the middle of the city?*
SUE: *Demonstration has become standard practice for those who are not satisfied. There are also people who gather in front of the Prime Minister's residence to hand over a letter of protest.*

ANTHONY: *So, these people feel that demonstrating is more effective?*
SUE: *Yes, because they intend to get public attention!*

Language points

The extended function of ber-

In the situation above, the application of **ber-** to a noun (n) gives an extended meaning, beyond using, wearing or owning. Here the function of **ber-** is to transform a noun into an intransitive verb. In other words **ber-** is an intransitive verb (vi) maker.

demonstrasi (n)	demonstration
berdemonstrasi (vi)	to demonstrate
Kelmarin ramai orang *berdemonstrasi* di Trafalgar Square.	Yesterday lots of people *demonstrated* in Trafalgar Square.
pendapat (n)	opinion
berpendapat (vi)	to have the opinion
Saya *berpendapat* bahawa dia salah	I *am of the opinion* that he is wrong.
janji (n)	promise
berjanji (vi)	to promise
Emak *berjanji* untuk beli hadiah kalau saya lulus.	Mother *promised* to buy me a present if I passed.
tujuan(n)	intention
bertujuan (vi)	intend to
Ali *bertujuan* untuk ke universiti selepas sekolah tinggi.	Ali *intends* to go to the university after secondary school.

Exercises

Exercise 1

Use the correct form of verbs given in parentheses.

1 Dia suka (kelahi) dengan adiknya. Mereka (gaduh) setiap hari.
2 Aman berdiri di tepi jalan untuk melihat orang (main) layang-layang.

3 Azman (temu) dengan Aziz di panggung wayang.
4 Helen terus (baring) dan terlupa membuat kerja sekolah.
5 Ah Chong pergi (senam) di kelab senam setiap hujung minggu bersama kawannya Samy.
6 Murid-murid (baris) di luar darjah sebelum guru datang.
7 Kereta itu (henti) di tengah jalan kerana enjinnya rosak.
8 Abangnya (lari) dalam perlumbaan itu dan mendapat tempat pertama.
9 Jangan malu (tanya) nanti sesat jalan.
10 Dia tidak boleh (gerak) kerana kakinya sakit.

kelahi	to quarrel	**layang-layang**	kite
gaduh	to fight	**rosak**	faulty
baring	to lie down	**malu**	shy
perlumbaan	race	**enjin**	engine
sesat	to lose one's way		

Exercise 2

Translate the verbs in the brackets to use in the sentences in the left-hand column:

1 Pak Ali _______ Kuala Lumpur.	(work in) (go to) (go home to)
2 Saya _______ pergi sekarang.	(will) (can) (don't want to)
3 Mereka _______ London.	(fly to) (come from) (live in)
4 Helen dan keluarga _______ di pantai.	(had a picnic) (played ball)
5 Kanak-kanak sekolah _______ di halaman.	(assemble) (play) (line up)
6 Sani _______ bilik tidur.	(study in) (rest in) (come out of)
7 Ayah _______ pejabat.	(work in) (leave for) (to be in)
8 John _______ Pulau Pinang.	(visited) (don't like) (live in)
9 Hasnah _______ bahasa Jepun.	(speak) (understand) (learn)

rest	**berehat**	ball	**bola**
to understand	**faham**	line up	**berbaris**
beach	**pantai**		

Exercise 3

Answer the following questions using the words given in brackets. Say the answers in full using the correct preposition.

1 Anda bekerja di mana? (house) (office) (factory) (hospital)

2 Saudara pergi ke mana?	(post office) (bank) (school)
3 Hassan tinggal di mana?	(Seremban) (his brother's house)
4 Asiah tidur di mana?	(in the room) (on the bed) (outside the room)
5 Di mana Kamal letak kasutnya?	(in the cupboard) (on the shelves) (under the bed)
6 Di mana Ani jumpa beg itu?	(in the bin) (by the roadside) (on the floor)
7 Rumahnya di mana?	(in Kuala Lumpur) (near the school)

factory	**kilang**	floor	**lantai**
shelves	**papan tingkat**	bin	**tong sampah**

Exercise 4

How would you say the following sentences in Malay?

1. He walked to his office, went in and sat down.
2. She got up at six o'clock, took a bath and got dressed.
3. For breakfast, we eat fried rice and drink coffee.
4. His wife works from nine to five but he just stays at home.
5. His son never wants to study. He always watches TV.
6. The car stopped in front of the house. The engine is faulty.
7. The children ran here and there. It was very noisy.
8. I like swimming but my brother doesn't.
9. Patrick is married and has three children.
10. My house is small and has only two rooms.
11. They said they were successful in the examinations.

breakfast	**sarapan**	successful	**berjaya**
faulty	**rosak**	examinations	**peperiksaan**
noisy	**bising**		

Exercise 5

Mari (lah) kita . . .

What would you say in Malay when you are inviting a friend to:

1. go for a walk
2. eat fried rice
3. go for a swim
4. go to the cinema
5. play tennis

6 sing a song
7 cook dinner tonight

tennis	**tenis**	sing	**menyanyi**
song	**lagu**		

Exercise 6

How would you use **ber-** in the following story?

Jimmy is married and his wife is called Jane. They have two children, one is a boy of four years and the other is a two-year-old girl. Jimmy has a large house with a big garden. He drives a blue car.

His wife, who wears glasses, cycles to her workplace. The children made friends with the neighbours' children and seldom fight. They often meet their neighbours for tea and discuss the safety of the area where they live.

seldom	**jarang**	often	**sering**
glasses	**cermin mata**	discuss	**bincang**
safety	**keselamatan**	to drive	**memandu**
cycles	**berbasikal**	to make friends	**berkawan**

Conversations

Study the following dialogue between a girl and her mother. Note the words with **ber-** printed in bold. Can you understand the story?

Ada tetamu, Mak

EMAK: Siapa yang **bercakap-cakap** dengan bapakmu di bilik luar tu, Anna?

ANNA: Ada tetamu, Mak. Dua orang, lelaki dan perempuan.

EMAK: Anna kenal mereka?

ANNA: Tidak Mak. Mungkin mereka kenal Mak. Tadi bapak **bertanya** di mana Mak. Tapi Mak tak ada.

EMAK: Mak keluar jemur kain. Baik Mak **berjumpa** dengan mereka sekarang.

ANNA: Mereka **berkereta** ke sini.

Vocabulary

jemur kain	drying clothes	**bercakap**	to talk

Study the following conversation between Amin and his English friend John. Note the use of **ber-**.

Ke Pulau Pinang

JOHN: Aku dengar Pulau Pinang itu indah!
AMIN: Ya, betul. Banyak pelancong **berkunjung** ke sana.
JOHN: Boleh kita **berbasikal** ke sana?
AMIN: Boleh. Masa cuti sekolah, ramai pelajar **berbasikal** ke sana. Kalau dari Kuala Lumpur kita mesti **bermalam** di beberapa tempat.
JOHN: Bila kita boleh **bertolak**?
AMIN: Bila-bila masa saja!

Vocabulary

(ber)kunjung	to visit	**(ber)tolak**	to leave for

Reading

Study the text below. Note particularly the uses of the prefix **ber-** + base-verbs, **ber-** + nouns, and independent verbs. Answer the comprehension questions at the end of the story.

Sahabat pena Helen

Helen baru saja terima sepucuk surat daripada sahabat penanya di London, Margaret. Dia memberitahu dia akan melawat Malaysia. Helen gembira kerana dapat **bertemu** dengan sahabat penanya. Hari Isnin, ia itu hari Margaret tiba di Lapangan Terbang Subang, Helen **berkereta** ke sana. Dia **bersiap** dari awal lagi dan untuk **bertemu** kawannya dia **berbaju** cantik yang **bertali pinggang**.

Di lapangan terbang itu, Helen tunggu di ruang menyambut tamu. Ramai gadis yang lalu, tapi seorang pun dia tak kenal. Dari gambar Margaret, dia **berambut** pendek, **bertahi lalat** di muka dan **berwajah cantik**. Dia **berumur** 25 tahun. Dalam suratnya, Margaret berkata dia akan **berada** di Kuala Lumpur selama dua minggu dan **berharap** mereka dapat pergi **bersiar-siar**. Dia sudah lama **berkenalan** dengan Margaret. Tahun depan Margaret akan **berkahwin** dengan tunangnya dan mereka akan **berpindah** ke negeri Jerman. Mereka **berharap** akan **berbulan madu** di Malaysia.

Selepas beberapa lama menunggu, Helen nampak seorang wanita **berambut pendek** dan **bercermin mata hitam**. Dia **berseluar ketat** dan **berbaju** tangan pendek. Helen serta merta kenal Margaret kerana dia seorang sahaja yang **bertahi lalat** besar di pipinya. Mereka terus **berpeluk** dan **berbual-bual**.

Vocabulary

sahabat pena	pen friend	**tahi lalat**	mole
wajah	face	**bersiar-siar**	sight-seeing
berkenalan	to know	**berbulan madu**	to honeymoon
berharap	to hope	**serta merta**	immediately
ketat	tight	**tali pinggang**	belt
berpeluk	to embrace	**ruang menyambut tetamu**	reception
lapangan terbang	airport		
seluar	trousers		

Questions

1 Can you identify the independent verbs, **ber-** + base-verb and **ber-** + noun in the passage above?

2 Answer in Malay these questions about the passage.

1 Sahabat pena Helen dari mana?
2 Bagaimana Helen pergi ke lapangan terbang Subang?
3 Berapa lama Margaret akan berada di Kuala Lumpur dan apa rancangannya?
4 Bagaimana wajah Margaret dalam gambar?
5 Bila Margaret akan berkahwin?
6 Di mana mereka akan berbulan madu?
7 Selepas itu mereka ke mana?
8 Apabila Margaret tiba di lapangan terbang itu, bagaimana pakaiannya?
9 Bagaimana Helen boleh kenal Margaret?
10 Apakah yang mereka buat selepas itu?

7 Hari ini berapa haribulan?

What is today's date?

In this lesson you will learn about:

- Days of the week
- Dates
- Telling the time
- Colours

Berapa haribulan jemputan makan malam itu?

Anna and Shah are a husband and wife team running their own business. They have a hectic work schedule and a demanding social life. For the coming week, they have two important engagements but they aren't too sure of the dates and time

SHAH: Anna, bila jemputan makan malam di Kedutaan Perancis itu?

ANNA: Kalau tak salah, **26 haribulan September**. Tolong tengok di kalendar hari apa?

SHAH: Dua puluh enam haribulan September **hari Jumaat**. Tapi, bukan hari itu hari pelancaran Kelab Sukan Kosmo?

ANNA: Mungkin saya salah. Nanti saya tengok buku catatan. Oh, ya! Makan malam di Kedutaan Perancis ialah pada **28 haribulan September** dan Pelancaran Kelab Sukan Kosmo ialah **dua hari sebelum itu**.

SHAH: Jadi jemputannya **hari Jumaat malam Sabtu**. Pukul berapa jemputan makan malam itu?

ANNA: Jemputannya ialah untuk pukul **8.00**. Jamuan makan tepat pukul **8.30 malam**.

SHAH: Kalau begitu kita pergi pada pukul **7.30 malam**. Pelancaran Kelab Sukan Kosmo pula pada pukul berapa?

ANNA: Menurut kad ini, pukul **4.00 petang** dan pada pukul **4.30 ada jamuan** teh.

SHAH: Jadi, **minggu depan**, **hari Jumaat 26 haribulan September**, kita akan ke Kelab Sukan Kosmo dan dua hari selepas itu, kita makan malam di Kedutaan Perancis!

ANNA: Nasib baik minggu ini tidak ada apa-apa. Saya letih sekali!

Vocabulary

kedutaan	embassy	**tepat**	exactly, sharp
Perancis	French	**menurut**	according
pelancaran	launching	**jamuan teh**	tea
catatan	note	**salah**	wrong
jamuan makan	dinner		

What date is the dinner invitation?

SHAH: *Anna, when is the dinner at the French Embassy?*

ANNA: *If I'm not mistaken, it is 26 September. Please look at the calendar to see what day it is.*

SHAH: *The 26 September is a Friday. But isn't that the day for the launching of the Kosmo Sports Club?*

ANNA: *Maybe I'm wrong. Let me look at the notebook. Oh, yes! Dinner at the French Embassy is on 28 September and the launching of the Kosmo Sports Club is two days before that.*

SHAH: *So, the invitation is on Friday night (lit. Saturday night). What time is the dinner invitation?*

ANNA: *The invitation is for 8.00. The dinner is at 8.30 sharp.*

SHAH: *If that's the case, we'll go at 7.30. What time is the Kosmo Sports Club launch?*

ANNA: *According to this card, it is at 4.00 in the afternoon and at 4.30 there's tea.*

SHAH: *So, next week, on Friday 26 September, we will go to Kosmo Sports Club and two days after that we have dinner at the French Embassy!*

ANNA: *Luckily there's nothing on this week. I'm so tired!*

Language points

Days, months and years

Days, months, years and centuries in Malay are normally preceded by appropriate words such as **hari**, **bulan**, **tahun** and **abad**:

hari	day
hari Isnin	Monday
hari Selasa	Tuesday
hari Rabu	Wednesday
hari Khamis	Thursday
hari Jumaat	Friday
hari Sabtu	Saturday
hari Ahad/Minggu	Sunday

Note that Sunday is normally referred to as **hari Minggu**.

Dia pergi ke rumah sakit pada hari Isnin.	He goes to the hospital on Monday.
Setiap hari Minggu Atan cuci pakaian.	Every Sunday Atan washes his clothes.

Dealing with the daytime is quite straightforward, but referring to nights can be tricky.

malam Isnin	Sunday night (the night before Monday)
malam Rabu	Tuesday night (the night before Wednesday)
malam Minggu	Saturday night (the night before Sunday)

Hari ini hari Rabu, malam ini malam Khamis.
(*lit.*) Today is Wednesday, tonight is Thursday night (i.e. Wednesday night).
Hari ini hari Khamis, malam ini malam Jumaat
(*lit.*) Today is Thursday, tonight is Friday night (i.e. Thursday night).

Here are the months. The key word here is **bulan** ('month'):

bulan Januari	January
bulan Februari	February
bulan Mac	March
bulan April	April
bulan Mei	May
bulan Jun	June
bulan Julai	July

bulan Ogos	August
bulan September	September
bulan Oktober	October
bulan November	November
bulan Disember	December

It is also common for speakers of Malay not to mention the name of the month but use the numerical term as follows:

bulan Januari	**bulan satu**
bulan Februari	**bulan dua**
bulan Disember	**bulan dua belas**, etc.
Dalam bulan Ogos ini, saya akan ambil cuti seminggu.	In August, I'll take a week's leave.
Wong akan pergi ke Australia dalam bulan dua belas.	(*lit.*) Wong will go to Australia in the twelfth month (December).

The years are quite straightforward.

tahun	year
tahun sembilan belas sembilan puluh empat	1994
tahun sembilan belas lapan puluh sembilan	1989
abad	century
abad ke empat belas	fourteenth century
abad ke dua puluh	twentieth century

For dates, the number is followed by **haribulan** which literally means 'day of the month' followed by the name of the month and the year. For example:

7 haribulan Oktober 1991	7 October 1991
21 haribulan Jun 1954	21st June 1954

In its written form, **haribulan** is abbreviated as 'hb'. For example **7hb Julai 1992**.

We will look at times of day in more detail in the next section. In the meantime, here are a few useful sentences.

Hari ini hari apa?	What day is today?
Kelmarin hari apa?	What day was yesterday?
Kelmarin dahulu hari apa?	What day was the day before yesterday?
Esok hari apa?	What day is tomorrow?
Lusa hari apa?	What day is the day after tomorrow?

Pukul berapa mesyuarat?

Chong has a reputation for turning up late at meetings and he is forever missing appointments. Fatimah, his colleague, is anxious that he should turn up to a crucial board meeting on time, as it is rumoured that his promotion is on the agenda. Fatimah tries to persuade her laid-back colleague to be more organized

FATIMAH: Pukul berapa mesyuarat esok?

CHONG: Tak tahulah. Mungkin petang.

FATIMAH: Kau mesti tahu masa yang tepat. Kalau tidak, terlambat pula!

CHONG: Oh, ya menurut surat ini, **pukul 3.15** (**pukul tiga suku**).

FATIMAH: Semua dokumen-dokumen sudah siap?

CHONG: Belum, tapi masih ada banyak masa lagi. Bila saya sampai pejabat pada **pukul 8.30** (**pukul lapan setengah**), saya harus berjumpa Ketua Kerani, kemudian bolehlah saya habiskan surat-surat itu.

FATIMAH: Bukankah kau mesti berjumpa Encik Rama pula pada pukul **12.45** (**pukul dua belas tiga suku**)? Mana ada masa untuk membuat kerja itu? Habiskanlah hari ini sebelum kau pulang!

CHONG: Tak boleh. Sekarang sudahpun **kurang lima minit pukul 5.00**. Kawan saya akan datang jemput saya pada pukul **5.15** (**pukul lima suku**).

FATIMAH: Kalau kau tak selesaikan kerja itu sebelum mesyuarat kau akan lambat lagi dan semua orang tertunggu-tunggu nanti! Bawalah kerja itu balik dan habiskan di rumah!

CHONG: Itu satu cadangan yang baik. Selepas pulang dari berdansa malam ini, saya akan habiskan! Saya pasti habis **dalam masa dua jam**.

Vocabulary

dokumen	documents	**berdansa**	to dance
jemput	to fetch	**siap**	ready
cadangan	proposal/idea	**selesai**	to complete, to finish

What time is the meeting?

FATIMAH: *What time is the meeting tomorrow?*

CHONG: *Don't know. Perhaps in the afternoon.*

FATIMAH: *You must know the exact time. If not you'll be late again!*

CHONG: *Oh, yes, according to this letter, (it is at) 3.15 (a quarter past three).*

FATIMAH: *Are all the documents ready?*

CHONG: *Not yet, but there's still plenty of time. When I reach the office at 8.30 (half past eight), I have to meet the Chief Clerk, only after that can I finish those letters.*

FATIMAH: *Aren't you meeting Mr. Rama too at 12.45 (three quarter of an hour past twelve)? Where is the time for you to do the work? Finish them today before you go home!*

CHONG: *(I) can't. It's already five minutes to five. A friend is fetching me at 5.15 (a quarter past five).*

FATIMAH: *If you don't finish the work before the meeting, you'll be late again and everyone will be kept waiting! Bring home the work and finish it at home!*

CHONG: *A good idea. I'll finish it after the dance tonight. I'll be sure to finish it in two hours.*

Language points

Telling the time

There are several ways of telling the time in Malay. Most of the time, the hour is stated first followed by the minutes as discussed earlier. But it is not unusual to start off with the minutes. For time with minutes, the key words to use are **selepas** ('after') and **kurang** or **sebelum** ('less' or 'before').

Pukul berapa sekarang?	What is the time now?
Sekarang pukul ______	Now the time is ______

Time with hours only:

pukul lapan	eight o'clock
pukul sebelas	eleven o'clock
pukul sembilan	nine o'clock

Literally, **pukul** means 'to strike' or 'to hit'. Thus, with references to time, it is apt that **pukul** is used to convey the message as the hand of the clock 'strikes' a number.

Time with minutes. Use kurang, or sebelum or selepas:

8.10 **sepuluh minit selepas pukul lapan**
ten minutes past eight

9.20	**dua puluh minit selepas pukul sembilan** twenty minutes past nine
7.50	**kurang sepuluh minit pukul lapan** ten minutes to eight **sepuluh minit sebelum pukul lapan** ten minutes to eight
8.45	**kurang lima belas minit pukul sembilan** fifteen minutes to nine **kurang suku pukul sembilan** a quarter to nine
4.15	**lima belas minit selepas pukul empat** fifteen minutes past four
5.45	**kurang lima belas minit pukul enam** fifteen minutes to six **kurang suku pukul enam** a quarter to six
suku	a quarter
tiga suku	three quarters
setengah	half

We have seen how **suku** and **tiga suku** are used. For half past the hour, the word **setengah** is used and it literally means half of the hour referred to:

8.30	**lapan setengah**
2.30	**dua setengah**
12.30	**dua belas setengah**

Note that **pagi** ('morning'), **tengah hari** ('noon') and **petang** ('after-noon') can be added after the time as appropriate.

When asking the duration of time, the words **jam** ('hour'), **minit** ('minute') and **saat** ('second') are used as follows:

Dia habis dalam masa satu jam, dua puluh minit dan lima saat.	She finished in one hour, twenty minutes and five seconds.
Rita berada di dalam bilik itu selama dua jam tiga puluh lima minit dan sepuluh saat.	Rita was in that room for the duration of two hours, thirty-five minutes and ten seconds.

Warna itu tak sesuai

Jenny Tan and her friend Nani are at a rather boring party

JENNY: Tengok tu! Siapa yang **berbaju merah**, **kasut merah** dan **beg merah** tu?

NANI: Siapa lagi, kalau bukan Anna. Dia suka pakai baju yang sesuai warna dengan kasut dan beg.

JENNY: Memang warna merah sesuai dengannya. Dia **berkulit putih**. Warna apa pun menarik.

NANI: Bukan macam Rita tu. Dia pakai **seluar hijau** tapi **blausnya merah**. Kasutnya pula kuning.

JENNY: Saya tak suka pakai **warna hijau**. Warna itu tak sesuai dengan kulit saya.

NANI: Wanita itu pandai bergaya. Dia pakai **seluar hitam**, tapi blausnya berbagai warna; ada **warna kuning**, ada **warna merah** dan ada **warna hijau**. Sungguh menarik. Kasut dan begnya juga ada warna-warna yang sama.

NANI: Kita pandai mengata orang. Tengoklah kau, Jenny. Kasut kau **biru** dan beg kau **merah jambu**!

Vocabulary

sesuai	to match, suit	**bergaya**	to be fashionable, to dress well
putih	white		
menarik	attractive	**berbagai**	various
hijau	green	**mengata**	to gossip
blaus	blouse	**merah jambu**	pink
kulit	skin, complexion	**kuning**	yellow

The colour doesn't suit

JENNY: *Look at that! Who's that in the red dress, red shoes and the red bag?*

NANI: *Who else but Anna. She likes to co-ordinate the colour of her clothes with her bag and shoes.*

JENNY: *(The colour) Red really suits her. She has fair skin. Any colour would be attractive.*

NANI: *Not like that Rita. She's wearing green trousers but her blouse is red. Her shoes are yellow.*

JENNY: *I don't like to wear green. The colour doesn't suit my skin (complexion).*

NANI: *That lady dresses well. She's wearing black trousers, but her blouse is a variety of colours; there's yellow, red and green. Very attractive. Her shoes and bag have the all the same colours too.*

NANI: *We are really clever at gossiping (about people). Just look at you, Jenny (lit.). Your shoes are blue and your bag is pink!*

Language points

Colours

Unlike English, the colour word is placed after the noun it is describing.

merah	red	**permaidani *merah***	*red* carpet
kuning	yellow	**baju *kuning***	*yellow* dress
hijau	green	**rumput *hijau***	*green* grass
biru	blue	**laut *biru***	*blue* sea
coklat	brown	**beg *coklat***	*brown* bag
hitam	black	**rambut *hitam***	*black* hair
putih	white	**kasut *putih***	*white* shoes
ungu	purple	**bunga *ungu***	*purple* flower
kelabu	grey	**mata *kelabu***	*grey* eyes

Note that for light colours, just add **muda** ('young') after the colour and **tua** ('old') for dark colours.

biru tua	dark blue
hijau muda	light green

Exercises

Exercise 1

Complete the sentences using the appropriate names of days:

1 Hari ini hari Selasa. Esok hari _______ Lusa hari _______
2 Hari ini hari Khamis. Esok hari _______ Lusa hari _______
3 Esok hari Isnin. Kelmarin hari _______ Kelmarin dulu hari _______
4 Kelmarin hari Rabu. Hari ini hari _______ Lusa hari _______
5 Lusa hari Jumaat. Hari ini hari _______ Kelmarin hari _______

6 Kelmarin dulu hari Isnin. Hari ini hari _______ Kelmarin hari _______
7 Hari ini hari Isnin. Malam ini malam _______ Esok hari _______
8 Kelmarin hari Jumaat. Malam semalam, malam _______
9 Hari ini hari Minggu, malam ini malam _______

Exercise 2

Fill in the blanks with the appropriate words:

1 Dalam satu tahun ada _______ bulan.
2 Dalam _______ ada tiga puluh hari.
3 Dalam satu hari ada _______ jam.
4 Dalam _______ ada 60 minit.
5 Dalam satu minit ada _______ saat.
6 Dalam _______ ada tujuh hari.
7 Dalam _______ ada empat puluh lapan jam.
8 Dalam _______ ada dua puluh empat bulan.
9 Dalam _______ ada dua puluh satu hari.
10 Dalam _______ ada lima puluh dua minggu.

Exercise 3

Complete the following sentences:

1 Sekarang bulan Oktober. Bulan akan datang bulan _______
2 Bulan lepas bulan Mei. Bulan ini bulan _______
3 Bulan depan bulan Jun. Bulan lalu bulan _______
4 Sekarang bulan Mac. Bulan _______ bulan Februari.
5 Bulan ini bulan Mac. Bulan _______ bulan April.
6 Bulan lalu bulan Ogos. Bulan ini bulan _______ Bulan akan datang bulan _______

Exercise 4

Answer the questions using the correct dates:

1 Hari ini 2 haribulan Januari. Kelmarin berapa haribulan?
2 Kelmarin 15 haribulan September. Hari ini berapa haribulan?
3 Hari ini 7 haribulan Disember. Esok berapa haribulan?
4 Hari Krismas berapa haribulan?
5 Berapa haribulan Hari Kemerdekaan Amerika?
6 Tahun baru berapa haribulan?

7 Berapa haribulan Hari Kemerdekaan Malaysia?
8 Berapa haribulan hari jadi anda?

Exercise 5

Say the following dates in Malay. Follow the examples:

24 Mei 1974	**dua puluh empat haribulan Mei tahun sembilan belas tujuh puluh empat**
3 Julai 1953	**tiga haribulan Julai tahun sembilan belas lima puluh tiga**

28 June 1985, 1 February 1990, 22 April 1948, 14 May 1967, 31 January 1843, 29 August 1865, 16 July 1991, 7 December 1942, 18 March 1939, 30 October 1946

Exercise 6

Say the following sentences in Malay:

1 Every morning I wake up at 6.30.
2 I get dressed at seven.
3 I have breakfast at 7.15.
4 I start work at 8.30.
5 At 9.30 I have a morning meeting for half an hour.
6 At 12.30 I have my lunch for one hour.
7 I leave the office at five.
8 At 7.15 I have dinner with the family.
9 I read the newspapers from 8.30 to nine.
10 At ten I go to sleep.

Exercise 7

Using the time given in brackets, answer the following questions using **setengah**, **suku**, **tiga suku**, **kurang**, **sebelum** and **selepas**:

1	Pukul berapa saudara mahu pergi?	(7.20), (5.30), (2.45)
2	Pukul berapa dia mandi?	(6.30), (7.00), (7.45) pagi
3	Pukul berapa mereka pulang dari panggung wayang?	(8.30) (9.45), (10.30) malam
4	Bila pekerja-pekerja itu habis kerja?	(5.45), (6.30), (4.30) petang
5	Amat habis belajar pukul berapa?	(3.15), (2.45), (1.30) petang

Exercise 8

Answer in a complete sentence the following questions, using the Malay translation of the words given in parentheses:

1	Dia pakai baju warna apa?	(red and blue with white ribbons)
2	Apa warna bunga di atas meja itu?	(yellow, pink, red)
3	Kasut Ani warna apa?	(grey, dark red)
4	Apa warna kereta Samad?	(light blue, grey)
5	Apa warna kesukaan anda?	(yellow, purple, green)

reben ribbon **kesukaan** favourite

Conversation

Berbaju tebal di musim sejuk

An American, Tony, on a flight back to New York, finds himself seated next to a Malaysian, Samad, who is going to study in America. The Malaysian student is anxious to know about the weather in December

SAMAD: **Bulan Disember** ini tentunya sejuk di New York.

TONY: Ya, biasanya sejuk sekali dan kadang-kadang salji akan turun.

SAMAD: Berapa bulan musim sejuk di sana?

TONY: Biasanya lebih **setengah tahun**. Dari **bulan Oktober** hingga **bulan Mei**. Kalau di Malaysia hampir sepanjang tahun hujan, ya?

SAMAD: Tapi kalau hujan, tidaklah terlalu sejuk dan tidak perlu pakai baju tebal.

TONY: Memang betul. Tapi kita tidak boleh lupa bawa payung. Di Amerika pula, **musim sejuk**, jangan lupa bawa sarung tangan, topi dan pakai kot yang tebal. Kadang-kadang mesti pakai but.

SAMAD: Jadi musim panas hanya sebentar saja, tidak seperti Malaysia?

TONY: Ya, tapi banyak tempat indah untuk berkunjung.

SAMAD: Bila cuti universiti bolehlah bersiar-siar. Kalau tidak mesti belajar dulu!

Vocabulary

salji	snow	**sarung tangan**	gloves
hampir	nearly	**topi**	hat
tebal	thick	**sebentar**	a little while/a short period of time
payung	umbrella		
kot	coat	**indah**	beautiful (view)
but	boots		

Reading

Study the text. Note especially the words or phrases for days and months and also the uses of **ber** and independent verbs. Answer the comprehension questions at the end of the passage.

Musim di Malaysia

Tidak seperti negera-negera di barat, Malaysia tidak mempunyai empat musim. Oleh kerana ia **berada** di kawasan tropika, ia hanya mempunyai musim panas dan musim hujan. Musim hujan **bermula** pada kira-kira **bulan Oktober** dan **berakhir** pada **bulan Mac**. Di beberapa bahagian Malaysia seperti di bahagian timur, iaitu di Kelantan dan Terengganu, musim ini ialah musim tengkujuh dan dalam musim ini hujan turun tidak **berhenti-henti**. Nelayan-nelayan yang mencari makan dengan cara tangkap ikan tidak dapat keluar ke laut. Kebanyakan rumah mereka tinggi supaya air tidak masuk ke dalam rumah. Kebanyakan dari mereka juga mempunyai sampan kerana mereka terpaksa pergi ke sana sini dengan sampan apabila jalan raya tidak dapat diguna.

Pada **musim panas** pula, cuaca panas sekali. Matahari pancar dengan terik. Di Malaysia, tidak seperti barat, kita terpaksa mandi sekurang-kurangnya **tiga kali sehari**. Di sesetengah rumah, terutama sekali di bandar-bandar, penghuninya pasang sistem penyaman udara. Dalam kebanyakan kereta ada sistem penyaman udara, kerana ini memang sudah menjadi satu keperluan. Rumah-rumah papan tidak perlu sistem ini kerana angin dapat masuk dinding-dinding papan.

Pelancong-pelancong dari negara barat yang lari dari musim sejuk di negara mereka memang suka **berjemur** di pantai-pantai di Malaysia. Ada juga beberapa tempat tinggi di Malaysia yang berhawa sejuk, seperti di Cameron Highlands, Frasers Hill dan

Bukit Maxwell. Di sinilah ramai pelancong tempatan bawa keluarga dan kawan-kawan mereka untuk bercuti. Pada **hujung minggu**, seperti **hari Sabtu dan hari Ahad**, ramai orang tempatan berkelah di pantai ataupun di tempat pergunungan yang indah.

Oleh kerana cuaca panas di Malaysia, orang ramai memakai pakaian yang ringkas, tanpa kot tebal dan sarung tangan. Mereka **berpakaian** tipis.

Vocabulary

timur	east	**sistem penyaman udara**	air conditioner
musim tengkujuh	monsoon season	**papan**	wood
nelayan	fisherman	**dinding**	wall
mencari makan	to earn a living	**keperluan**	necessity
tangkap	to catch	**berjemur**	to sunbathe
ikan	fish	**ringkas**	simple (brief)
laut	sea	**tipis**	thin
pancar	to shine	**supaya**	so that
terik	strong (as in sunshine)	**sampan**	boat, sampan
penghuni	occupant	**bawa**	to bring
pasang	to fit		

Soalan-soalan

1 Di Malaysia ada berapa musim?
2 Dari bulan berapa hingga bulan berapa musim hujan di Malaysia?
3 Bagaimana orang ramai pergi ke sana sini kalau berlaku banjir?
4 Musim hujan di bahagian Timur Malaysia dikenali sebagai musim apa?
5 Musim apa musim hujan di bahagian Timur Malaysia? Kalau cuaca terlalu panas, rumah-rumah guna apa?
6 Mengapa rumah-rumah di kampung tidak perlu mengguna sistem penyaman udara?
7 Di hujung minggu dan waktu cuti ke mana orang tempatan suka melawat?
8 Apakah nama tempat-tempat tinggi di Malaysia?
9 Siapa suka berjemur di tepi pantai?
10 Bagaimana pakaian orang Malaysia?

banjir flood

8 Menunggu siapa?

Who are you waiting for?

> **In this lesson you will learn about:**
>
> - Prefixes **me** and **me_kan** as transitive verb makers
> - Assimilation of sounds resulting from the use of **me**
> - The phrase **pernah**

Menunggu siapa?

Ahmad is waiting for his friend Abu at a bus stop when he sees his elder sister, Mariam. She teases him about his well-groomed appearance

MARIAM: Ahmad, kau **menunggu** siapa di sini?
AHMAD: **Menunggu** Abu. Dia janji nak jumpa pukul 3 petang.
MARIAM: Kakak nampak Abu **(mem)beli** barang di kedai tadi.
AHMAD: Dia **(me)nelefon** Abu semalam dan **mengajak** saya **(me)nonton** wayang.
MARIAM: Menonton dengan Abu kau **(me)makai** cantik sekali! Kakak tak pernah tengok Ahmad bergaya macam ini.
AHMAD: Sekali sekala apa salahnya!
MARIAM: Kau ada duitkah nak **membeli** tiket?
AHMAD: Ahmad yang **mengajak**, dialah yang **membeli** tiket. Abu selalu **(me)nolong** dia buat kerja sekolah. Jadi dia mahu belanja saya.
MARIAM: Kalau dia membeli tiket, kau harus **membayar** untuk makanan. Itu lebih adil.

Vocabulary

mengajak	to invite	**kerja sekolah**	homework (school work)
menolong	to help	**mengganti**	to repay/replace

lebih adil	fairer	**pernah**	has ever/had experience of . . .
sekali sekala	once in a while		

Who are you waiting for?

MARIAM: *Ahmad, who are you waiting for here?*
AHMAD: *I'm waiting for Abu. He promised to meet me at three this afternoon.*
MARIAM: *Sister (I) saw Abu buying some stuff at the shop just now.*
AHMAD: *He phoned me last night and invited me to see a film.*
MARIAM: *Watching (films) with Abu and you're so well-groomed! I've never seen you so well-dressed!*
AHMAD: *Once in a while, what's wrong with that!*
MARIAM: *You've got the money to buy tickets?*
AHMAD: *Abu asked me out, he'll buy the tickets. Ahmad (I) always helps him do his homework. So he wants to give me a treat.*
MARIAM: *If he pays for the tickets, Ahmad (you) should pay for the food. That's fairer.*

Language points

Using me- as a prefix

So far we have looked at two verb types: independent verbs and **ber**- verbs. We now come to a third type, those that take take the prefix **me**. **Me-** can be applied to base-verbs, adjectives and nouns.

A word with the **me-** prefix suggests that the sentence in which the word is used is in the active voice. When **me-** is attached to a noun or an adjective, it changes it into a verb. Attached to base-verbs (infinitives), **me-** normally confirms the transitive nature of base-verbs.

Me + *base-verbs*

This produces many transitive verbs (an area where **me-** is mostly used)

me- + tunggu = menunggu

Ahmad *menunggu* kawannya. Ahmad *is waiting* for his friend.

me- + ajak = mengajak

Abu *mengajak* Ahmad keluar. Abu *asks* Ahmad *out*.

me- + beli = membeli

Abu *membeli* tiket wayang.	Abu *buys* the cinema tickets.

me- + beri = memberi

Mariam *memberi* Ahmad wang.	Mariam *gives* Ahmad money.

me- + pakai = memakai

Salmah *memakai* baju cantik.	Salmah *wears* a beautiful dress.

me- + dengar = mendengar

Mereka *mendengar* cerita lucu.	They *are listening* to a funny story.

The full form as shown above (**mem**, **men**, **meng**, etc.) is normally used in written Malay. In spoken Malay, however, it is often ignored or dropped. So, instead of saying **mengambil** ('take'), Malay speakers are likely to say **ambil**.

Saya *mengambil* buku itu daripada Sarah.	I *took* the book from Sarah.
or **Saya *ambil* buku itu daripada Sarah.**	
Dia *memandu* kereta ke pejabat.	He *drives* to work.
or **Dia *pandu* kereta ke pejabat.**	

The use of **me-** + base-verb applies only when it is used in statements. However, do not use the prefix when giving instructions or orders, especially when the sentence begins with the verb.

Tolong ambil buku itu.	(right)
Tolong mengambil buku itu.	(wrong)
Angkat papan itu!	(right)
Mengangkat papan itu!	(wrong)

For more on this see Lesson 12.

Me- *+ adjective*

Adding **me-** to an adjective changes it into a verb:

me + adjective = verb

me	+	**kecil**	=	**mengecil** ('to become small')
me	+	**besar**	=	**membesar** ('to become big')
me	+	**panjang**	=	**memanjang** ('to become long')
me	+	**luas**	=	**meluas** ('to become wide')

me- + besar = membesar

Semasa *membesar*, dia tinggal dengan datuknya.	While *growing up*, he lived with his grandfather.

me- + panas = memanas

Bilik itu *memanas* dengan tiba-tiba.	The room *becomes* hot suddenly.

me- + hijau = menghijau

Padang itu *menghijau* selepas hujan turun.	The field *becomes green* after the rainfall.

Me- + *noun*

As above, adding **me-** changes certain nouns into verbs. Here the subject does the work indicated by the noun. The resulting verbs are intransitive.

me- + darat = mendarat

Kapal terbang MAS sudah *mendarat*.	The MAS [Malaysian Airline System] aircraft *has landed*.

me- + ekor = mengekor

Sejak pagi tadi dia *mengekor* kita dari belakang.	From this morning *he was following* us from behind.

me- + telefon = menelefon

Amat *menelefon* saya pagi tadi.	Amat *telephoned* me this morning.

Sound assimilation

Assimilation of sounds occurs as **me-** bumps into the initial sounds of the joining words. Although the changes come naturally for native speakers, you might find this a problem. Here are some basic rules to be followed.

When **me** meets the letter **b**, it becomes **mem**:

b	**me- + beli**	=	**membeli**	to buy
b	**me- + bayar**	=	**membayar**	to pay
b	**me- + basuh**	=	**membasuh**	to wash

When **me** meets the initial sound **p** it converts it into **m**:

p	**me- + pakai**	=	**memakai**	to wear
p	**me- + pukul**	=	**memukul**	to hit/strike
p	**me- + pusing**	=	**memusing**	to turn

When **me** meets a vowel, **ng** should be inserted between **me** and the word:

a	**me- + ajar**	=	**mengajar**	to teach
e	**me- + ekor**	=	**mengekor**	to tail/follow
i	**me- + istihar**	=	**mengistihar**	to announce/declare

Assimilation occurs in the italicised words in the table:

Initial sound		*root*	*prefix*	*combined form*	*meaning*
1	l	lihat	me-	melihat	to see
	m	masak		memasak	to cook
	n	nikah		menikah	to marry
	ny	nyala		menyala	to glow
	r	rompak		merompak	to rob
	y	yakin		meyakin	to convince
	w	wawancara		mewawancara	to interview
2	b	buka	mem-	membuka	to open
	f	fitnah		memfitnah	to slander
	p	pukul		*memukul*	to hit/strike
3	d	didik	men-	mendidik	to teach
	j	jual		menjual	to sell
	c	cari		mencari	to find
	t	tangis		*menangis*	to cry
	z	ziarah		menziarah	to visit
4	a	ajar	meng-	mengajar	to teach
	e	edar		mengedar	to spread
	i	ikut		mengikut	to follow
	o	olah		mengolah	to devise
	u	ukur		mengukur	to measure
	g	gadai		menggadai	to pawn
	h	hayun		menghayun	to swing
	k	kayuh		*mengayuh*	to peddle
5	s	sewa	meny-	*menyewa*	to rent/hire

Pernah

There is no one word in English to explain what **pernah** means. It can be translated as 'has ever experienced', ' have done' or 'had experience of doing something':

Kami *pernah* melawat Negeri Jepun di musim bunga.	(*lit.*) We *have had the experience* of visiting Japan during spring.
Amat tidak *pernah* ponteng sekolah.	Ahmad has not *ever* played truant.
Saya *pernah* pergi ke situ seorang diri.	I *have been* there alone.

Kita akan menganjurkan pameran

Encik Ramli, head of a travel agency in Penang, has just returned after a month's holiday abroad. He asks his deputy Sally to brief him on developments during his absence

RAMLI: Kita akan **menganjurkan** pameran pelancongan bulan depan. Apa yang telah berlaku semasa saya tiada?

SALLY: Kami telah **mengadakan** mesyuarat dan telah **membincangkan** perkara-perkara penting seperti para jemputan, publisiti, tempat pameran dan belanjawan pameran itu.

RAMLI: Kita mesti pastikan para wartawan **melaporkan** pameran ini dalam akhbar.

SALLY: Hussein akan **menguruskan** publisiti dan **mengaturkan** acara-acara untuk selama dua minggu.

RAMLI: Siapa yang akan **menyampaikan** ucapan hari pembukaan?

SALLY: Menteri Pelancongan telah diminta untuk **menyampaikan** ucapan itu.

Vocabulary

menganjurkan	to organize	**mengaturkan**	to arrange
pameran	exhibition	**menyampaikan**	to deliver
mengadakan	to have/had	**ucapan**	speech
perkara	matters, issues	**berlaku**	happen
para jemputan	guests	**(di) minta**	has been asked
publisiti	publicity		

We are organizing an exhibition

RAMLI: *We're organizing a tourism exhibition next month. What happened in my absence?*

SALLY: *We've had a meeting and discussed important matters such as guests to be invited, publicity, location of exhibition and the budget for the exhibition.*

RAMLI: *We have to ensure that the journalists report on the exhibition in the papers.*

SALLY: *Hussein will manage the publicity and arrange the events for two weeks.*

RAMLI: *Who will give the speech on the opening day?*

SALLY: *The Minister of Tourism has been asked to deliver the speech.*

Language points

Irregular me_kan transitive verbs

Below is a list of words (both nouns and verbs) which require the addition of **me_kan** (instead of **me-** only) in order to become transitive verbs.

Root words	*Newly formed transitive verbs*	*Meaning*
anjur (v)	**menganjurkan**	to organize something
beri (v)	**memberikan**	to give something to somebody
bicara (v)	**membicarakan**	to judge something (e.g. court case)
dengar (v)	**mendengarkan**	to listen to something*
kirim (v)	**mengirimkan**	to send something to somebody
fikir (v)	**memikirkan**	to think of something
pinjam (v)	**meminjamkan**	to lend something to somebody*
terjemah (v)	**menterjemahkan**	to translate something
sewa (n)	**menyewakan**	to rent out something*
kerja (v)	**mengerjakan**	to do something
cerita (n)	**menceritakan**	to describe something
kata (v)	**mengatakan**	to say something
sekolah (n)	**menyekolahkan**	to educate or school somebody
ungkap (n)	**mengungkapkan**	to phrase something, to say something

*Compare with the virtually opposite meanings of **mendengar**, **meminjam** and **menyewa** above (the **me-** only prefix). Examples:

kerja (v) → **bekerja** (vi) → **mengerjakan** (vt)

Susan *bekerja* di pejabat.	Susan *worked* in the office.
Susan *mengerjakan* laporan itu di pejabat.	Susan *did the report* in the office.

usaha (n) → **berusaha** (vi) → **mengusahakan** (vt)

Dia *berusaha* kuat untuk syarikat itu.	He *works* hard for the company.
Dia *mengusahakan* syarikat itu sehingga ia berjaya.	He *worked* the company until it was successful

bincang (v) → **berbincang** (vi) → **membincangkan** (vt)

Saya berbincang dengan kawan saya.	I *discussed* with my friend.
Mereka *membincangkan* isu itu dengan mendalam.	They *discussed* the issue in depth.

cerita (n) → **bercerita** (vi) → **menceritakan** (vt)

Bapa *bercerita* tentang pengalamannya di masa perang.	Father *talked* about his experience in the war.
Bapa *menceritakan* kisah zaman perang.	Father *gave* an account of the war.

janji (n) → **berjanji** (vi) → **menjanjikan** (vt)

Amat *berjanji* bahawa dia akan belajar kuat.	Amat *promises* that he will study hard.
Ibu *menjanjikan* Amat sebuah basikal sekiranya ia lulus.	Mother *promises* Amat a bicycle if he passes.

Used in a sentence, an intransitive verb **ber-** . . . normally requires a preposition (e.g. **tentang** ('about'), **kepada** ('to')) whereas **me_kan** verb is always transitive – it is followed by an object/noun.

Exercises

Lists of words are not provided at the end of some of the exercises below. Do look up anything unfamiliar in the Glossary or a dictionary should you need any help. Before you do, however, try to infer the meaning from the context.

Exercise 1

Give the verbs in brackets their proper forms. Use **Pak Ali** as the subject in the sentences.

1 (baca) buku di dalam bilik bilik **Pak Ali membaca buku di dalam bilik.**
2 (kirim) wang kepada ibunya
3 (ambil) basikal dari belakang rumah
4 (gali) lubang dalam tanah
5 (masak) nasi goreng di dapur

Exercise 2

Find the roots of the verbs in the following sentences:

1 Suan mengundang kawan-kawannya ke pesta hari jadinya.
2 Ayah selalu menjaga ibu.
3 Pencuri itu menghilangkan diri di tengah malam.
4 Jangan suka mengeluh!
5 Budak itu selalu melanggar aturan.

mengeluh	to sigh	**melanggar**	to break (e.g. rules)

Exercise 3

Give the Malay equivalents of the following. When you have done so, give also the base-verbs.

1 She wrote a letter.
2 He took a pen from the drawer.
3 I caught the thief when he came out of the shop.
4 The man opens the shop at nine o' clock.
5 People buy and sell things in the market.
6 Amir is looking for a job.
7 Anna tried on her new dress.

8 The waitress brought two cups of tea.
9 Mr. Simmons teaches French.

Exercise 4

Mixed verbs (independent verbs and verbs with **ber-** or **me-**). Refer to Lesson 4 to refresh your memory. Substitute the word or phrase given to transform the verb to its appropriate form.

Model sentence: **Mariam membaca buku.**

1 surat khabar — **Mariam membaca surat khabar.**
2 (main) piano — **Mariam bermain piano.**
3 di bilik tamu
4 (rehat)
5 (jalan) di dalam taman.
6 (ajar) bahasa Inggeris.
7 (tulis) surat
8 di pejabat
9 (kerja)
10 (mesyuarat) dengan teman-teman pejabatnya

Model sentence: **Asma menelefon Mary**

11 (ajak) Mary (tonton) wayang. — **Asma mengajak Mary menonton wayang.**
12 (pergi) dengan Mary. — **Asma pergi dengan Mary menonton wayang.**
13 ke restoran
14 (makan) mee goreng di restoran
15 (bual) di restoran sebelum pulang
16 (keluar) dari restoran
17 (cari) teksi
18 (panggil) teksi
19 (naik) teksi
20 (turun) dari

Exercise 5

An American tourist is about to visit Malaysia for the first time. There are a number of things he needs to do before he leaves for the country. How would he say the following in Malay?

1 I need to apply for a visa at the Malaysian embassy in Washington. **(minta)**

2 I must go to the doctor for vaccinations. (**dapat**)
3 I need to get some Malaysian money from the bank. (**beli**)
4 I need to book an air ticket to Kuala Lumpur. (**tempah**)
5 I need a teacher to teach me Malay. (**ajar**)
6 I need to look for a map of Malaysia at the book shop. (**cari**)
7 I need to phone a friend to tell her about my trip. (**telefon**)
8 I need to write a letter to a Malay friend in Malaysia. (**tulis**)

vaccination	**suntikan**	map	**peta**
trip	**perjalanan**		

Exercise 6

Mrs Wong is a director of an orphanage. Her Monday activities are as follows. Say them in Malay:

1 Mrs Wong starts work at nine-thirty in the morning. (**mula/kerja**)
2 She visits every room in the home and talks to the children in each room. (**melawat/cakap**)
3 She discusses the children's problems with the nurse. (**bincang**)
4 During the morning meeting with her staff, she plans the week's activities. (**rancang**)
5 After the meeting, she opens all her letters and replies to them personally. (**buka/jawab**)
6 In the afternoon, she takes a group of children to the zoo. (**bawa**)
7 She buys them ice cream and drinks and tells them about the animals. (**beli/beritahu**)
8 Back at the orphanage, she asks the children to draw pictures of some of the animals. (**minta/lukis**)
9 At five that afternoon, she has another meeting with her deputy director who tells her that someone has given a donation of a thousand dollars. (**ada/beritahu/beri**)
10 Mrs Wong asks her secretary to prepare a letter of thanks to the donor. (**minta/sedia**)
11 Before going home, she visits the children again at the activity centre. (**melawat**)
12 Mrs Wong says goodbye to the children and her staff. (**ucap**)

nurse	**jururawat**	orphanage	**rumah anak yatim**
activities	**kegiatan**	donation	**derma**
zoo	**taman haiwan**	donor	**penderma**

ice cream	**aiskrim**	centre	**pusat**
animals	**haiwan**		

Exercise 7

Give the Malay equivalents of the following using **pernah** and **tak pernah**:

1 Have you ever been to Japan?
2 I have bought durian several times in London.
3 She has never eaten any rambutan.
4 I once saw a man biting a dog.
5 I have never travelled alone at night.
6 Has she ever been ill?

biting	**menggigit**	travelled	**berjalan**

Conversations

Observe the varied verb forms in the conversation below between an American tourist and a local (that is independent verbs, verbs with **ber-** and **me-**).

Sesat jalan

AMERICAN: Saya fikir, saya sudah sesat jalan.
LOCAL: Anda mahu pergi ke mana?
AMERICAN: Saya mau pergi ke pasar malam.
LOCAL: Anda perlu **berjalan** terus sehingga anda **berjumpa** persimpangan jalan. Pusing kiri dan anda akan **berhadapan** dengan bangunan besar. Di situlah pasar malam.
AMERICAN: Terima kasih. Boleh saya **bertanya** lagi?
LOCAL: Tentu saja boleh. Tanyalah!
AMERICAN: Saya mahu membeli cenderamata. Cenderamata apa yang harus saya beli?
LOCAL: Banyak yang anda boleh beli. Orang-orang tempatan di sini **membuat** dan **menjual** kain batik yang cantik-cantik. Anda boleh beli baju batik.
AMERICAN: Itu satu cadangan yang baik. Terima kasih.

Vocabulary

persimpangan jalan	junction	**pasar malam**	night market (a kind of open market held at night)
pusing	to turn		

Note the varied verb-forms in the following conversation between Andrew, a student of Malay, and his teacher, Hamid (independent verbs, verbs with **ber-**, **me-** and **me_kan**).

Saya selalu berlatih bercakap dalam bahasa Melayu

HAMID: Sudah lima bulan anda belajar bahasa Melayu. Boleh anda **bercakap** dengan fasih sekarang?

ANDREW: Ya. Saya selalu berlatih **bercakap** bahasa Melayu dengan kawan-kawan.

HAMID: Sekarang anda fasih **berbahasa** Melayu, bolehlah anda **mengajar** kawan-kawan anda yang lain.

ANDREW: Ya. Tapi saya masih perlu **menghabiskan** kursus bahasa Melayu ini supaya saya boleh **berfikir**, **bercakap**, **menulis** dan **mengajar** dalam bahasa Melayu.

HAMID: Kalau anda selalu **bergaul** dengan orang-orang Melayu anda akan **bertambah** yakin **bertutur** dalam bahasa ini.

ANDREW: Betul, saya juga rasa ini boleh **menambahkan** keyakinan saya **berbahasa** Melayu.

Vocabulary

fasih	fluent	**yakin**	confident
latih/ber	to practise	**tambah/ber**	to increase
gaul/ber	to mix		

9 Kembali ke kolej

Back to college

In this lesson you will learn about:

- Further uses of **me_kan** and **memper_kan** meaning 'to make/cause'
- **Me_kan** meaning 'to do things for others'

Kembali ke kolej

Today is 7 January. Christmas and New Year holidays have ended. Anwar has to go back to college

Anwar bangun pagi-pagi lagi dan terus **mengemaskan** bilik tidurnya. Sesudah mandi dan sarapan, dia **menyiapkan** buku-buku dan kertas-kertas penting untuk dibawa ke kelas. Ia **memasukkan** semuanya ini ke dalam beg kulitnya. Sambil itu dia mendengar radio untuk mengetahui berita pada pagi itu.

Anwar mengunci biliknya dan terus ke belakang rumah untuk **mengeluarkan** motosikalnya yang disimpan dalam garaj. Dari situ dia pergi ke universiti melalui Jalan Bangsar. Di Jalan Terasik, Anwar berhenti di rumah Murthi untuk **mengembalikan** sebuah buku yang dipinjamnya sebulan lalu.

Di universiti, Anwar menyimpan motosikalnya di tempat letak kereta. Dia **menguncikan** motosikal itu dan terus masuk ke kelas untuk bersama kawan-kawannya.

Vocabulary

kemas/me_kan	to tidy	**keluar/me_kan**	to take out
kulit	leather/skin	**lalu/me_i**	to pass
kunci/me	to lock		

Back to college

Anwar gets up very early and tidies up his bedroom straight away. After taking his bath and breakfast, he gets his books and important papers ready to be taken to class. He places all of them in his leather bag. At the same time, he listens to the morning news on the radio.

Anwar locks his room and goes straight to the back of the house to get his motorcycle that he keeps in the garage. From there he goes to the university, passing by Bangsar Road. At Terasik Road, Anwar stops at Murthi's house to return a book he borrowed a month ago.

At the university, Anwar parks his motorbike in the car park. He locks the motorbike and straight away goes into his classroom to be with his friends.

Language points

Causative verbs

In Lesson 6 we saw how **me_kan** allows the speaker to change a small number of nouns into transitive verbs. In the situation above, you can see **me_kan** applied to adjectives and intransitive verbs. The verbs that are produced from this process are both transitive and causative. Causative carries a meaning of causing/making the object do the work. To make this quite clear, here are some examples.

bersih (adj) → **membersihkan** (vt)

Rumah itu bersih.	The house is clean.
Anwar *membersihkan* bilik tidurnya.	Anwar *cleans* his bedroom. (*lit.* He caused his bedroom to be clean)

siap (adj) → **menyiapkan** (vt)

Pada pukul 7.00 pagi Anwar sudah siap.	At 7.00 in the morning Anwar is ready.
Dia *menyiapkan* pakaiannya.	He *prepared* his clothes. (*lit.* He caused his clothes to be in a state of readiness)

masuk ke (vi) → **memasukkan** (vt)

Anwar masuk ke kuliah.	Anwar goes to his lecture.

Anwar *memasukkan* duit *ke* dalam beg.	Anwar *puts* the money *in* the bag. (*lit.* Anwar made/caused the money to go into his bag)

keluar dari (vi) → **mengeluarkan** (vt)

Dia keluar dari rumah itu.	He went out of that house.
Dia *mengeluarkan* buku *dari* beg.	He *took* the books *out of* the bag. (*lit.* He made/caused the books to come out of the bag)

duduk di (vi) → **mendudukkan** (vt)

Anak itu duduk di atas meja.	The child sat on the table.
Ibu itu *mendudukkan* anak itu *di* atas meja.	The mother *sat* the child on the table. (*lit.* The mother made/caused the child to sit on the table)

tidur (vi) → **menidurkan** (vt)

Anda tidur di mana?	Where are you sleeping?
Ibu *menidurkan* adik di mana?	Where is mother *putting* baby to sleep? (*lit.* Where is mother making the baby sleep?)

Ada apa bulan ini?

1994 was 'Visit Malaysia' Year. Malaysian Tourist Boards around the world were busy with promotions to attract tourists to Malaysia. Cultural performances as well as trade fairs were held in various capital cities in conjunction with the promotions. One of the targeted cities was London, and an official from the Malaysian Ministry of Tourism was in London to give a talk about Malaysia's attractions as well as promotional programmes that were to be held in the capital

Tahun 1994 ialah Tahun 'Melawat Malaysia' dan bulan ini sebuah kumpulan seni dari Malaysia berada di London untuk **memperkenalkan** budaya Malaysia kepada orang British.

Malaysia ialah sebuah negara berbilang bangsa. Penduduknya terdiri dari bangsa Melayu, bangsa India dan bangsa Cina. Ini **memperkayakan** lagi budaya negara itu. **Pertunjukan** budaya yang akan diadakan di Dewan Institut Komanwel dalam bulan ini akan **memperlihatkan** betapa kayanya budaya Malaysia. Tarian-tariannya **mencerminkan** berbagai pengaruh budaya asing.

Selain daripada **pertunjukan** budaya, juga diadakan satu seminar yang **mempersoalkan** 'Ancaman pengaruh asing terhadap budaya Malaysia'. Ahli-ahli forum akan membincangkan cara-cara untuk **mempertahankan** budaya Malaysia dari pengaruh luar. Mereka juga dijangka akan membincangkan cara-cara **memperkukuhkan** budaya Malaysia di samping **memperkayakannya** lagi.

Satu pameran buku-buku Melayu juga akan diadakan. Minat membaca di Malaysia kini sedang meningkat dan ini telah memperbanyakkan lagi buku-buku yang dikeluarkan oleh penulis-penulis Malaysia. Hasil karya penulis-penulis ini juga mencerminkan budaya hidup dalam masyarakat berbilang bangsa.

Vocabulary

kenal/memper_kan	to introduce	**bangsa**	race
kaya/memper_kan	to enrich	**lihat/memper_kan**	to show
dewan	hall	**tahan/memper_kan**	to defend
cermin/men_kan	to reflect	**kukuh/memper_kan**	to strengthen
ancam/_an	to threaten/threat		

What's on this month?

1994 is 'Visit Malaysia' Year and this month a cultural troupe from Malaysia is in London to introduce Malaysian culture to the British.

Malaysia is a multiracial nation. The population consists of the Malay race, the Indian race and the Chinese race. This enriches the country's culture. The cultural performance that is to be held at the Commonwealth Institute Hall this month will show how rich Malaysian culture is. The dances reflect the influence of various cultures.

Besides the cultural perfomances, there is also (held) a seminar that discusses 'The threat of outside influences on Malaysian culture'. Members of the forum will discuss ways to protect Malaysian culture from outside influence. They are also expected to discuss ways to strengthen Malaysian culture and at the same time enrich it.

An exhibition of Malay books will also be held. Interest in reading is growing and this has increased the number of books produced by Malaysian writers. The output of these writers also reflects the way of life in a multiracial society.

Language points

The double prefix memper_kan

Memper looks like a double prefix but actually it is not. Generally **memper_kan** verbs are derived from intransitive verbs with **ber**. The main function of **memper_kan** is basically the same as that of **me_kan**, namely to carry the meaning of making or causing. The new verbs produced by **memper_kan**, however, can have meanings that are significantly or slightly different from those produced by **me_kan**. Verbs with **memper_kan** are widely used in written as well as spoken Malay.

berjuang (vi)	to struggle for
memperjuangkan (vt)	to struggle for
Mereka *berjuang* untuk mendapatkan kemerdekaan negara.	They *struggled* to achieve the independence of the nation.
Mereka *memperjuangkan* kemerdekaan negara.	They *struggled* for the independence of the nation.
bertahan (vi)	to defend/to resist
mempertahankan (vt)	to defend
Walaupun diserang musuh, mereka dapat *bertahan*.	Although they were attacked by enemies, they were able to *resist*.
Wanita-wanita itu melawan untuk *mempertahankan* hak mereka.	The women fought to *defend* their rights.
berguna (a)	to be useful
mempergunakan (vt)	to take advantage of
Buku ini sangat *berguna*.	This book *is useful*.
Mereka *mempergunakan* bahasa sebagai alat politik.	They *used* language as a political tool.
alat (n)	tool
memperalatkan (vt)	to use as a vehicle/to exploit
Komputer ialah sebuah *alat* yang berguna.	The computer is a useful *tool*.
Untuk mencapai kemahuannya, ia *memperalatkan* sesiapa ia suka.	To achieve his wishes, he *uses* (*as a tool*) whomever he likes.

kaya (a)	rich
memperkayakan (vt)	to enrich
Dia orang *kaya*.	He is a *rich* man.
Membaca *memperkayakan* pengetahuan.	Reading *enriches* knowledge.

Memperbesar rumah

ALI: Anak-anak kau sudah besar. Kau harus **memperbesar** rumah ini.

ATAN: Ya, saya pun fikir begitu. Tapi kalau nak **memperluaskan** bidang rumah ini, saya perlu banyak duit.

ALI: Kau boleh **mempercepatkan** jualan kedai kau dan duit itu boleh diguna untuk **memperbesarkan** rumah.

ATAN: Yang memperlambatkan jualan ini ialah pembeli tak dapat pinjaman wang.

ALI: Ya, itu sering menjadi masalah.

Vocabulary

bidang	width	**pembeli**	buyer
jualan	sale	**pinjaman**	loan
lambat/memper_kan	to slow down		

Enlarging a house

ALI: *Your children are all big. You should enlarge your house.*

ATAN: *Yes, I think so too. But to increase the width of the house, I need a lot of money.*

ALI: *You can speed up the sale of your shop and the money can be used to enlarge the house.*

ATAN: *What slows down the sale is that the buyer can't get a loan.*

ALI: *Yes, that's often a problem.*

Language points

Memper_(kan) **as an adjective intensifier**

Ani mahu memperbesarkan rumahnya.	Ani wants to enlarge her house.

Dia pergi mengembara untuk memperluaskan pengalamannya.	He went on his travels to widen his experience.
Mereka memperkuatkan azam mereka untuk mencapai kejayaan.	They strengthened their determination to achieve success.

The function of **memper** in the conversation above is as an intensifier, for example to make something bigger or faster which is already big or fast. But this is a subjective judgement based on feeling or taste.

Note that there are verbs/adjectives which do not take the form of **memper_kan** or **me_kan**. These take the form of **memper_i**, and they include:

baik → memperbaiki

Dia pergi ke kedai untuk memperbaiki jam tangannya.	He went to the shop to repair his wrist watch.

baharu → memperbaharui

Mereka memperbaharui kempen mereka untuk mendapatkan hak yang sama rata.	They renewed their campaign to get equal rights.

Rumah rehat Pak Amat memuaskan hati tetamu

Pak Amat owns a guest house by the seaside. His guests come from all over the world. He makes them feel very at home and tends to their every need

'Selamat datang, Encik, selamat datang Puan. Silakan masuk.' Begitulah selalunya Pak Amat menyambut tamu-tamu di rumah rehat itu. Dan dengan segera ia **mencarikan** bilik kosong untuk tetamu-tetamu itu. Sebaik sahaja mereka berehat, Pak Amat menanyakan mereka sama ada mereka mahu makan dan minum. Pak Amat akan **menyiapkan** apa saja yang mereka mahu makan. Dia **membelikan** bahan-bahan makanan untuk masakan Eropah, masakan Cina dan masakan India sekiranya diminta khas oleh tetamunya. Kemudian Pak Amat akan menyuruh tukang masak **memasakkan** jenis makanan untuk tetamu itu.

Sekiranya tetamu tidak mempunyai kenderaan sendiri, Pak Amat akan **menyediakan** kenderaan. Dia mempunyai keretanya sendiri dan dia **menyewakan** kereta ini kepada tetamu untuk bersiar-siar.

Ada juga tetamu yang minta supaya Pak Amat **menghidangkan** makanan di dalam bilik mereka. Pak Amat sanggup melakukan apa-apa saja supaya mereka selesa.

Dia memang disukai kerana dia sentiasa memberikan layanan yang memuaskan kepada tetamu-tetamunya.

Vocabulary

sambut/meny	to greet/welcome	**laku/me_kan**	to do/perform
segera	immediately	**layanan**	treatment
sebaik saja	as soon as	**puas/me_kan**	satisfactory
bahan makanan	ingredient	**kosong**	vacant
suruh/meny	to ask	**hidang/me_kan**	to serve
kenderaan	transportation	**sanggup**	willing
sedia/meny_kan	to prepare	**selesa**	comfortable

Pak Amat's guest house satisfies his guests

'Welcome, Sir, welcome, Madam. Please come in.' That's how Pak Amat usually greets his guests at the guest house. And he immediately finds a vacant room for the guests. As soon as they have rested, Pak Amat asks them whether they would like to eat and drink. He prepares whatever they want to eat. He buys ingredients for European, Chinese and Indian food if it is requested by his guests. After that Pak Amat will ask his chef to cook the special food.

If the guests don't own a car, Pak Amat provides transportation. He has his own car and rents it out for sightseeing.

There are also guests who ask Pak Amat to serve food in their rooms. Pak Amat is willing to do anything to ensure their comfort. He is popular because he always treats his guests well.

Language points

Beneficent verbs

When **me_kan** is applied to transitive verbs, it carries a new meaning. This new meaning is that somebody benefits from the action indicated by the base-verb. Note the following comparison:

masak (root) → **memasak** (vt) → **memasakkan** (vt benf.)

Saya masak nasi setiap hari.	I cook rice every day.
Tugasnya ialah untuk memasak di restoran itu.	His duty is to cook at that restaurant.
Dia suka memasakkan makanan istimewa untuk saya.	She likes to cook special food for me.

beli (root) → **membeli** (vt) → **membelikan** (vt benf.)

Jangan beli barang itu.	Don't buy that thing.
Dia membeli baju di kedai itu.	She buys the dress from that shop.
Pada hari jadi anaknya, dia membelikannya sebuah basikal.	On his child's birthday, he bought him a bicycle.

baca (root) → **membaca** (vt) → **membacakan** (vt benf.)

Baca ayat itu kuat-kuat.	Read the sentence loudly.
Selepas membaca surat itu dia menangis.	After reading that letter he cried.
Ibu membacakan cerita itu kepada anaknya.	The mother reads her child the story.

Exercises

Exercise 1

Identify whether the verbs in the following sentences are transitive/causative (trans. /caus.), transitive/beneficent (trans. /benf.), or just simply transitive (trans.) or intransitive (intrans).

1 Pak Hassan menjual rumahnya.
2 Puan Hasnah bekerja di pejabat pos.
3 Ayah membelikan kasut baru untuk anaknya.
4 Oleh kerana Ani lama tidak pulang, emaknya memasakkannya makanan yang istimewa.
5 Budak-budak bermain bola di padang sekolah.
6 Susan suka memakai baju batik.
7 Majikannya menaikkan gajinya kerana dia seorang pekerja yang rajin.
8 Dia menyewakan saya sebuah kereta yang mahal.
9 Saya mencarikannya buku yang ia mahu.
10 Semua pekerja berkumpul di luar pejabat.

selendang scarf

Exercise 2

Fill in the blanks with the words provided in parentheses:

1 (**naik**, **menaikkan**)
Dia _______ bas ke sekolah.
Cik Gu _______ bendera semasa lagu kebangsaan dinyanyikan.
2 (**berhenti**, **menghentikan**)
Dia _______ kerja untuk melanjutkan pelajaran.
Ayahnya _______ Amir dari melakukan sesuatu yang tidak baik.
3 (**membeli**, **membelikan**)
Di hari perkahwinan Susan, ayahnya _______ nya sebuah kereta.
Ibu pergi ke pasar untuk _______ ikan.
4 (**kerja**, **bekerja**, **mengerjakan**)
Siapa yang _______ laporan itu?
Dia _______ siang malam tapi _______ -nya tidak habis-habis.
5 (**berjanji**, **menjanjikan**)
Bapa _______ saya RM500 kalau saya lulus.
Dia _______ akan belajar kuat untuk lulus peperiksaan.

lagu kebangsaan national anthem **lanjut/me_kan** to further

Exercise 3

Give the Malay equivalents of the following, putting the proper affixation to each base-verb in brackets:

1 The mother sat the child on the little chair. (**duduk**)
2 The child put the toy in the box. (**masuk**)
3 The driver took the car out of the garage. (**keluar**)
4 My wife made me a new shirt. (**buat**)
5 I got some money from the bank. (**ambil**)
6 The students organized a party after the exams. (**ada**)
7 Stop. (**henti**) I want to get out of the car. (**keluar**)
8 Can you stop the car? (**henti**)

toy **permainan**

Exercise 4

Mixed affixation (independent verbs, verbs with **ber-**, **me-** and **me_kan**). Change the verbs in brackets into their appropriate forms.

1 Bila anda pergi, jangan lupa (**mati**) lampu.
2 Jangan suka (**pinjam**) wang. Nanti anda tidak boleh (**bayar**).
3 Ayah (**masuk**) wang itu ke dalam bank.
4 Orang itu pekak. Dia tidak boleh (**dengar**) perbualan kita.
5 Saya belum pernah (**temu**) dengan orang itu.
6 Ibu sudah (**kemas**) bilik tidur sementara Anna (**masak**) ibunya mee goreng.
7 Dia tidak boleh (**diri**). Kakinya sakit.
8 Orang ramai (**minta**) supaya kerajaan (**diri**) rumah sakit di kawasan itu.
9 Ayah selalu (**baca**) adik sebuah cerita sebelum ia tidur.
10 Pak Atan (**isteri**) dua dan sentiasa (**hutang**).

pekak	deaf	**perbualan**	conversation
hutang	debt	**kemas**	to tidy up

Exercise 5

Mixed affixation. Johnny and Susan are in a classroom. The following are their activities. Using the cue words given, say the following sentences in Malay:

1 They listen to the lecture. (**dengar**)
2 They note down the teacher's explanation. (**catat**)
3 They do the exercises. (**buat**)
4 They ask the lecturer some questions. (**tanya**)
5 They discuss a topic given by the lecturer. (**bincang**)
6 They take a break (**rehat**) and have lunch. (**makan**)
7 They return to the classroom. (**kembali**)
8 They continue with their lessons. (**sambung**)
9 They go home at four o'clock. (**pulang**)

Exercise 6

Mixed affixation. In the evening, Johnny does the following activities. Say them in Malay:

1 After dinner, he studies. (**ajar**)
2 He does his homework. (**buat**)
3 He finishes the story book he is reading. (**habis**)
4 He translates about twenty English sentences into Malay. (**terjemah**)
5 He writes an essay of about one and a half pages. (**karang**)

6 He goes to his bedroom. (**pergi**)
7 He switches off the lights. (**padam**)
8 He sleeps. (**tidur**)

Conversation

Anna sedang memandikan Taufiq

Sunday is always a busy day for Pak Amin's household. There are always a thousand and one chores to be done

PAK AMIN: Siapa yang mandi dalam bilik air begitu lama sekali?
MAK ESAH: Anna **memandikan** Taufiq. Tadi dia mencuci pakaian.
PAK AMIN: Beritahu dia jangan **memakaikan** baju anaknya dalam bilik mandi. Lama sangat aku menunggu!
MAK ESAH: Saya sudah **mengemaskan** biliknya sejam lalu, dia masih lagi dalam bilik air. Anna mesti ke kedai pula selepas ini untuk **membelikan** ubat Taufiq. Dia tidak begitu sihat.
PAK AMIN: Kalau tidak sihat, buat apa **memandikan** anaknya sampai begitu lama?
MAK ESAH: Tak taulah. Atan sudah menyapu sampah di luar?
PAK AMIN: Belum. Dia **menghabiskan** kerja sekolahnya dulu.
MAK ESAH: Saya **mengharapkan** dia menyapu sampah jadi saya boleh masak untuk tengah hari.
PAK AMIN: Tak apalah, nanti saya buat.
MAK ESAH: Kalau kita **menggajikan** orang membuat kerja-kerja rumah, bukankah senang?
PAK AMIN: Betul, tapi ini **membuatkan** anak-anak jadi malas!

Vocabulary

mandi/me_kan	to bathe	**gaji/meng_kan**	to pay someone to do something
ubat	medicine		

Reading

Study the text. Note particularly the words printed in bold which have the **me_kan** or **memper_kan** affixation. Answer the questions at the end of the text.

Lawatan bekerja di Malaysia

Peter Sullivan, seorang pelajar Kanada di Universiti Ottawa, sedang belajar mengenai politik Asia Tenggara. Dengan pengetahuannya tentang negara-negara di Asia Tenggara seperti Malaysia dan Indonesia, dia ingin melawat negara-negara tersebut. Dia sudahpun belajar bahasa Melayu dan boleh bercakap dalam bahasa itu.

Untuk melancong ke Malaysia dan Indonesia, Peter **memerlukan** banyak wang. Musim panas yang lalu, semasa cuti universiti, dia bekerja di sebuah kedai makan. Dia **menggunakan** gaji dari pekerjaannya itu untuk berbelanja di Malaysia. Kedua ibu-bapanya telah **membelikannya** tiket kapal terbang ke Malaysia. Peter **mengharapkan** adiknya untuk menjaga keretanya semasa ia bercuti.

Peter berancang untuk berangkat bulan Julai tahun depan dan tinggal di Malaysia selama cutinya yang panjang. Dia berharap dapat tinggal dengan keluarga Melayu supaya dapat mengguna bahasa Melayu setiap hari. Dia juga dapat mengenal budaya dan cara hidup orang Melayu. Dia juga berharap dapat **memperbaharui** persahabatannya dengan sahabat penanya Sulaiman.

Peter akan **memulakan** lawatannya di Kuala Lumpur. Di situ dia berharap dapat bertemu dengan Sulaiman yang berjanji akan **memperkenalkannya** kepada tokoh-tokoh politik Malaysia. Dia perlu **mendapatkan** maklumat dan pendapat mengenai politik Malaysia untuk kertas kerjanya.

Peter juga akan mengkaji usaha Malaysia **mempermodenkan** negara sambil **mempertahankan** nilai-nilai ketimuran.

Semasa berada di Malaysia, Peter juga ingin **menghabiskan** masanya di kampung-kampung untuk **memerhatikan** cara hidup mereka. Dia ingin melihat bagaimana penduduk-penduduk **mempraktikkan** adat resam mereka dalam masyarakat berbilang bangsa.

Vocabulary

pengetahuan	knowledge	**perhati/me_kan**	to observe
tokoh-tokoh politik	political figures	**praktik/me_kan**	to practise
kertas kerja	working paper	**nilai**	values
moden/memper_kan	to modernize	**ketimuran**	eastern
Asia Tenggara	South East Asia	**adat resam**	customs and traditions

Soalan-soalan

1 Apakah yang dipelajari oleh Peter Sullivan di Universiti Ottawa?
2 Bagaimanakah dia mendapat wang untuk berbelanja di Malaysia?
3 Siapakah yang membelikannya tiket kapal terbang ke Malaysia?
4 Peter mengharapkan siapa untuk menjaga keretanya semasa ia bercuti?
5 Mengapakah Peter berharap untuk tinggal dengan keluarga Melayu?
6 Bilakah Peter berancang untuk pergi ke Malaysia?
7 Siapakah yang Peter kenal di Malaysia?
8 Sulaiman akan memperkenalkan Peter kepada siapa?
9 Mengapakah Peter perlu mendapatkan maklumat dan pandangan mengenai politik Malaysia?
10 Apakah yang akan dikaji oleh Peter semasa berada di Malaysia?
11 Di manakah Peter ingin menghabiskan masanya?
12 Apakah yang Peter ingin perhatikan di kampung-kampung?

10 Pembangunan di Malaysia

Development in Malaysia

In this lesson you will learn about:

- **Per_an**, **pen/pem_an** as verbal noun makers
- **Ke_an** as an abstract noun maker
- **Pe-** + verb as doer of action
- Verb + **an** as a concrete noun maker

Pembangunan di Malaysia

John Miller, an American tourist, has been touring Malaysia extensively for the past six months. He loves the Malaysian countryside and most of the time he thumbs a lift from motorists on long-distance trips. On one trip he meets Azman, who offers him a lift along the east coast of Malaysia.

AZMAN: Sudah berapa lama saudara di sini?

JOHN: Sebenarnya perjalanan saya di Malaysia hanya untuk tiga bulan saja. Tapi saya terpesona dengan **pemandangan** alam sekitar di sini dan saya sambungkan percutian saya untuk melihat lebih lagi.

AZMAN: Saya juga kagum dengan alam sekitar di sini. **Pembangunan** negara ini juga pesat sekali.

JOHN: Saya perhatikan bahawa **pendapatan** negara semakin meningkat baik dari **perusahaan pertanian** mau pun **perindustrian**.

AZMAN: Ya, taraf hidup semakin meningkat.

JOHN: Menurut saudara adakah **perancangan** negara menitik beratkan **kepentingan** rakyat?

AZMAN: Saya rasa kalau **perancangan** tidak menitik beratkan **kepentingan** orang ramai, sudah lama orang ramai memberontak. Saya rasa semua orang berpuas-hati.

Vocabulary

pesat	rapid	**pertanian**	agriculture
terpesona	to be fascinated	**rancang/pe_an**	to plan/planning
pandang/pem_an	scenery	**menitik beratkan**	to consider
alam sekitar	environment	**industri/per_an**	industries
sambung	to extend	**kepentingan**	interest
kagum	to be impressed	**rakyat**	people of the country
bangun/pem_an	to develop/ development	**memberontak**	to rebel
usaha/per_an	to work/industry		

Development in Malaysia

AZMAN: *How long have you been here?*

JOHN: *Actually my trip lasts for only three months. But I'm fascinated by the scenery around here and I've extended my holidays to see more (of the environment).*

AZMAN: *I'm also fascinated by the environment here. The country's development is also very rapid.*

JOHN: *I notice that the national income has increased from both the agricultural sector and the industrial sector.*

AZMAN: *Yes, and the standard of living has increased.*

JOHN: *In your opinion, has the nation's planning taken into consideration the feelings of the people?*

AZMAN: *I feel if planning has not considered the interests of the people, the public would have rebelled long ago. I feel everyone is satisfied.*

Language points

Per_an **and** Pen/Pem_an **as verbal noun makers**

Many verbs with the prefix **ber-** or **me-** can be transformed into nouns by converting **ber-** into **per-** or **me-** into **pen/pem** and adding **-an** to the end of the root:

Root	*Verb*	*Noun*
jalan	**berjalan**	**perjalanan** ('journey')
main	**bermain**	**permainan** ('game')
buat	**berbuat**	**perbuatan** ('deed')

kata	**berkata**	**perkataan** ('word')
cakap	**bercakap**	**percakapan** ('conversation')
kelahi	**berkelahi**	**perkelahian** ('fight/quarrel')
jual	**menjual**	**penjualan** ('sale')
pandang	**memandang**	**pemandangan** ('scenery')
tunjuk	**menunjuk**	**pertunjukan** ('show'/'performance')
umum	**mengumum**	**pengumuman** ('announcement')
darat	**mendarat**	**pendaratan** ('landing')
beri	**memberi**	**pemberian** ('gift'/'contribution')

In the examples above, the roots of both the **ber-** verbs and the **me-** verbs can be seen as being treated with **per/pem/pen_an**. Hence we can call **per_an** and **pen/pem_an** verbal noun makers.

Per_an can also be applied to a number of nouns to extend their meanings further:

rumah ('house')	**perumahan** ('housing')
kapal ('ship')	**perkapalan** ('shipping')
industri ('industry')	**perindustrian** ('about industry')
surat khabar ('newspaper')	**persuratkhabaran** ('about newspapers')
sahabat ('friend')	**persahabatan** ('friendship')
musuh ('enemy')	**permusuhan** ('enmity')
tubuh ('body')	**pertubuhan** ('organisation')

Keluarga Pak Aman

Pak Aman is the proud father of three grown-up children. They have all graduated from college and have good jobs. He is boasting to his friend, Samad, about their achievements and their jobs

SAMAD: Anak-anak Pak Aman semuanya sudah besar. Pak Aman tentu senang sekarang.

AMAN: Ya, saya bersyukur kepada Tuhan mereka sudah mempunyai pekerjaan.

SAMAD: Di mana mereka bekerja?

AMAN: Yang pertama Yasin, seorang **pendidik**. Dia memang suka mengajar dan sekarang sedang mengajar di Universiti Malaya.

SAMAD: Sudahkah dia berkahwin?

AMAN: Sudah, isterinya seorang produser **rancangan television**.

SAMAD: Bagaimana pula anak Pak Aman yang kedua?

AMAN: Oh, Rozita. Dia seorang **pentadbir** di Jabatan Kesihatan.

SAMAD: Saya tak sangka dia jadi seorang pentadbir. Dari kecil lagi dia mau jadi **penyanyi dan penari**.

AMAN: Ya, nasib baik dia tukar fikiran. Anak saya yang bongsu, Rehana, sekarang seorang **penulis**. Dari kecil lagi dia suka menulis.

SAMAD: Baguslah, Pak Aman. Dalam satu keluarga ada **pendidik**, **pentadbir dan penulis**. Bapanya sendiri seorang **pelukis** terkenal manakala ibunya seorang **pengarah** syarikat. Syabas!

Vocabulary

tuhan	God	**tari/pe**	to dance/dancer
syukur/ber	to be thankful	**lukis/pe**	to draw/artist
didik/pen	to teach/teacher	**terkenal**	well known
tadbir/pen	to administer/ administrator	**arah/peng**	to direct/director
		syabas	well done
tak sangka	did not expect	**produser**	producer

Pak Aman's family

SAMAD: *Your (lit. Pak Aman's) children are all grown up. Pak Aman must be happy now.*

AMAN: *Yes, I thank God they have all got jobs.*

SAMAD: *Where are they working?*

AMAN: *The first one, Yasin, is a teacher. He really likes teaching and is now teaching at the University of Malaya.*

SAMAD: *Is he married?*

AMAN: *He is. His wife is a television producer.*

SAMAD: *How about your second child?*

AMAN: *Oh, Rozita. She's an administrator at the Department of Health.*

SAMAD: *I didn't expect her to be an administrator. When she was small she wanted to be a singer and a dancer.*

AMAN: *Yes, luckily she changed her mind. My youngest child, Rehana, is now a writer. From the time she was small she liked writing.*

SAMAD: *That's good, Pak Aman. In one family there's a teacher, an administrator and a writer. The father is a well-known artist and the mother is a company director. Well done!*

Language points

Pe + verb: performer of action.

The prefix **pe-** + verb in Malay is similar to verb + **-er** in English. Its function is to form a noun, which in this case is the performer of the action.

bekerja ('to work')	**pekerja** ('worker')
mengajar ('to teach')	**pengajar** ('teacher')
membantu ('to help')	**pembantu** ('helper')
mengasuh ('to look after')	**pengasuh** ('minder')
menjaga ('to guard'/'look after')	**penjaga** ('caretaker')
menari ('to dance')	**penari** ('dancer')
menyanyi ('to sing')	**penyanyi** ('singer')
melukis ('to draw')	**pelukis** ('artist')

Bagaimana kesihatan Puan Salmah?

Puan Salmah, an active member of the Women's Institute, has not been well for some time and this is causing concern among members of the Institute. Rokiah is asking Hannah about Puan Salmah's health

ROKIAH: Bagaimana **kesihatan** Puan Salmah sekarang?

HANNAH: **Keadaannya** sekarang lebih baik daripada seminggu lalu.

ROKIAH: Bagaimana keadaannya seminggu lalu?

HANNAH: Dia sentiasa **keletihan**. Saya lihat dia sentiasa tidur saja dan tidak mahu makan.

ROKIAH: Dengan **ketiadaan** Puan Salmah **kesatuan** kita tidak aktif lagi.

HANNAH: Ya, **kerajinannya** sentiasa mendorong kita.

ROKIAH: **Kejujuran dan kesabarannya** juga harus menjadi contoh.

Vocabulary

sihat/ke	healthy/health	**rajin/ke_an**	hardworking/diligence
ada/ke_an	to have/the state of, the condition	**jujur/ke_an**	honest/honesty
		sabar/ke_an	patient/patience
tiada/ke_an	absent/absence		

How is Puan Salmah's health?

ROKIAH: *How is Puan Salmah's health now?*
HANNAH: *She (lit. her condition) is better than a week ago.*
ROKIAH: *How was she a week ago?*
HANNAH: *She was always tired. I saw her sleeping all the time and she didn't want to eat.*
ROKIAH: *Without (lit. in her absence) Puan Salmah, our association is no longer active.*
HANNAH: *Yes, her diligence has always motivated us.*
ROKIAH: *Her honesty and patience are an example to us.*

Language points

Ke_an as abstract noun maker

As you have seen in the dialogue above, certain words can be transformed into abstract nouns by applying **ke_an** to them:

sihat ('healthy')	**kesihatan** ('health')
ada ('to have')	**keadaan** ('the state/condition of')
letih ('tired')	**keletihan** ('exhaustion')
satu ('one' or 'to make one')	**kesatuan** ('association')
tiada ('not present')	**ketiadaan** ('absence')
rajin ('hardworking')	**kerajinan** ('diligence')
jujur ('honest')	**kejujuran** ('honesty')
berani ('brave')	**keberanian** ('bravery')
kaya ('rich')	**kekayaan** ('wealth')
bersih ('clean')	**kebersihan** ('cleanliness')
jatuh ('to fall')	**kejatuhan** ('the decline/fall of')
naik ('to rise')	**kenaikan** ('the rise of')
miskin ('poor')	**kemiskinan** ('poverty')
baik ('good')	**kebaikan** ('goodness')

ke_an when applied to nouns, produces further nouns with extended meaning:

menteri ('minister')	**kementerian** ('ministry')
duta ('ambassador')	**kedutaan** ('embassy')
hutan ('forest')	**kehutanan** ('forestry')
manusia ('human')	**kemanusiaan** ('humanity')
anggota ('member')	**keanggotaan** ('membership')

Saya lapar

Azwan has just come home from school and as usual is very hungry. She asks her sister what her mother has prepared for lunch

AZWAN: Kakak lapar. **Makanan** apa yang Mak masak?
NONA: Hari ini Mak masak **makanan** istimewa, sebab hari ini hari jadi Nona.
AZWAN: Mana Mak sekarang?
NONA: Dia pergi ke kedai beli **minuman** untuk majlis hari jadi Nona petang ini.
AZWAN: Apa yang Mak belikan Nona untuk hari jadi Nona?
NONA: Nona tak tau. Masih dalam **bungkusan**.
AZWAN: Mungkin **pakaian atau mainan**!

Vocabulary

bungkus/_an to wrap/parcel

I'm hungry

AZWAN: *I am (lit. big sister is) hungry. What (food) has Mum cooked?*
NONA: *Mum has cooked something special because today's my birthday.*
AZWAN: *Where's Mum now?*
NONA: *She's gone to the shop to buy drinks for my birthday party this afternoon.*
AZWAN: *What did Mum buy you for your birthday?*
NONA: *I don't know. It's still in a parcel.*
AZWAN: *Maybe it's a dress or a toy!*

Language points

Transitive verb + -an: concrete noun maker

The suffix -**an** is a concrete noun maker when added to a transitive verb. The noun is the object of the action indicated by the base-verb:

pakai ('to wear ') **pakaian** ('clothing')
makan ('to eat') **makanan** ('food')
masak ('to cook') **masakan** ('cooking')

minum ('to drink') — **minuman** ('drinks')
main ('to play') — **mainan** ('toy')
hukum ('to punish') — **hukuman** ('punishment')
hibur ('to entertain') — **hiburan** ('entertainment')
nyanyi ('to sing') — **nyanyian** ('song')
lapor ('to report') — **laporan** ('report')

Exercises

Exercise 1

Mixed affixation: **pem/pen_an**, **per_an**, **ke_an**, verb + **-an** and **pe-** + verb.

From the root words of the bold words, use the appropriate affixation above to fill the blank in the subsequent sentence:

1 Malaysia sudah lama **berdagang** dengan Australia.
_______ itu berjalan dengan licin.
2 Kami akan **berjalan** kaki ke Pulau Pinang.
_______ itu akan memakan masa dua hari.
3 Hakim itu **membicarakan** kes pembunuhan.
_______ itu baru saja dimulakan.
4 Wanita itu **membunuh** suaminya.
_______ dilakukan di waktu malam.
5 Guru **menjelaskan** latihan itu kepada pelajar-pelajarnya.
_______ guru itu baik sekali.
6 Manchester United **bertanding** dengan Liverpool semalam.
_______ itu hebat sekali.
7 Mereka akan **bertemu** malam ini.
_______ itu sangat penting sekali.
8 Orang itu sangat **kaya**.
_______ nya adalah hasil kerja kuat dan dia memang **rajin**.
_______ nya menjadi pendorong kepada anak-anaknya.
9 Adik selalu tidak **sihat**.
_______ nya membimbangkan ibu dan bapa.
10 Bapa **mengharap** abang akan lulus peperiksaannya.
_______ nya agar abang dapat masuk universiti.
11 Ramai orang **mati** dalam kemalangan itu.
_______mereka telah dilaporkan dalam surat khabar.
12 Dari kecil lagi dia suka **menulis**.
_______ nya dipuji ramai dan sekarang dia seorang

_______ yang terkenal.

13 Aman **melatih** anak-anak muda bermain bola tangkis.
_______ nya diadakan dua kali seminggu.

14 Ali **bermain** bola dalam pasukan sekolahnya.
Dia seorang _______ yang handal dan _______ nya sering ditonton oleh ibu bapanya.

15 Wong **bekerja** siang malam di kilang.
Dia memang seorang _______ yang **rajin**.
_______ nya menyebabkan ramai orang sukakan dia.

dagang/ber	to trade	**agar**	hopefully
licin	smooth	**malang/ke_an**	misfortune/ accident
bicara/pem_an	to try/trial		
bunuh/pem_an	to murder/murder	**mati/ke_an**	to die/death
jelas/pen_an	to explain/ explanation	**puji**	to praise
		pasukan	team
tanding/ber	to compete	**kilang**	factory
harap/meng_kan	to hope/expect		

Exercise 2

Mixed affixation: **ber-**, **me_kan**, **per_an**, **pen/pem_an**, **-an**, **pe-** + verb, and **ke_an**. Remember that verbs with **ber** are generally transitive, while verbs with **me_kan** can be simple transitive, transitive beneficient or transitive/causative. Malay base-words are given in the left-hand column below. Translate into Malay the words in the right-hand column.

1 satu	to unite association
2 main	to play player a game
3 jelas	to explain explanation clarity
4 minum	to drink drinks
5 kerja	to work worker profession
6 jual	to sell sale

	seller
7 beli	to buy
	purchase
	buyer
8 tari	to dance
	a dance
	a dancer
9 sedih	to be sad
	sadness
	to cause sadness
10 bahagia	to be happy
	happiness
	to cause happiness
11 tulis	to write
	writer
	result of the writing
12 bersih	to clean
	cleanliness
	a detergent
13 adil	to be just
	justice
	judge
14 makmur	to prosper
	prosperity
15 pakai	to wear
	wearer
	items of clothing

Exercise 3

Put the words in parentheses into their appropriate places.

1 (**minum**, **peminum**, **minuman**)
Tan suka _______ air limau. Air limau ialah _______ yang segar. Henry pula suka _______bir! Dia seorang _______.

2 (**bermain**, **memainkan**, **permainan**, **pemain**)
Adi seorang _______ bola yang handal. Semalam dia _______ di Stadium Negara dan dia telah _______ satu _______ yang sangat membanggakan.

3 (**bekerja**, **pekerja**, **mengerjakan**, **pekerjaan**)
Pada masa ini memang susah untuk mencari _______.
Ramai _______ dihentikan kerja. Sesiapa yang tidak _______

______ mereka dengan baik juga akan dibuang kerja. Jadi semua ______ dinasihatkan supaya rajin ______.

4 (**menjual**, **menjualkan**, **jualan**, **penjual**, **penjualan**)
Dari pagi lagi Mak Esah keluar ______ barang-barangnya di pasar. ______ nya sering dibeli oleh pelancong-pelancong yang datang ke pasar itu. Hasil ______ nya dia boleh membeli makanan untuk anak-anaknya. Sebagai seorang ______ cenderamata, dia hanya dapat ______ barang-barang ini kepada pelancong sahaja.

5 (**menyedihkan**, **sedih**, **bersedih**, **kesedihan**)
Mary ______ kerana dia tidak dapat melawat ibunya di rumah sakit. Apa yang ______ ialah ibunya meninggal dunia selepas itu. Kawannya dapat merasakan ______ nya dan dia juga turut merasa ______.

6 (**bersih**, **pembersih**, **membersih**, **kebersihan**, **membersihkan**)
Ibu nasihatkan supaya kami sentiasa ______rumah.
Katanya ______ adalah sesuatu yang harus kita utamakan. Ibu juga memuji kami sekiranya bilik kami ______. Dia sediakan ______ untuk ______ bilik mandi.

7 (**belajar**, **mengajar**, **mengajarkan**, **pelajar**, **pelajaran**, **pengajaran**, **pengajar**)
Guru itu ______ ______ nya supaya rajin ______. Mereka harus mengulangkaji setiap ______ yang guru itu ______. Satu ______ yang diberi oleh guru itu ialah: kerajinan kunci kejayaan.

8 (**lahir**, **melahirkan**, **kelahiran**)
Hasnah telah ______ seorang anak perempuan. Bayi itu ______ pada 2 haribulan Mei 1992 dan ______ memang dinanti-nantikan oleh Hasnah dan suaminya.

9 (**benar**, **kebenaran**, **membenarkan**)
Kata-katanya memang ______. Dia tidak dapat ______ kereta masuk tanpa ______ pegawai tinggi.

10 (**jatuh**, **kejatuhan**, **menjatuhkan**)
Apabila negara itu ______ ke tangan musuh, ramai penduduk yang terbunuh. ______ kerajaannya bermakna bahawa musuh yang ______ nya akan mengambil alih segala pentadbiran.

bir	beer	**utama/_kan**	to give priority
Stadium Negara	National Stadium	**ulangkaji/di**	to revise
bangga/mem_kan	to be proud of	**kunci**	key
meninggal dunia	to die	**jaya/ke_an**	to succeed/success
rasa/me_kan	to feel	**nanti-nanti/di_kan**	long-awaited

musuh	enemy	**mengambil alih**	to take over

Exercise 4

Give the Malay equivalent of the following, using the cue words given in parentheses:

1 The journey makes me tired. (**jalan**)
2 The scenery is fascinating. (**pandang**, **kagum**)
3 His theory has many weaknesses. (**lemah**)
4 I don't understand that word. (**kata**)
5 Marriage between people from the East and people from the West is common nowadays. (**kahwin**)
6 His work is unsatisfactory. (**kerja**, **puas**)
7 During the meeting with her father, she asked his permission to go on holiday. (**temu**, **benar**, **cuti**)
8 The food served at that restaurant is delicious. The entertainment is also good. (**makan**, **hibur**)
9 His illness is affecting his work. (**sakit**, **kerja**)
10 The flight from London to Kuala Lumpur takes 13 hours. (**terbang**)

Conversation

Study the dialogue and note the function of **an** as a noun maker:

Kegemaran membaca

A: Saya suka membaca tetapi di rumah kurang bahan **bacaan** yang saya suka.

B: Apa **kegemaran** kamu?

A: Saya gemar membaca kisah-kisah pengembara. Saya suka membaca hasil **tulisan** A. Samad Said. Dia menulis tentang pengembaraannya di banyak buah negara.

B: **Karangannya** banyak diterbitkan oleh Dewan Bahasa dan Pustaka.

A: Buku-buku **terbitan** Dewan Bahasa dan Pustaka banyak disimpan di perpustakaan di sini. Tentu buku A. Samad Said ada dalam **simpanan** mereka.

Vocabulary

bahan	material	**kisah**	accounts
kegemaran	favourite/liking	**mengembara/pe**	to travel/traveller
Dewan Bahasa dan Pustaka	National Language and Literary Bureau	**hasil**	product of
		karangan	essay
		terbit/_an	to publish/ publication
simpan/_an	to keep/keeping		

Reading

Study the text. Note particularly the noun derivatives which are printed in bold, then answer the comprehension questions at the end of the text.

Selamat pulang ke tanah air

Susan sedang dalam **penerbangan** ke Kuala Lumpur dari New York. Dia sudah lama tidak pulang ke tanah air selepas **pengajiannya** di Amerika. Dia rasa penuh **kegembiraan** apabila mendengar **pengumuman** bahawa kapal terbang akan mendarat dan dia berharap bahawa ibu dan bapanya berada di lapangan terbang menunggu **ketibaannya**.

Kapal terbang itu mendarat tepat pukul 6.00 petang. Susan turun dari kapal terbang bersama penumpang-penumpang lain dan terus ke tempat **pemeriksaan** pasport. Oleh kerana Susan mempunyai **kerakyatan** Malaysia, dia tidak mempunyai apa-apa masalah dan terus mengambil begnya. Selepas itu dia pergi ke bahagian kastam yang membuat **pemeriksaan** barang-barangnya.

Dari jauh Susan dapat melihat ibu dan bapanya. Dia dapat melihat **lambaian** mereka. Walau bagaimanapun, **kegembiraannya** bertukar menjadi **kesedihan** apabila adik **kesayangannya** tidak **kelihatan** bersama ibu dan bapanya. Adiknya Anna sedang melanjutkan pengajiannya di sekolah berasrama dan tidak dapat menyambut **kepulangannya**. Oleh kerana telah lama berjauhan, ibu dan bapa Susan membawa Susan untuk menikmati **makanan** Melayu **masakan** emak saudaranya.

Dia memerhatikan bahawa **kesihatan** neneknya masih baik

walaupun ia sudah tua.

Walaupun Susan **keletihan**, dia gembira bertemu dengan saudara maranya. Dia menceritakan **pengalamannya** di Amerika dan tentang pekerjaan yang ditawarkan kepadanya sebelum ia pulang. Dia masih mempunyai **keraguan** tentang **tawaran** itu. Dia juga perlu membuat **pertimbangan** tentang tawaran untuk bekerja di Malaysia sebagai **pengawal** kewangan.

Vocabulary

tiba/ke-an	to arrive/arrival
tumpang/pe_	to share/passenger
rakyat/ke_an	citizen/citizenship
kastam	custom (officer)
lambai/_an	to wave/wave
sayang/ke_an	to love/favourite
walau bagaimanapun	nevertheless
ragu/ke _an	to feel apprehensive/ apprehension
tawar/_an	to offer/an offer
timbang/per_an	to weigh/ consideration
kawal/peng	to control/controller
walaupun	although

Soalan-soalan

1 Susan berada dalam penerbangan dari mana ke mana?
2 Apakah perasaan Susan apabila mendengar pengumuman bahawa kapal terbang akan mendarat?
3 Siapakah yang menunggu ketibaannya?
4 Mengapakah Susan tidak mempunyai apa-apa masalah di tempat pemeriksaan pasport?
5 Siapakah yang dilihat Susan dari jauh?
6 Mengapakah kegembiraan Susan bertukar menjadi kesedihan?
7 Bagaimanakah kesihatan nenek Susan?
8 Mengapakah adik Susan, Anna tidak dapat menyambut kepulangan Susan?
9 Apakah yang Susan ceritakan kepada saudara maranya?
10 Apakah yang Susan perlu buat tentang tawaran untuk bekerja?

11 Surat saya sudah ditaip?

Has my letter been typed?

In this lesson you will learn about:

- The passive voice using third person
- Passive questions using **apa** and **siapa**

Surat saya sudah ditaip?

Hassan is the manager of a tourist agency in Penang. He is getting ready for a very important meeting with an official from the Ministry of Tourism. Assisting him in his work is his secretary, Helen, and a clerk, Mariam

HASSAN: Helen, di mana fail yang biru?
HELEN: Ada di atas meja Encik Hassan. Semua surat sudah **ditaip** oleh Mariam kelmarin.
HASSAN: Bagus. Gambar-gambar yang **diambil** minggu lepas di mana?
HELEN: Ada di dalam kabinet. Sudah **disimpan**.
HASSAN: Sebelum saya pergi, boleh saya minta secawan kopi?
HELEN: Kopi sudah **dibuat** oleh Mariam. Ada di atas meja Encik Hassan.
HASSAN: Dan tolong minta Abu keluarkan kereta sekarang.
HELEN: Baiklah. Encik Hassan akan pulang sebelum makan tengah hari?
HASSAN: Tak tahu lagi. Akan saya telefon nanti.

Vocabulary

fail	file	**oleh**	by
di atas	on	**kabinet**	cabinet

secawan	a cup of	**sebelum**	before
taip	to type	**tolong**	please
minggu lepas	last week	**akan**	will

Has my letter been typed?

HASSAN: *Helen, where's the blue file?*
HELEN: *On Encik Hassan's table. All the letters were typed by Mariam yesterday.*
HASSAN: *Good. Where are the pictures that were taken last week?*
HELEN: *In the cabinet. (They) have been kept.*
HASSAN: *Before I go, can I ask for a cup of coffee?*
HELEN: *The coffee has been made by Mariam. (It is) on Encik Hassan's table.*
HASSAN: *And please ask Abu to get the car out now.*
HELEN: *All right. Will Encik Hassan be coming back before lunch?*
HASSAN: *Don't know yet. I will phone later.*

Language points

Changing active to passive

You probably noticed that the sentences used in previous lessons were in the active form. That is, the phrase begins with a subject (doer), followed by a **me-**, **mem-** or **meng-** before a verb and then an object.

The same message can be conveyed in the passive form, beginning with the object. The object is then followed by a **di-** before the verb. The use of **oleh** is optional.

Active	*Passive*
Mariam menaip surat-surat itu.	**Surat-surat itu ditaip (oleh) Mariam.**
(Mariam typed the letters.)	(The letters were typed by Mariam.)
Helen simpan gambar-gambar itu.	**Gambar-gambar itu disimpan (oleh) Helen.**
(Helen kept the pictures.)	(The pictures were kept by Helen.)
Mariam membuat kopi.	**Kopi dibuat oleh Mariam.**
(Mariam made the coffee.)	(The coffee was made by Mariam.)

Dia makan nasi. (He ate the rice.)	**Nasi dimakan dia/nya.** (The rice was eaten by him.)
Amat meletakkan buku di atas meja. (Amat placed the book on the table.)	**Buku diletakkan Amat di atas meja.** (The book was placed by Amat on the table.)
Chan menggosok baju di dalam bilik. (Chan ironed the clothes in the room.)	**Baju digosok Chan di dalam bilik.** (The clothes were ironed by Chan in the room.)

Formula for passive voice

Object	*Predicate*		*Doer*
Baju biru	**dicuci**	**(oleh)**	**dia/nya** (3rd person)
Baju	**digosok**		**mereka** (3rd person)
Baju sudah	**digosok**		(not mentioned)
Nasi sudah	**dimakan**	**(oleh)**	**Ali** (3rd person)

In Malay **di** + base verb + suffix (if there is a suffix) is the form for the passive voice. The doers, as indicated in the above examples, are normally 3rd person (singular/plural) or are not mentioned.

In Malay, as in English, the passive construction using 1st and 2nd doers (e.g. 'by me' or 'by you') is seldom used. The active construction is normally preferred. So instead of saying

the books have been put in the car by me	**buku sudah dimasukkan ke kereta oleh saya**

one actually says

I've put the books in the car	**Sayah sudah masukkan buku ke dalam kereta**

The passive form, **di** + base verb + optional suffix, with no doer mentioned, however, can be interpreted as having 1st or 2nd doer when, for example, circumstances indicate that only the person spoken to is likely to be the one who does/did/has done the action. The dialogue below gives an illustration.

Bersiap untuk bercuti

Asmah and Ali are taking their children on holiday. They are packing their bags and Asmah is making sure that her son, Sani, and daughter, Anna, have not forgotten anything for the journey

ASMAH: Sani, buku-buku cerita sudah dimasukkan ke dalam beg? (*meaning . . . by you*/kamu)

SANI: Sudah, Mak. Buku kerja sekolah juga sudah disimpan dalam beg. (*meaning . . . by me*/saya)

ASMAH: (*Speaking to Anna*) Ayah sudah masukkan beg ke dalam kereta atau belum?

ANNA: Beg baju belum dimasukkan ayah ke dalam kereta, tapi beg makan sudah (dimasukkan).

ALI: (*Speaking to his wife, Asmah*) Pintu dapur sudah dikunci? Pintu bilik sudah dikunci? (*meaning by you or anybody else*)

ASMAH: Semua pintu sudah dikunci. (*meaning . . . by me*)

An elegant English translation of the above dialogue would almost certainly be in the active voice, exposing the underlying existence of 1st or 2nd doers ('me'/'I' or 'you'):

Preparing to go on holiday

ASMAH: *Sani, have you put the story books in the bag?*

SANI: *Yes, I have, Mum. I have also put the homework books in the bag.*

ASMAH: (Speaking to Anna) *Has Father put the bag in the car?*

ANNA: *No, he has not put the clothes bag in the car but he has put the food bag in.*

ALI: (Speaking to his wife Asmah) *Have you locked the kitchen door? Have you locked the bedroom doors?*

ASMAH: *I have locked all doors.*

Language point

Passive question with apa and siapa

AS = active statement; AQ = active question; PQ = passive question.

(AS)	**Asma makan nasi goreng.**	Asma ate fried rice
(AQ)	**Asma makan apa?**	What did Asma eat?
(PQ)	**Apa yang dimakan Asma?**	What was eaten by Asma?
(AS)	**Salleh memanggil Tony.**	Salleh called Tony.
(AQ)	**Salleh memanggil siapa?**	Salleh called whom?
(PQ)	**Siapa yang dipanggil Salleh?**	Who was called by Salleh?

Note that in passive questions **yang** comes after **apa** and **siapa**.

Exercises

Exercise 1

Change the following to the passive. The root words of the verbs are given in parentheses.

1 Ahmad menulis surat. (**tulis**)
2 Dia menutup pintu rumah. (**tutup**)
3 Asma membawa Sani ke sekolah. (**bawa**)
4 Hashim memberi buku itu kepada siapa? (**beri**)
5 Dia membaca apa? (**baca**)
6 Mereka membuat apa? (**buat**)
7 Bill menghantar siapa ke stesen bas? (**hantar**)
8 Ahmad melukis gambar rumah. (**lukis**)
9 Bapa marah budak itu. (**marah**)
10 Mereka menanam pokok di taman. (**tanam**)
11 Mary mengambil buku Anna. (**ambil**)
12 Setiausaha itu menelefon saya di rumah. (**telefon**)

Exercise 2

Translate the following into Malay.

1 The house was bought by my father.
2 The book was read by Ahmad yesterday.
3 Who was taken to the station?
4 What was stolen from the house?
5 The food was prepared by my mother this morning.
6 The money was given by him.
7 The song was sung by them.
8 The car was driven by Samad to the station.
9 The ticket was bought by Ali last month.

10 The letter was written by her to her mother in Ipoh.
11 Who was given the book at the party?
12 The children were helped by their teacher in school.

Exercise 3

Change the following statements to passive questions using **apa** and **siapa**. Remember to use **di** in front of each verb. The root of the verb is given in brackets.

1 Din membawa Karim ke hospital. (**bawa**)
2 Kanak-kanak itu membakar mercun. (**bakar**)
3 Susan membeli baju itu untuk Anna. (**beli**)
4 Dia makan buah epal itu. (**makan**)
5 Bill memberi hadiah kepada Zain. (**beri**)
6 Bapa Ramli menghantar Hasnah ke sekolah pagi itu. (**hantar**)
7 Ibu Mansor menyimpan buku itu di dalam beg. (**simpan**)
8 Susan memanggil ibunya masuk ke dalam bilik. (**panggil**)

Exercise 4

Can you understand the following stories?

1 Pak Ali sungguh beruntung. Baru-baru ini dia dinaikkan pangkat. Dia sekarang menjadi Pengarah Urusan di syarikatnya. Gajinya ditambah. Keluarganya diberi rumah yang besar dan keretanya diganti dengan yang besar dan mahal. Dia selalu disuruh pergi ke luar negeri untuk menjumpai pelanggan. Anak-anaknya dihantar belajar di sekolah swasta. Dan isterinya ditolong oleh dua orang pembantu.

pengarah urusan	managing director	**pelanggan**	customers, clients
(di)suruh	is asked to	**(di)naikkan pangkat**	to be promoted

2 Nasib Pak Aman pula kurang baik. Dia didapati mengguna wang pejabat. Keretanya diambil balik. Dia disuruh berhenti kerja. Dia diminta melaporkan diri di balai polis. Dia akan disoal polis tentang duit yang hilang itu. Sekiranya didapati salah, dia tentu sekali akan dimasukkan penjara.

balai polis	police station
(di)ambil balik	to take back (repossessed)

Exercise 5

Change the paragraph below from the active to the passive voice.

Husin baru saja lulus peperiksaan. Dia menjawab semua soalan yang guru beri dengan betul. Bila dia mendapat keputusan minggu lepas, ibu Husin memberikannya sebuah basikal sebagai hadiah. Bapanya menghadiahkannya sebuah jam tangan.

Exercise 6

Change the paragraph below from the passive to the active voice.

Tingkap rumah Ainon telah dipecah oleh seorang pencuri dan barang-barangnya dicuri oleh pencuri itu. Polis dipanggil oleh Ainon dan diberitahunya tentang kejadian itu. Dia disuruh oleh polis supaya menulis senarai barang-barang yang hilang. Kemudian bilik yang bersepah itu dikemas oleh Ainon.

pecah	to break	**senarai**	list
jadi/ke_an	to happen/ happening (n)	**sepah/ber**	to be all over the place/messy

Conversations

Study the dialogues and note the passive forms using first, second and third person 'doers':

Siapa makan kuih saya?

A: Din, Siapa makan kuih saya?
U: Kuih? Bila kau beli kuih?
A: Kelmarin. Kuih itu dibeli Mak saya untuk dimakan hari ini.
U: Tak nampak pun kuih itu. Mungkin dicuri kucing?
A: Tak mungkin! Kuih tak dimakan kucing. Ikan dimakan kucing!

Vocabulary

kuih cakes

Kereta aku rosak

A: Man, mahu ke mana? Mengapa berjalan kaki?
B: Kereta aku rosak.
A: Di mana?
B: Di tengah jalan. Aku tinggalkan di Jalan Terasik.
A: Pintu sudah dikunci? Kalau tidak, nanti dicuri.
B: Tak mungkin. Enjinnya tak boleh dihidupkan.
A: Sudah dipanggil mekanik?
B: Sudah. Dipanggil dari tadi lagi. Belum juga datang.

Vocabulary

mekanik	mechanic

Reading

Study the text. Note the passive forms and doers, and answer the comprehension questions at the end of the text.

Keluarga sibuk

Encik Husin mempunyai keluarga yang besar. Anaknya lima. Sebab itulah rumahnya besar juga, dengan lima bilik. Pembantunya hanya seorang. Namanya Minah yang bekerja dari pagi sampai malam. Setiap hari semua orang dalam keluarga itu sibuk.

Encik Husin yang membayar kesemuanya dalam rumah itu, tapi sebagai seorang ibu, Puan Esah yang berkuasa mengatur kerja bagi semua orang dalam rumah itu. 'Minah', tanya Puan Esah, 'nasinya sudah **dimasak** belum?' Minah menjawab, 'Sudah. Tapi belum **dihidangkan** lagi.'

Puan Esah memanggil Hasnah, anaknya yang sulung. 'Hasnah, semua baju sudah kau gosok?'. 'Belum, Mak. Kerja sekolah mesti **diselesaikan** dulu, baru kerja rumah boleh saya buat!' jawab Hasnah.

Mak Esah mencari Atan pula yang masih tidur dalam biliknya. 'Atan! Bilik tidur belum **dikemas**, muka belum dibasuh, gigi belum **diberus**! Apa kamu buat tidur saja! Kain-kain ini mesti **dibawa** kau untuk **dicuci** dan digosok. Bungkusan itu mesti **dihantar** hari ini juga. Bangunlah cepat!'

Zain anak yang kedua memberitahu Puan Esah, 'Mak, lantai sudah **disapu** dan kerusi sudah **diatur**. Apa lagi yang Mak mahu saya buat?'

'Rajin betul, kau Zain. Boleh **diberi** upah banyak-banyak. Di mana Alang dan Man?' tanya Puan Esah. 'Mereka pergi ke kedai. **Disuruh** bapak ke kedai pagi-pagi lagi,' jawab Zain.

'Apa yang **dibeli** lagi? Bukankah semuanya **dibeli** Minah semalam sewaktu dia ke kedai?' tanya Puan Esah lagi, sambil memanggil Minah.

'Minah, apa yang **dibeli** semalam semasa kau pergi ke kedai?' 'Saya belikan gula, garam, buah-buahan, beras, sabun, kopi dan teh. Tapi tak boleh **dibawa** balik semua, sebab berat. Jadi Alang dan Mau **disuruh** Pak Husin untuk mengambil barang-barang itu hari ini,' jawab Minah.

Vocabulary

gosok	to iron	**upah**	pay (n)
beras	rice (before cooking)		

Soalan-soalan

1 Encik Husin ada berapa orang anak dan berapa orang pembantu?
2 Siapa yang memberi tugas untuk semua orang di rumah itu?
3 Apa yang Puan Esah suruh Minah masak?
4 Masakan itu akan dihidangkan oleh siapa?
5 Apa yang Hasnah harus buat sebelum membuat kerja di rumah?
6 Apa yang belum dibuat Atan?
7 Siapa yang menyapu lantai dan mengatur kerusi?
8 Mengapa Alang dan Man pergi ke kedai awal-awal lagi?
9 Apa yang dibeli Minah semasa dia ke kedai?
10 Siapa menyuruh Alang dan Man ke kedai?

12 Tolong ambilkan saya surat

Please get me the letters

In this lesson you will learn about:

- Basic commands
- Using polite words: **silakan**, **tolong** and **boleh** and particle **-lah**
- Using **jangan** ('don't') for prohibiting

Tolong ambilkan saya surat

Puan Asmah, a business executive, is preparing to attend a conference. She asks her secretary, Maznah, to help prepare a few things for her

ASMAH: Maznah, **boleh datang** ke sini sekejap?

MAZNAH: Ya, Puan Asmah. Ada apa yang boleh saya buat?

ASMAH: Ya. **Tolong ambilkan** fail merah dari almari itu dan ambilkan surat-surat yang Maznah taip kelmarin. **Boleh Maznah masukkan** surat-surat itu ke dalam beg saya?

MAZNAH: **Boleh Puan Asmah tandatangani** surat-surat ini dulu?

ASMAH: Selepas ini, **tolong telefon** Encik Kassim dan beritahu dia bahawa saya tidak dapat makan tengah hari dengan dia hari ini. **Kalau boleh**, minta dia telefon saya malam ini. **Telefonlah** dia sebelum dia keluar makan.

MAZNAH: Kalau Mr. Wong datang petang ini, boleh saya suruh dia masukkan wang ke dalam bank?

ASMAH: **Jangan**. Minta Mr Wong datang sekali lagi pagi esok.

Vocabulary

tandatangan/_i	signature/to sign	**sekejap**	a while

Please get me the letters

ASMAH: *Maznah, can you come here for a while?*
MAZNAH: *Yes, Puan Asmah. Is there anything I can do?*
ASMAH: *Yes. Please take the red file from the cupboard and get the letters that you typed yesterday. Can you (please) put the letters in my bag?*
MAZNAH: *Could you please sign the letters first?*
ASMAH: *After this, please phone Encik Kassim and tell him that I can't have lunch with him today. Ask (request) him to phone me tonight, if possible. Please phone him before he leaves for lunch.*
MAZNAH: *If Mr Wong comes this afternoon, can I ask him to put the money in the bank?*
ASMAH: *Don't. Ask Mr Wong to come again tomorrow morning.*

Language points

Giving orders: imperative forms

An order usually involves some kind of action. So, in expressing it, the verb should be the central point of the sentence. The speaker needs to express the order/command in the briefest and most precise manner. Therefore an order normally excludes the subject 'you'. Thus, 'Come in!', 'Don't shout!', 'Stand still!', etc.

In Malay, form and meaning are interdependent. With orders or commands, if the verb is an independent verb, there is no need for any change. However if the verb is intransitive with the prefix **ber-**, the **ber-** is optional. But if the verb is transitive with the prefix **me-** then the prefix should be dropped. This is because the root of a **me-** transitive verb is already a base verb.

Having chosen the right form of verb, the speaker can then use either a persuasive inflection to make it acceptable, or a harsh inflection to force action or reaction from the person spoken to. This is a basic type of imperative which is quite common in spoken Malay. We shall name this *basic Malay imperative.*

An alternative to making a polite command is to add a polite word/particle to the chosen verb form. There are several colloquial polite words in Malay, such as **silakan**, **tolong**, **boleh** and the particle **-lah**. We shall name this *refined Malay imperative.*

Basic Malay imperative

Various verb forms are given in the commands below which are in the *basic Malay imperative* form. 'Please' or 'do' is often added to soften the effect or make it more polite.

Independent verbs:

Makan lagi!	(Do) eat some more!
Ambil duit ini!	(Please) take this money!
Duduk dekat saya!	Sit near me (please)!

Verbs with **ber-**:

In colloquial Malay, the prefix **ber-** is usually dropped especially when the root is a verb. For example, one can say:

Berjalan perlahan-lahan!	(Do) walk softly!
or **Jalan perlahan-lahan!**	
Bercakap kuat-kuat!	(Please) speak loudly!
or **Cakap kuat-kuat!**	

Verbs with **me-**:

As with the above, in colloquial Malay, the **me-** in transitive verbs is usually dropped, regardless of whether the object is given or not:

Baca (v) → **membaca** (vt)

Baca **buku itu!**	*Read* the book (please)!

Kirim (v) → **mengirim** (vt)

Kirim **surat ini hari ini juga!**	*Send* the letter today (please)!

Basuh (v) → **membasuh** (vt)

Basuh **hingga bersih!**	*Wash* until it is clean (please)!

Sangkut (v) → **menyangkut** (vt)

Sangkut **dalam almari!**	*Hang* in the cupboard (please)!

Masak (v) → **memasak** (vt)

Masak untuk malam ini!	*Cook* for tonight (please)!

Note that there are intransitive verbs with **me-**, deriving from a noun or an adjective, which require the retention of **me-** in a command:

Tari (n) → **menari** (vi)

***Menari* dengan lemah lembut!** *Dance* gracefully (please)!

Darat (n) → **mendarat** (vi)

***Mendarat* di sini saja!** Just *land* here (please)!

Rokok (n) → **merokok** (vi)

***Merokok* di bilik itu!** *Smoke* in that room!

Verbs with **me_kan** are always transitive. Hence **me-** must be dropped.

Tanya → **menanyakan** (vt)

***Tanyakan* budak itu apa dia mahu!** *Ask* the boy what he wants!

Beli → **membelikan** (vt)

***Belikan* saya baju serupa itu!** *Buy* me a dress similar to that one!

Lapor → **melaporkan** (vt)

***Laporkan* kejadian itu!** *Report* that incident!

Refined Malay imperative: the polite words

Silakan Please *or* do.
Silakan duduk! Please sit down!
Silakan berdiri di hujung sana! Please stand at the end there!
Silakan jawab soalan ini! Please answer this question!

Silakan is not actually a commanding word. Rather it is a phrase/word used for expressing no objection to whatever the person spoken to wishes to do. It does not affect the verb form.

Tolong, translated here as 'please', literally means 'help', 'do me a favour', or 'help me'. Hence it is frequently used with verbs with the suffix **-kan** (beneficent – in the speaker's interest or that of a third party):

***Tolong* berikan saya fail itu!** *Please* give me that file!
***Tolong* belikan saya pen biru!** *Please* buy me a blue pen!
***Tolong* hantarkan Anna ke sekolah!** *Please* take Anna to school!

Boleh is a polite way to ask about something. It is similiar to the English 'Could you please', or 'Could/May I. . .?'

Boleh **telefon Wong sekarang?**	*Could you* phone Wong now?
Boleh **bawakan beg itu ke sini?**	*Could you* (please) bring the bag here?
Boleh **sampaikan salam saya kepadanya?**	*Could you* please send my regards to her?

Jangan merokok!

Encik Karim has a heart problem. However, he still smokes heavily and enjoys rich food. He is having a hard time at the doctor's surgery

DOKTOR: Encik Karim, anda perlu jaga kesihatan anda! Keputusan pemeriksaan jantung anda nampaknya tidak begitu baik.

KARIM: Jadi apa yang mesti saya buat?

DOKTOR: Anda perlu jaga makan. **Jangan makan** terlalu banyak lemak! **Jangan merokok** dan **jangan selalu runsing**!

KARIM: **Jangan buat** itu! **Jangan makan ini**! Semuanya tak boleh!

DOKTOR: Saya nasihat saja! Berjalan kakilah selalu! **Jangan selalu naik** kereta saja!

KARIM: **Janganlah** suruh saya berjalan kalau saya tak sihat!

DOKTOR: Berjalan itu sejenis senaman! Kalau tak mau, berenang!

KARIM: Berikan saya ubat banyak-banyak! Tentu saya akan sihat.

DOKTOR: Dengar nasihat saya! Jaga makan minum! Banyak bersenam! Dan **jangan naik marah**!

Vocabulary

lemak	fat	**runsing**	to be stressful
merokok	to smoke	**naik marah**	to lose one's temper
jantung	heart	**jenis/se_**	a kind of

Do not smoke!

DOCTOR: *Mr Karim, you must look after your health! The test results on your heart don't look too good!*

KARIM: *So, what do I have to do?*

DOCTOR: *You have to look after your diet. Don't eat too much fat! Don't smoke and don't get stressed!*

KARIM: *Don't do this! Don't eat that! Everything is prohibited!*
DOCTOR: *I'm only giving advice! Always walk! Don't use the car all the time!*
KARIM: *Please don't ask me to walk if I am not well!*
DOCTOR: *Walking is a kind of exercise! If you don't want to walk, swim!*
KARIM: *Give me lots of medicine! I'll definitely get better.*
DOCTOR: *Listen to my advice! Take care of what you eat and drink! Plenty of exercise! And don't lose your temper!*

Language points

Jangan ('Don't')

Jangan which is equivalent to 'don't' in English, is used to express disagreement or prohibition. The form of the verb in this type of imperative follow that in the statement describing the action of the other person. The prefix **me-** (if there is one) in the transitive verb in the statement is maintained in the negative command. The optional **-lah** can be added to soften (or to give a polite emphasis to) the disagreement or prohibition expressed. If a strong/forceful order is desired, **-lah** should be dropped and a harsh inflection is used. Here are some examples. The first line is the sentence describing what the person spoken to does; the second line is the imperative with **jangan** placed in front:

Anda makan terlalu banyak daging.	You eat too much meat.
Jangan makan terlalu banyak daging!	Don't eat too much meat!
Saudara merokok.	You smoke.
Jangan merokok di sini!	Don't smoke here!
Saudara lupa membayar.	You forgot to pay.
Jangan lupa membayar.	Don't forget to pay!
Saudara tanya emak saya.	You asked my mother.
Jangan tanya emak saya!	Don't ask my mother!
Anda berhenti kerja.	You stopped work.
Janganlah berhenti kerja!	Please don't stop work!

Lah is suitable for softening negative imperatives.

Summary of the imperative

Basic imperative	verb + harsh/soft inflection
Refined imperative	verb + polite words (**silakan**, **tolonglah**, **boleh**)
Verb form	independent verbs are not a problem; the prefix **ber-** is optional and **me-** in transitive verbs is dropped
Negative imperative	**jangan** – the prohibitive word. To soften the impact, use the suffix **-lah**. The verb form can be with or without **me-**
In all cases	the subject ('you') is not required

Exercises

Exercise 1

Which of the following imperatives can be said with (h) harsh inflection; (p) persuasive inflection; (b) both? Remember, a harsh imperative does not have the polite words, **tolong**, **silakan**, **boleh** or the suffix **lah**.

1 Masuklah!
2 Jual rumah yang lama dan beli yang baru!
3 Makanlah! Jangan bersembang saja!
4 Tulislah surat untuk nenekmu!
5 Cakaplah! Saya tak marah.
6 Itupun kuahnya. Bolehlah makan!
7 Jangan cakap kuat-kuat! Adik tidur!
8 Janganlah marah! Nanti lekas tua!
9 Datanglah ke rumah saya!
10 Jangan kacau! Saya mahu belajar!
11 Tolong sampaikan salam kepada Ibu!
12 Diam! Jangan bising!
13 Belikan adik buku itu!
14 Bacakan ayat itu baik-baik!
15 Jalan lambat-lambat! Saya sudah penat.
16 Hantar surat ini sekarang juga!
17 Jawab soalan-soalan ini!

sembang/ber-	to chit-chat	**kacau**	to disturb
lekas	quick	**salam**	regards

Exercise 2

Change the statements below into imperatives, using **silakan**.

1 Saudara masuk dan duduk.
2 Saudara makan dan minum di sini.
3 Saudara berehat.
4 Anda buat apa saja.
5 Anda duduk di mana saja.
6 Anda balik bila-bila masa saja.
7 Anda bayar seberapa yang boleh.
8 Anda pilih baju mana yang anda suka.

Exercise 3

Change the statements below into imperatives, using **tolong**. Note that the speaker will probably mostly benefit from these orders.

1 Saudara keluarkan kereta dari garaj.
2 Saudara bawa kereta ke bengkel.
3 Saudara tanya apa yang rosak.
4 Saudara tanya berapa harganya.
5 Saudara bersihkan kereta itu.
6 Saudara jualkan kereta itu.
7 Saudara masukkan duit ke dalam bank.
8 Saudara carikan kereta baru.

bengkel	workshop

Exercise 4

Change the statements below into imperatives, using **-lah**. All the subjects in these sentences translate into 'you' in English.

1 Saudara melihat ke belakang.
2 Kamu masuk ke pejabat.
3 Engkau bermain tenis.
4 Anda pergi sekarang.
5 Tuan datang esok.
6 Puan menanyakan nama jalan itu.
7 Saudari menunggu di sini.

8 Anda pergi malam nanti.
9 Tuan kembalikan duit saya.
10 Encik menjawab soalan saya.
11 Kamu kerja rajin-rajin.
12 Mak masak kuih yang sedap.

Exercise 5

Imagine you disagree with the following statements. Using **jangan** or **janganlah**, how would you express your disapproval or objection in Malay? Follow the examples:

1	Anda pergi seorang diri.	**Jangan pergi seorang diri!**
2	Anda telefon di waktu malam.	**Janganlah telefon di waktu malam!**

3 Anda pakai barang kemas.
4 Anda bawa banyak duit dalam beg.
5 Anda pukul anak kuat-kuat.
6 Anda marah dia di hadapan orang.
7 Anda bawa orang itu ke rumah saya.
8 Anda pakai baju kotor.
9 Anda berjalan kaki.
10 Anda berhenti kereta di tengah jalan.
11 Anda lupa kawan lama.

Conversations

Study the conversations. Note the varied verb forms in the imperative.

Saya menyesal

AMIN: Saya menyesal tak baca buku sebelum ujian.
IBU: **Jangan menyesal** sekarang! Dulu Mak suruh kau rajin-rajin belajar. Kau malas!
AMIN: Apa nak saya buat sekarang Mak?
IBU: **Jangan buang masa**! **Ambil buku-buku** kau dan ulangkaji lagi!
AMIN: Boleh saya berehat dulu?
IBU: Tolonglah **dengar cakap Mak**! Kalau tak belajar dari sekarang kau tak akan lulus.
AMIN: **Ambilkan saya** buku-buku itu!

IBU:	**Cakap baik-baik** dengan Mak. **Jangan suruh Mak** buat itu dan ini!
AMIN:	**Maafkan(lah)** saya Mak!

Vocabulary

ujian	test	**kesal/meny_**	to regret
malas	lazy		

Belilah sedikit daging

IBU:	Mak ada senarai barang untuk Man beli di pasar nanti.
MAN:	**Tunggul(lah)dulu**, Mak! Man masih penat.
IBU:	**Pergi(lah) sekarang**! Nanti ikan habis dijual!
MAN:	Baiklah Mak! Apa yang nak dibeli?
IBU:	Boleh Man **belikan ikan bawal**, udang satu paket, dan sayur? **Belilah sedikit daging** dan seekor ayam!
MAN:	Berilah duit!
IBU:	Oh ya! Mak terlupa! **Belilah gula**. Dan **tengoklah** apa yang patut dibeli untuk sarapan pagi esok!
MAN:	Bila Man beli ayam, **masaklah yang sedap-sedap**!
IBU:	Baiklah! **Pergi sekarang**! Nanti habis ikan di pasar!

Vocabulary

ikan bawal	pomfret (fish)	**pasar**	market
udang	prawn	**sayur**	vegetables
penat	tired	**patut**	should

Janganlah marah

AYAH:	**Tengok laporan** peperiksaan ini! Semua markahnya rendah!
ATAN:	**Janganlah marah**, Ayah! Atan memang belajar kuat sebelum peperiksaan, tapi tak juga lulus.
AYAH:	**Jangan belajar** masa peperiksaan saja! Kau mesti selalu belajar! **Jangan asyik main saja**! Janganlah ingat masa peperiksaan saja mesti baca buku!
ATAN:	Atan terlalu banyak aktiviti sekolah. Jadi Atan selalu penat.
AYAH:	**Beritahu guru**, Atan tak boleh lagi main bola dan sepak takraw. Tumpukan perhatian kepada pelajaran saja!

ATAN: (Ayah) tulislah surat kepada guru Atan!
AYAH: **Belajarlah rajin-rajin** untuk peperiksaan tahun depan! **Janganlah biar keputusan** tahun ini mengganggu keputusan peperiksaan tahun depan!

Vocabulary

tumpu	to concentrate	**sepak takraw**	a kind of traditional Malay game with a rattan ball
markah	marks		
asyik	to be engrossed, obsessed	**mengganggu**	to disturb

Reading

Study the letter below. Note the varied verb forms in the instructions given, then answer the questions at the end of the letter.

Surat Dari Kuala Lumpur

Johan Arshad,
Kuala Lumpur,
2hb Februari 1994

Saudara Peter,

Saya baru saja terima surat anda yang membawa berita baik bahawa anda akan melawat Malaysia. Tentu anda sudah bersiap sedia untuk percutian anda di sini. Tapi, biarlah saya ingatkan anda tentang beberapa perkara penting yang anda harus uruskan sebelum datang.

Penerbangan: **Naiklah** kapal terbang MAS. Penerbangannya hanya 13 jam dan langsung dari London ke Kuala Lumpur. **Jangan bawa** terlalu banyak barang dan **janganlah bawa** kiriman orang yang anda tidak kenali! Anda tentu tahu tentang undang-undang ketat Malaysia tentang dadah! **Belilah tiket** pergi balik supaya anda tidak ada masalah dengan pihak imigresyen nanti.

Permit masuk: Anda perlu permit untuk masuk Malaysia. **Pergilah** ke Pejabat Imigresyen Malaysia di Suruhanjaya Tinggi Malaysia di Belgrave Square. Pegawai-pegawai Imigresyen akan beritahu anda tentang apa yang harus dibuat.

Suntikan: **Jangan lupa** pergi ke doktor anda untuk mendapat suntikan. **Bawalah** surat suntikan ini bersama anda nanti.

Pakaian: **Jangan bawa** terlalu banyak pakaian. **Pakai pakaian** tipis semasa kapal terbang mendarat sebab cuaca di sini panas!

Wang: **Bawalah** cek kembara supaya lebih selamat! **Jangan bawa** terlalu banyak wang tunai.

Akhir sekali, kalau tidak keberatan, **tolong belikan saya** beberapa helai tali leher dari Tie Rack. **Jangan beli** warna yang terlalu terang dan yang terlalu mahal. Saya akan bayar kembali bila anda sampai di sini.

Tolong beritahu tarikh penerbangan anda supaya dapat saya menjemput anda di Lapangan Terbang Subang.

Sekian. Jumpa di Kuala Lumpur!

Salam dari,

Johan

Vocabulary

sekian	that's all	**wang tunai**	cash
tarikh	date	**tali leher**	(neck) tie
undang-undang	law	**cek kembara**	traveller's cheque
dadah	drugs	**tidak keberatan**	inconvenience

Soalan-soalan

1 Apakah berita yang diterima oleh Johan dari Peter?
2 Berapa lamakah penerbangan dari London ke Kuala Lumpur?
3 Apakah nasihat Johan kepada Peter tentang cara mendapatkan permit masuk Malaysia?
4 Mengapakah Peter perlu beli tiket pergi balik?
5 Mengapakah Peter harus pergi ke doktornya sebelum terbang ke Malaysia?
6 Cek apakah yang lebih selamat dibawa ke Malaysia?
7 Pakaian bagaimanakah yang Peter harus pakai semasa tiba di Kuala Lumpur?
8 Johan meminta Peter membeli apa sebelum pergi ke Kuala Lumpur?
9 Bilakah Johan akan membayar Peter?
10 Adakah Johan akan menjemput Peter di Lapangan Terbang Subang?

13 Mana yang lebih baik?

Which is better?

In this lesson you will learn about:

- Expressing equality: **sebesar . . . /sama besar dengan . . .** ('as big as')
- Comparatives: **lebih besar daripada** ('bigger than')
- Superlatives: **terbesar/paling besar** ('the biggest')
- The phrases: **sama dengan** and **terlalu**

Mana yang lebih baik?

Sam Peters is going to work in Malaysia as a financial consultant. Before his departure he discusses the prospect of living in another country with a Malaysian, Mahmud, working in Washington

SAM: Bagaimana hidup di Malaysia?

MAHMUD: Malaysia sekarang sebuah negara yang cepat membangun. Taraf hidup penduduknya **lebih tinggi** daripada dulu. Makanan **lebih murah** daripada di Amerika tapi cuacanya lebih panas. Dan kereta di jalan-jalan Kuala Lumpur **tidak sebanyak** di Washington.

SAM: Bagaimana dengan keadaan politiknya?

MAHMUD: Keadaan politiknya **lebih stabil** daripada negara-negara lain. Tidak ada masalah walaupun penduduknya berbilang bangsa. Ekonominya pula **lebih kukuh**.

SAM: Pembangunannya secepat pembangunan di negara-negara jirannya?

MAHMUD: Saya rasa **lebih cepat**.

SAM: Bagaimana pula dengan undang-undangnya?

MAHMUD: Undang-undang Malaysia bukanlah **sekejam** yang dilaporkan dalam akhbar-akhbar barat. Memang orang yang didapati salah membawa dan menyeludup dadah akan dihukum **seberat-beratnya**. **Lebih kejam** kalau penyeludup dadah dibiar menjual dadah sehingga penagih dadah menderita. Tapi di Malaysia, **tidak semudah** di Amerika untuk membeli senjata api. Hukuman membawa senjata api tanpa lesen juga **sama berat** dengan hukuman menyeludup dadah.

Vocabulary

taraf hidup	standard of living	**penagih**	addict
stabil	stable	**derita/men**	to suffer
kukuh	strong	**teruk**	worse
kejam	harsh	**memang**	it's true, it's a fact that . . .
seludup/meny	to smuggle		
hukum	to punish	**senjata api**	firearm
hukuman	penalty		

Which is better?

SAM: *What is it like living and working in Malaysia?*

MAHMUD: *Malaysia is a country that's developing very fast. The standard of living is higher than in the past. Food is cheaper than in America but the weather is hotter. There aren't as many cars on the roads in Kuala Lumpur as there are in Washington.*

SAM: *How is the political situation?*

MAHMUD: *The political situation is more stable than some other countries. There are no problems, although the population is multiracial. The economy is stronger.*

SAM: *Development is as rapid as the development of the neighbouring countries?*

MAHMUD: *I feel it is more rapid.*

SAM: *What about its laws?*

MAHMUD: *Malaysian laws are not as harsh as they are reported to be in the western media. It's true that people found guilty of carrying and smuggling drugs will be punished accordingly. It's more cruel if drug smugglers are allowed to sell drugs resulting in the suffering of drug addicts. But in Malaysia, it's not as easy to buy firearms as in America. The penalty for carrying firearms without a licence is as heavy as the penalty for smuggling drugs.*

Language point

se- + adjective; sama + adjective + dengan

The comparison 'as (adjective) as' (e.g. 'as big as') is expressed by **se** + adjective in Malay. Another phrase **sama** + adjective + **dengan**, is also frequently used to mean the same thing:

Kereta di jalan-jalan Kuala Lumpur tidak *sebanyak* di Washington.	There aren't *as many* cars on the roads in Kuala Lumpur *as* there are in Washington.
Pembangunan Malaysia *secepat* pembangunan negara jirannya.	Development in Malaysia is *as rapid as* the development of its neighbour.
Anak saya *sama besar dengan* anak anda.	My child is *as big as* your child.
Hukuman menyeludup dadah *sama berat dengan* hukuman membunuh.	The penalty for smuggling drugs is *as heavy as* the penalty for murder.

The comparison with 'more + adjective + than' or 'adjective + -er + than' is expressed by **lebih** + adjective + **daripada** in Malay:

Cuaca di Malaysia *lebih panas daripada* di Amerika.	The weather in Malaysia *is hotter than* in America.
Makanan di Malaysia *lebih murah daripada* di Washington.	Food in Malaysia *is cheaper than* in Washington.
Taraf hidup di Malaysia *lebih tinggi daripada* dulu.	The standard of living in Malaysia *is higher than* before.

Cerita apakah yang paling menakutkan?

Rokiah and Hassan are testing each other's general knowledge

ROKIAH: Siapakah presiden Amerika yang termuda?

HASSAN: Oh, itu mudah. John F. Kennedy. Negara mana yang **paling pesat** ekonominya di Asia?

ROKIAH: Aku tahu! Negara Jepun mempunyai ekonomi yang paling pesat di Asia. Tapi berbanding dengan Negara Brunei Darussalam, itu negara yang **terkecil** di Asia, negara Brunei dikatakan **terkaya** sekali di Asia. Malah

Sultannya dikatakan salah seorang yang terkaya di dunia!

HASSAN: Gunung apakah yang **paling tinggi sekali** di dunia?

ROKIAH: Tentu sekali Gunung Everest! Sekarang aku pula yang tanya kau. Cerita apakah yang **paling menakutkan**, *Frankenstein* atau *Dracula*?

HASSAN: Bagi aku, *Frankenstein* cerita yang **paling menakutkan**. Apakah yang **paling menyenangkan** dalam hidup ini bagi kau?

ROKIAH: Oh! Bagi aku, hidup yang **paling menyenangkan** ialah menemui orang-orang **ternama** dan **terkenal** di dunia ini, makan makanan yang paling enak, pakai pakaian yang **paling mahal** dan . . .

HASSAN: Sudahlah tu . . . Bagi aku pula, dapat isteri yang **tercantik** dan anak-anak yang **paling pandai**!

Vocabulary

aku	I, me (informal)	**berbanding**	to compare with
muda (adj)	young	**presiden**	president
ekonomi	economy	**gunung**	mountain
enak	delicious		

What story is most frightening?

ROKIAH: *Who is the youngest American President?*

HASSAN: *Oh that's easy. John F. Kennedy. Which country in Asia has the fastest gowing economy?*

ROKIAH: *I know! Japan has the fastest growing economy in Asia. But in comparison with Brunei Darussalam, which is the smallest country in Asia, Brunei is said to be the richest in Asia. In fact, its Sultan is said to be one of the richest men in the world!*

HASSAN: *What is the highest mountain in the world?*

ROKIAH: *Definitely Everest! Now it's my turn to ask you. What story is most frightening,* Frankenstein *or* Dracula?

HASSAN: *For me* Frankenstein *is the most frightening story. What is it that makes you most happy in life?*

ROKIAH: *Oh! For me what makes me most happy in life is meeting the most important and popular people, eating the most delicious food, wearing the most expensive clothes and . . .*

HASSAN: *That's enough . . . For me, it's to have the most beautiful wife and the most intelligent children.*

Language points

Superlative (e.g. 'biggest', 'tallest', etc.)

The English superlative 'the + adjective + est' (e.g. 'the shortest') or 'the most + adjective' (e.g. 'the most interesting') is expressed in Malay as **ter-/paling** + adjective. Note that this applies only to base adjectives. When the adjectives are the products of **ber** or **me_kan** affixation, only **paling** should be used. This is because **ter-** is already a prefix; adding it to **ber** or **me_kan** would form an excessive prefix. Examples with both **ter** and **paling**:

presiden Amerika yang *termuda*	
presiden Amerika yang *paling muda*	the *youngest* American president
negara yang *terkaya*	
negara yang *paling kaya*	the *richest* country

Examples with **paling** only:

cerita yang *paling menakutkan*	the *most frightening* story
kisah yang *paling menyedihkan*	the *saddest* story
laporan yang *paling mengelirukan*	the *most confusing* report

mengelirukan confusing

Warnanya tidak sama

Mariam has just been out shopping. She has bought some clothes with a matching bag and a matching pair of shoes. She asks her friend Ainon for her opinion

MARIAM: Ainon, tolong lihat baju yang aku baru beli ini. Cantik tak?

AINON: Cantik. Tapi, lihat tu! Mengapa warna atas **tidak sama** dengan warna bawah?

MARIAM: Mari aku tengok lebih dekat lagi! Eh, warnanya **agak gelap** daripada yang atas. Mungkin lampu dalam kedai tadi **tidak begitu terang**, jadi aku **tak begitu** nampak.

AINON: Bagaimana pula dengan kasut kau?

MARIAM: Aku tak ada masa nak cuba dalam kedai, tapi aku rasa warnanya sesuai dengan baju.

AINON: Cubalah!

MARIAM: Aduh! **Terlalu ketat**! Mungkin satu saiz **lebih kecil** dari saiz kaki aku!

AINON: Sayang sekali! Warnanya sungguh sesuai dan padan dengan warna baju kau! Apa kau nak buat sekarang?

MARIAM: Pergi balik ke kedai dan beli yang lain. Apa lagi!

AINON: Lain kali, belanjalah **lebih sedikit**, barulah dapat barang yang **lebih bermutu**!

MARIAM: Aku tak mampu belanja **seperti** kau!

Vocabulary

gelap	dark	**mampu**	to afford
terang	bright	**dekat**	close, near
aduh!	an expression for dismay	**lampu**	lamp (lighting)
		kau	you, your (informal)
saiz	size	**padan**	to match
mutu/ber	with quality	**sayang sekali**	what a pity!

The colour isn't the same

MARIAM: *Ainon, please take a look at this dress that I bought. Is it beautiful?*

AINON: *Beautiful. But look at that! Why is the colour of the top not the same as the colour of the bottom half?*

MARIAM: *Let me have a closer look. Oh, the colour is a bit darker than the top. Perhaps the lighting in the shop wasn't that bright, so I couldn't see that well.*

AINON: *How are your shoes?*

MARIAM: *I didn't have time to try them on in the shop but I think the colour matches the dress.*

AINON: *Do try them on!*

MARIAM: *Oh, no! They're too tight. They're about one size smaller than the size of my feet!*

AINON: *What a pity! The colour really suits and matches the colour of your dress! So what are you going to do now?*

MARIAM: *Go back to the shop and buy another pair. What else!*

AINON: *Next time, spend a little bit more, you'll get things that are of better quality then!*

MARIAM: *I can't afford to spend like you!*

Language points

Sama dengan ('the same as')

Warna bawah *sama dengan* warna atas.	The colour of the bottom is *the same as* the colour of the top.
Dua belas *sama dengan* satu dozen.	Twelve is *the same as* one dozen.
Mak tiri tak *sama dengan* ibu sendiri.	A stepmother is not *the same as* your own mother.

mak tiri stepmother

terlalu ('too')

Kasut ini *terlalu* ketat.	The shoes are *too* tight.
Baju itu *terlalu* mahal.	That dress is *too* expensive.
Jangan *terlalu* nakal!	Don't be *too* naughty!

agak ('rather', 'somewhat')

Pakaian di kedai itu *agak* mahal.	The clothes in that shop are *rather* expensive.

tidak begitu ('not so', 'not that')

Lampu dalam kedai itu *tidak begitu* terang.	The lighting in that shop is *not that* bright.

seperti ('like' – comparison)

Aku tak boleh belanja *seperti* kau (*seperti* orang kaya).	I cannot spend like you (like a rich person).
***Seperti* saya, dia tidak merokok.**	Like me, he doesn't smoke.

The derived adjectives in Dialogue 2 – **menakutkan**, **menyedihkan**, **menyenangkan**, etc. – can also be used as causative verbs without the objects being mentioned – i.e. the result of the **me_kan** application to adjectives. They can be interpreted as 'to make/cause people to be' afraid, sad, happy, etc.

Exercises

Exercise 1

Compare the two sentences below and make up one or more new ones, using **lebih**. Follow the examples given:

1	Hassan pulang pukul 4.00.	**Hassan pulang lebih dulu daripada isterinya.**
	Isterinya pulang pukul 5.00. (**dulu/lambat**)	**Isterinya pulang lebih lambat daripada Hassan.**
2	Harga buku Ani RM5.00.	**Buku Ani lebih murah daripada buku Ana**
	Harga buku Ana RM10.00. (**murah/mahal**)	**Buku Ana lebih mahal daripada buku Ani.**

3 Panjang meja makan ini lima kaki.
Panjang meja tulis ini dua kaki. (**panjang/pendek**)

4 Buku sejarah ini ada 20 muka surat.
Buku ilmu alam itu ada 100 muka surat. (**tebal/nipis**)

5 Berat beg ini 20 kilogram.
Berat beg itu 30 kilogram. (**berat/ringan**)

6 Kereta itu berjalan 60 batu satu jam.
Kereta saya berjalan 100 batu satu jam. (**perlahan/laju**)

7 Julie mendapat sepuluh markah.
Susan mendapat 12 markah. (**kurang/lebih**)

8 Rumah itu ada 2 tingkat.
Rumah ini ada 5 tingkat. (**rendah/tinggi**)

sejarah	history	**perlahan**	slow
ilmu alam	geography		

Exercise 2

Read the sentences on the left while covering the right-hand column with a piece of paper. Make up new sentences, using the superlative form of comparison, **ter/ paling**, then check your answers.

1	Rumah-rumah dalam kawasan ini mahal.	**Rumah putih itu termahal dalam kawasan ini.**
	Rumah putih itu lebih mahal sekali.	**Rumah putih itu paling mahal dalam kawasan ini.**

2 Semua anak Jamil pandai. Tapi yang pandai daripada yang lain-lain ialah Kamal.	**Kamal anak Jamil yang terpandai.** **Kamal anak Jamil yang paling pandai.**
3 Dalam banyak-banyak buku ini, buku merah itu yang lebih berguna daripada yang lain-lain.	**Dalam banyak-banyak buku, buku merah itu paling berguna.**
4 Kisahnya menyedihkan. Lebih menyedihkan daripada kisah dalam filem itu.	**Kisahnya paling menyedihkan.**
5 Siapa lebih kaya dalam dunia ini?	**Siapa paling kaya dalam dunia ini?** **Siapa yang terkaya dalam dunia ini?**
6 Ada banyak pulau di kawasan itu. Pulau Langkawi indah daripada yang lain-lain.	**Pulau Langkawi pulau terindah di kawasan itu.** **Pulau Langkawi pulau paling indah di kawasan itu.**
7 Semua cerita dalam buku itu sedih. Tapi cerita mengenai budak malang itu lebih menyedihkan daripada yang lain-lain.	**Cerita mengenai budak yang malang itu paling menyedihkan.**
8 Semua barang ini mahal tapi yang lebih mahal ialah pasu kaca itu.	**Pasu kaca itu paling mahal sekali.** **Pasu kaca itu yang termahal sekali.**

pasu	pot	**kaca**	glass
malang	unfortunate		

Exercise 3

How would you translate the following into Malay? Use **lebih**, **ter** or **paling**.

Aziz and Omar are twins but they are very different. Aziz is quieter than Omar. He prefers reading to watching television. What he likes most is going to a library where he can be alone to read books. Omar prefers going out to the cinema and parties. He likes dancing most of all. Both of them are intelligent but Aziz is more successful than Omar. Omar, however, is more successful at making friends than making money.

twins	**kembar**	quiet	**diam**
different	**berbeza**		

Exercise 4

Fill in the blanks with one of the following: **terlalu**, **agak**, **sama dengan**, **begitu**, **seperti**.

1 Seluar itu _______ besar. Saya tak boleh pakai.
2 Jangan jadi _______ Musa. Dia _______ banyak hutang sampai tak terbayar.
3 Hari ini _______ panas. Bolehlah kita keluar memancing.
4 Rumah itu _______ mahal. Saya tidak mampu membelinya.
5 Perangai Ahmad tidak _______ _______ perangai adik dia. Ahmad lebih malas.
6 Hari ini _______ mendung. Jangan lupa bawa payung.
7 Baju itu _______ kecil. Mungkin untuk budak kecil dan bukan untuk orang besar.
8 Sally nampak _______ ada masalah. Dia selalu menangis saja.
9 Oleh kerana dia _______ suka bercakap bohong, tak seorang pun percaya apabila dia bercakap benar.
10 Kalau kopi itu _______ tawar, tambahlah gula.

pancing/me	to fish	**bohong**	lie
perangai	behaviour	**menangis**	to cry
mendung	cloudy		

Conversation

Study the conversation below. Note the comparative and superlative forms of the adjectives.

Mencari tempat tinggal

Patricia, a student of Malay Studies in London is going to do some field work in Malaysia for six months. She meets up in London with a Malaysian friend, Julia, to ask her, among other things, about the best way to find cheap accommodation.

PATRICIA: Saya pergi ke Malaysia sebagai pelajar, jadi saya terpaksa mencari tempat yang **paling murah**. Jangan **terlalu mahal**.

JULIA: Biasanya rumah sewa di Malaysia murah. **Lebih murah** daripada di London. Kalau anda bayar dua ratus paun sebulan pun, anda akan dapat rumah yang **lebih besar** daripada rumah anda sekarang ini. Sekarang anda bayar tiga ratus paun sebulan dan terpaksa berkongsi dengan dua orang lain.

PATRICIA: Saya tak mahu rumah yang **lebih besar** daripada yang ini. Saya lebih suka rumah kecil tapi selesa.

JULIA: Bila anda tiba di Kuala Lumpur, kakak saya akan menjemput anda di Lapangan terbang Subang. Dia akan tolong anda cari rumah yang murah.

PATRICIA: Macam mana saya akan kenal kakak anda?

JULIA: Rupa kakak saya, Asiah **sama dengan** rupa saya. Kadang-kadang orang ingat kami kembar. Tapi sekarang dia **lebih gemuk** daripada saya. Dan rambutnya **lebih panjang**.

PATRICIA: Saya ingin melawat kampung-kampung. Apakah cara **terbaik** untuk berbuat begitu?

JULIA: Saya dilahirkan di sebuah kampung di Kedah. Saya pasti kakak saya akan bawa anda ke sana. Dia pulang ke kampung setiap cuti sekolah. Dia **lebih suka** hidup di kampung daripada di bandar. Semasa di kampung itu, anda boleh berkenal-kenalan dengan orang-orang kampung. Mereka **lebih ramah** dan **tidak seperti** orang bandar, mereka tidak sombong.

PATRICIA: Udara yang **paling nyaman** adalah di kampung-kampung. Saya juga suka tinggal di kampung.

Vocabulary

kongsi (ber)	to share	**nyaman**	fresh
penyelidikan	research (n)	**nenek**	grandmother
rupa	looks (n)	**sombong**	proud, arrogant

Reading

Below is Ali's letter to his friend in Malaysia about his holiday in London. Note particularly the comparative and superlative forms, and then answer the comprehension questions at the end.

London
18 Disember 1995

Sahabatku Amin,

Sudah sebulan saya berada di London dan saya rasa London ialah tempat yang **paling mahal** sekali di dunia. Harga barang-barangnya **lebih tinggi** daripada harga barang-barang di lain-lain tempat seperti New York atau Hong Kong. Tapi, betul kata orang barang-barangnya **lebih bermutu** daripada barang-barang dari Hong Kong. Sebab itulah walaupun **agak jauh** dari Malaysia, ramai orang datang membeli belah di London.

Sekarang ini London sibuk dengan persiapan untuk Krismas. Masa inilah barang-barang **agak murah** sedikit sebab di mana-mana saja ada jualan murah. Jualan murah di London **tidak seperti** jualan murah di Malaysia. Di sini, orang berkumpul beramai-ramai di luar kedai-kedai seperti Harrods dan Selfridges untuk membeli barang-barang yang mereka ingini tetapi tak dapat beli di masa-masa lain sebab **terlalu mahal**. Pada masa ini harga **paling murah** sekali.

Masa ini juga **paling sejuk**. Tapi di London belum ada salji. Mungkin kalau salji turun, cuaca akan menjadi **lebih sejuk**. Di rumah yang saya sewa bersama adik saya, sistem pemanas **tidak begitu baik**. Setiap malam kami kesejukan.

Sistem kenderaan di sini **agak cekap**. Di kota London ada sistem kereta api bawah tanah yang dipanggil tiub. Mula-mula semasa saya naik tiub ini, saya rasa ini pengalaman yang **paling menakutkan** sebab tiub itu berjalan beratus-ratus kaki di bawah tanah. Tapi ini **cara terbaik** untuk ke sana sini kerana di jalan **terlalu banyak** kenderaan. Selalu saja ada kesesakan jalan raya, terutama sekali di musim Krismas.

Saya akan pulang tidak lama lagi. Saya pulang ke Malaysia **lebih awal** daripada adik saya. Dia akan pulang **lebih lambat** daripada saya sebab dia hendak pergi melawat Scotland. Pada masa ini Scotland **lebih sejuk daripada** London. Dia mau pergi ke Scotland untuk melihat dan bermain salji. Saya akan menulis surat yang **lebih panjang** lain kali, kalau tidak **begitu sibuk**. Sampai jumpa lagi, salam kepada semua.

Yang benar,
Ali.

Vocabulary

membeli-belah	shopping	**ingin/i**	to wish/desire
walaupun	although	**cekap**	efficient

Soalan-soalan

1 Sudah berapa lama Ali berada di London dan dengan siapa?
2 Mengapakah keadaan paling sibuk di London?
3 Bagaimanakah perbandingan harga barang antara London dengan Hong Kong?
4 Bagaimanakah keadaan cuaca pada masa itu di London?
5 Bagaimanakah perbezaan harga semasa jualan murah dengan pada masa-masa lain?
6 Mengapakah bilik sewa mereka sejuk?
7 Apakah cara perjalanan terbaik di London?
8 Siapakah akan balik lebih lambat dan kenapa?

14 Ramai orang mengerumuni kawasan rumah itu

Many people gathered in the compound

In this lesson you will learn about:

- The suffix **i** as a transitive verb maker
- Using the suffix **i** in the active and passive voice

Ramai orang mengerumuni kawasan itu

Pada satu petang Ahad ketika Rahman dan Seng berjalan-jalan di sebuah lorong yang sepi di Kampung Sentosa, mereka terdengar teriakan dan bunyi kaca pecah diikuti dengan tangisan seorang perempuan. Mereka **merapati** rumah di mana kedengaran tangisan itu. Seng tau bahawa itu rumah Pak Mat yang **mengetuai** kumpulan judi haram di kampung itu. Dia mengetahui hal itu sebab ramai yang **mengalami** kekalahan semasa bermain dengan Pak Mat, termasuk ayah Seng sendiri. Akibat kekalahan judi, ramai yang **menghadapi** masalah hutang dengan Pak Mat.

Ketika Seng dan Rahman **mendekati** rumah itu, pertengkaran semakin menjadi. Dan semakin ramai pula orang **mengerumuni** kawasan rumah Pak Mat. Dari jauh kelihatan orang bergaduh dan seorang perempuan separuh umur sempat keluar lari dari rumah itu. Dia memberitahu Seng dan Rahman, bahawa semasa berjudi, seorang pemain telah **menyakiti** hati Pak Mat. Pak Mat, yang memang tidak **mengasihani** sesiapa, terus menumbuk orang itu. Orang lain yang **menasihati** Pak Mat juga kena tumbuk.

Tidak lama selepas itu polis datang dan mengepung rumah itu.

Mereka **menasihati** Pak Mat dan kawan-kawannya supaya jangan lari. Polis menjalani tugas mereka dengan begitu cekap sekali dan terus membawa kumpulan itu ke balai polis. Seng memberitahu Rahman bahawa dia bersyukur ayahnya tidak lagi **mendampingi** orang-orang seperti Pak Mat.

Vocabulary

sepi	quite	**bertengkar/ per_an**	to argue/ argument
tangisan	to cry/sob	**kerumun/meng_i**	to gather around
ketua/meng_i	head/to head	**gaduh/per_an**	to fight/a fight
hadap/meng_i	to face	**separuh umur**	middle age
judi	gambling	**kasihan/meng-i**	to take pity on
haram	illegal	**tumbuk/men-**	to punch
sempat	to have the chance/have the opportunity	**damping/men_i**	to befriend
		mengepung	to surround

Many people gathered in the compound

One Sunday afternoon, while Rahman and Seng were walking along a quiet lane in Sentosa Village, they heard a scream and the sound of broken glass, followed by a woman's sobbing. They approached the house where the crying was heard. Seng knew that the house belonged to Pak Mat who headed the illegal gambling group in the village. He knew about this because many (people) had experienced losses while playing with Pak Mat, including his own father. As a result of the defeat, many had debt problems with Pak Mat.

As Seng and Rahman came near the house, the quarrel appeared to be intensifying. A lot more people were gathering at Pak Mat's compound. From a distance, people could be seen fighting; a middle-aged woman had the chance to run out of the house. She told Seng and Rahman that during the game, a player had insulted Pak Mat. Pak Mat, who doesn't feel pity for anyone, immediately punched the man. Other people tried to advise Pak Mat but they too were punched.

Not long after, the police came and surrounded the house. They advised Pak Mat and his friend not to escape. The police did their job efficiently and straight away took the gang to the police station. Seng told Rahman that he thanked God that his father no longer befriended people like Pak Mat.

Language points

Uses of me- and -i

The suffix **-i** normally used in close conjunction with the prefix **me-** (for the active voice) as a transitive verb maker is a common feature of Malay. It is, however, used more frequently in the written than the spoken language. In cases where one can get away with just the root verb or **me_kan** one usually avoids using **me_i**:

Dia menasihati adiknya supaya belajar kuat.	He advises his brother to study hard.
Dia menasihatkan adiknya supaya belajar kuat.	
Polis menjalani tugas mereka dengan cekap.	The police did their job efficiently.
Polis menjalankan tugas mereka dengan cekap.	

Like the suffix **-kan**, the suffix **-i** also serves as a transitive verb maker. The suffixes **-i** and **-kan** are needed because in Malay a noun or an adjective cannot be used as a verb unless affixation is applied to it.

So what is the difference between **-i** and **-kan** when they are both applied to independent or intransitive verbs? In this application, a verb with the suffix **-i** normally has a locative relationship with the object, i.e. indicating a place:

Dia memasuki bangunan itu seorang diri.	He entered the building alone.

Whereas a verb with the suffix **-kan** has a causative relationship with the object. For example:

Dia memasukkan kotak itu ke dalam bangunan itu.	He put the box in the building.

The object of a **me_kan** verb is generally 'active'. In the **me_i** construction, the term 'locative' implies the idea that there is some kind of movement from the subject towards the object. This is evident from the fact that a verb with **me_i** can generally replace an intransitive verb plus a preposition, without changing the meaning:

masuk ke (vi) ('to go into')

Atan *memasukkan* buku ke dalam beg.	Atan *puts* his books *in* the bag.
Atan *memasuki* kedai dari belakang. (same as) **Atan masuk ke dalam kedai dari belakang.**	Atan *went into* the shop from the back.

duduk di (vi) ('to sit on')

Ibu *mendudukkan* adik di atas kerusi.	Mother *seated* my little brother *on* the chair.
Selepas British menjajah Malaya, negara Jepun *mendudukinya.*	After Britain colonized Malaya, Japan *occupied* it.

hadap di (vi) ('to face')

Polis *menghadapkan* kes itu di mahkamah tinggi.	The police *brought* the case *before* the high court.
Dia *menghadapi* satu tuduhan yang berat.	He *faces* a heavy charge.

kahwin dengan (vi) ('to marry')

Ayah *mengahwinkan* kakak dengan lelaki dari bandar.	Father *married* sister off to a man from the city.
Ayah *mengahwini* perempuan itu setelah ibu meninggal dunia. (same as) **Ayah berkahwin dengan perempuan itu setelah ibu meninggal dunia.**	Father *married* that woman after mother died.

To make a transitive verb, the suffix **-i** can be applied also to an adjective or rather to an intransitive verb derived from that adjective:

Adjective	*Derived vi with* ***me-***	*vt with* ***-i***
dekat ('near')	**mendekat** ('to come close')	**mendekati** ('to approach')
jauh ('far')	**menjauh** ('to distance')	**menjauhi** ('to avoid')
dalam ('deep')	**mendalam** ('to go deep')	**mendalami** ('to deepen')
atas ('above')	**mengatas** ('to go upwards')	**mengatasi** ('to overcome')
rapat ('close')	**merapat** ('to come closer')	**merapati** ('to approach')

Examples:

Rapat (a) ('close')

Sarah dan Susan adalah kawan *rapat.*	Sarah and Suran are *close* friends.

Atan *merapat(kan)* kerusi-kerusi di barisan depan.	Atan brought the chairs in the front row *closer*.
Hassan *merapati* bangunan itu dengan perasaan takut.	Hasaan *approaches* the building with fear.

Jauh (a) ('far')

Rumah saya *jauh* dari sekolah.	My house is *far* from the school.
Dia suka *menjauh* diri dari saudara maranya.	He likes to *distance* himself from his relatives.
Ibu menasihatkan saya supaya *menjauhi* tempat-tempat yang bahaya.	Mother advises me to *avoid* dangerous places.

To obtain a transitive verb, the suffix **-i** can also be applied to nouns:

Nasihat (n) ('advice')

Ayah selalu memberi *nasihat* kepada anak-anaknya.	Dad always gives *advice* to his children.
Ayah *menasihati* Atan supaya belajar rajin-rajin.	Dad *advises* Atan to study hard.

Kepala (n) ('head')

Dia menjadi *kepala* pasukan bola itu.	He is the *captain* (*head*) of the football team.
Dia *mengepalai* rombongan itu semasa rundingan di London.	He *heads* the delegation during the conference in London.

Words such as **baru** ('new'), **ingat** ('remember') and **baik** ('good') can take the form of **me_i** as well as **memper_i**:

Susan seorang gadis yang *baik*.	Susan is a good *girl*.
Dia *membaiki* kereta di tepi jalan.	
or **Dia memperbaiki kereta di tepi jalan.**	He *repaired* the car by the roadside.
Atan beli rumah *baru*.	Atan bought a *new* house.
Atan bercadang untuk *membarui* rumahnya.	
or **Atan bercadang untuk memperbarui rumahnya.**	Atan plans to *renovate* his house.

Saya *ingat* cerita yang lucu itu.	I *remember* that funny story.
Dia *memperingati* saya tentang kejadian itu. or **Dia *mengingati* saya tentang kejadian itu.**	He *reminded* me about that incident.

See also Lesson 9 on **memper** + adjective/verb.

Rupa-rupanya mimpi sahaja

Malam begitu gelap sekali. Atan berjalan cepat menuju perhentian bas. Dalam kesunyian itu dia terasa bahawa gerak langkahnya **diikuti** dari belakang. Dia menoleh ke belakang, tapi tidak nampak apa-apa. Dia terus berlari. Kawasan ini memang **dijauhi** orang di waktu malam. Sebelum pulang tadi, dia **dinasihati** supaya jangan mengguna jalan sepi itu, tapi Atan masih memberanikan diri.

Ketika Atan sampai di persimpangan jalan, dia **dihampiri** satu lembaga yang nampaknya seperti perempuan bertudung. Dia mula merasa lega sebab ada juga orang di jalan itu. Apabila perempuan itu berdepannya, Atan merasai bahawa dia kenal orang itu. Perempuan itu tidak berkata apa-apa, hanya tersenyum saja dan memandang tepat pada mata Atan. Kedua-dua tangannya memeluk bayi kecil yang dibungkus dengan rapi. Atan **merasai** sesuatu yang tidak betul. Dan dia langsung tidak dapat bersuara. Oleh kerana perempuan itu terlalu dekat dengannya, dia dapat menghidu bau-bauan yang amat wangi. Atan mulai gelisah. Dia menoleh ke kiri dan ke kanan. Memang lorong itu tidak banyak **dilalui** orang. 'Perasaan takut ini perlu **diatasi**', Atan memberitahu dirinya sendiri.

'Apa khabar?' tanya Atan. Perempuan itu masih menyepi. Dia terus menyerahkan bayi itu kepada Atan. **Disentuhinya** tangan Atan dan pada masa itulah terasa benar bahawa tangan perempuan itu sejuk. Pada saat itu juga Atan terdengar bunyi kereta dari belakang. Dia terus menoleh dan ternampak lampu kereta dari jauh memecah kegelapan malam. Atan menoleh semula ke depan, tapi perempuan itu sudah lagi tiada. Yang tinggal hanya bau-bauannya yang wangi serta bungkusan dalam dakapannya. Bayi yang dipegangnya dengan tiba-tiba **dirasainya** berat sekali. Dia membuka bungkusan kain dan Atan terkejut sekali apabila ia **dapati** yang dipegangnya ialah batu nisan!

Atan terus menjerit dan menjerit dengan lebih kuat lagi apabila terdengar suara wanita memanggil-manggil namanya. Atan membuka matanya. Rupa-rupanya Atan bermimpi. Ibunya berada di sisinya sambil memanggil-manggil nama Atan. 'Kau bermimpi. Lain kali basuh kaki sebelum tidur!' kata ibu.

Vocabulary

tuju/me	to go towards	**bau-bauan**	aroma
gerak langkah	movement	**amat**	very
toleh/me	to turn one's head	**gelisah**	to be worried
mem/berani/kan	brave/to make oneself brave	**lorong**	lane
		serah/meny	to hand over
lembaga	figure	**dakap/_an**	embrace
ber/tudung	to cover/to wear (a headscarf)	**bayi**	baby
		sentuh	to touch
lega	to feel relief	**tiba-tiba**	suddenly
tersenyum	to smile	**terkejut**	surprised
di/bungkus/-an	to wrap/wrapped/ bundle	**batu nisan**	gravestone
		jerit/men	to scream
rapi	carefully	**mimpi/ber**	to dream
meng/hidu	to sniff/smell	**sisi**	by the side

Seems like it was just a dream

The night was very dark. Atan walked quickly towards the bus stop. In the silence he could sense that his movements were being followed from behind. He looked back, but couldn't see anything. He ran. The area was one avoided by people at night. Before setting off for home (just now) he was advised not to use that quiet lane, but Atan still plucked up courage (to walk there).

When Atan reached the junction, he was approached by a figure which looked like a woman covered up (in scarves). He started to feel relieved that there were people around. When the woman was face to face with him, Atan sensed that he knew her. The woman didn't say anything but just smiled and looked him straight in the eye. Both her hands were holding a small, carefully wrapped baby. Atan felt that something was wrong. He couldn't find his voice. Because the woman was too close to him he could smell a powerful, pleasant aroma. Atan began to feel worried. He looked left and right. The lane is not used by many passers-by. 'I must overcome this fear!' Atan told himself.

'How are you?' asked Atan. The woman still kept her silence. She handed over the baby to Atan. Atan's hand was touched by hers and he felt how cold it was. At that moment Atan heard the sound of a car from behind. He looked back and saw the car lights breaking the darkness of the night. He turned back but the woman was no longer there. What was left was just the smell and the bundle in his embrace. The baby that he was holding suddenly seemed very heavy. He opened the bundle and Atan was surprised to find that what he was holding was a gravestone!

Atan screamed, and screamed even louder when he heard a woman's voice calling out his name. Atan opened his eyes. It seemed that he was dreaming. His mother was by his side calling Atan's name. 'You were dreaming. Next time wash your feet before going to sleep!' said his mother.

(Mothers are always telling their children to wash their feet before going to sleep to avoid bad dreams and nightmares!)

Language points

The suffix -i in the passive voice

The story above illustrates the use of the suffix **-i** in the passive voice.

Gerak langkah (n) ('movements')

***Gerak* langkahnya diikuti dari belakang.**	His *movements* were being followed from behind.

Jauh (adj) ('avoided')

Kawasan itu di*jauhi* orang di waktu malam.	The area is *avoided* by people at night.

Nasihat (n) ('advice')

Atan *dinasihati* kawan-kawan supaya jangan mengguna jalan itu.	Atan *was advised* by his friends not to use that road.

Lalu (vi) ('pass by')

Jalan itu tidak dilalui orang di waktu malam.	The road is not used (passed by) by people at night.

Kenal (vi) ('to know')

Hassan *dikenali* sebagai budak yang rajin.	Hassan *is known* as a hardworking boy.

Exercises

Exercise 1

Change the words in brackets using the **me_i** form:

1 Guru besar (**akhir**) ucapannya dengan satu nasihat kepada pelajar-pelajarnya.
2 Samy cuba (**atas**) masalahnya dengan cara yang baik.
3 Abu (**kunjung**) pameran itu minggu lepas.
4 Menteri itu (**tandatangan**) perjanjian itu selepas rundingan semalam
5 Ibu (**nasihat**) anak gadisnya supaya berperangai baik.
6 Mak Minah (**susu**) bayinya di dalam bilik.
7 Mereka (**hadir**) majlis itu minggu lepas.
8 Kami (**temu**) ketua pejabat itu dalam pejabatnya.
9 Tan (**jumpa**) beg itu di dalam tong sampah.
10 Azman ingin (**dalam**) pengetahuannya dalam bidang sains.

cara	way	**sampah**	rubbish
rundingan	conference	**pengetahuan**	knowledge
susu	milk	**hadir**	to attend

Exercise 2

Change the following sentences to the passive form. In cases where there are two verbs, attach **nya** to the subject, especially if it is a second or third person, to avoid its repetition. For example:

Ayah menasihati Abu supaya mencontohi perangai Atan.
Abu dinasihatkan ayah supaya perangai Atan dicontohinya.

1 Saya mengenali penyanyi itu dari jauh lagi.
2 Pencuri memasuki rumah itu menerusi pintu belakang.
3 Penari itu mengakhiri pertunjukan itu dengan sebuah tarian inang. (*Malay traditional dance*)
4 Guru menasihati Abu supaya mencontohi kerja baik Atan.
5 Ani mempelajari muzik setiap hujung minggu.

6 Perdana Menteri menghadiri upacara itu setelah mengunjungi rumah kanak-kanak cacat.
7 Asma mewakili Kedah di pertandingan itu.
8 Aman berdoa supaya Tuhan memberkati permintaannya.

muzik	music	**liput/me_i**	to cover
wakil	representative	**contoh/me_i**	to make example of
doa/ber_	to pray for	**cacat**	handicapped
berkat/mem_i	blessing/to bless		

Exercise 3

Change the sentences below from the passive voice to the active voice. For example:

Chong diperingati majikannya supaya jangan datang lambat.
Majikan Chong memperingatinya supaya jangan datang lambat.

1 Susan dinasihati ibunya supaya memandu dengan baik.
2 Penyanyi itu dikerumuni peminat-peminatnya semasa ia menyanyi.
3 Pekerja itu dianugerahi bintang oleh Ketua Menteri kerana keberaniannya.
4 Kawasan itu diliputi asap selepas kebakaran itu.
5 Kemarahannya dapat diatasi dengan segera apabila anaknya menangis.
6 Rumah itu diawasi polis sejak diketahui bahawa pembunuh itu ada di situ.
7 Balai polis itu dihubungi oleh Rahman apabila isterinya tidak pulang.
8 Puteri itu dikasihi oleh semua penduduk.

minat/peminat	interest/fan	**bakar/ke_an**	to burn/fire
bintang	medal	**anugerah/_i**	to award
asap	smoke		

Exercise 4

Change the following sentences from active to passive and vice versa. The beginnings of the sentences have been provided.

1 Ahmad mencintai Aton, anak Pak Hassan.
Aton, anak Pak Hassan ______
2 Mereka mengetahui tentang perkara itu dari polis.

Perkara itu ______
3 Cek itu ditandatangani Samad di depan saya.
Samad ______
4 Kesatuan itu dianggotai Azman sejak tahun lepas.
Azman ______
5 Dia tidak merasai kesakitan sehingga dia pulang.
Kesakitan tidak ______
6 Basir menghormati orang itu sebagai orang tua.
Orang itu ______
7 John didampingi seorang wanita cantik di majlis itu.
Seorang wanita cantik ______
8 Semua penduduk meratapi kematian pemerintah itu.
Kematian pemerintah itu ______

hormat/_i	to respect	**pemerintah**	ruler
ratap/_i	to mourn		

Exercise 5

Translate the following story into Malay, using among others the given cue words and **me_i** or **di_i** affixation as appropriate.

Encik Karim is a school teacher who is loved (**kasih**) by his pupils. He always advised (**nasihat**) his pupils to follow (**ikut**) the lessons in class every day. He obtained (**peroleh**) his qualifications through hard work and is aware (**sedar**) that hard work always leads to success.

Sometimes, during the lesson, he told stories of successful people and encouraged his pupils to follow their examples (**contoh**).

When Encik Karim was ending (**akhir**) his career and, as a dedicated teacher and one who was well respected (**hormat**), the staff and pupils of the school gave him a retirement party. Encik Karim didn't know (**tahu**) about the party. Every member of staff and every pupil was asked to sign (**tandatangan**) a card for Encik Karim.

On the night of the party Encik Karim was asked to go to the school hall. He was still not aware (**sedar**) about the plans for his party. The party was also attended (**hadir**) by his former pupils. When Encik Karim entered (**masuk**) the hall he was surrounded (**kerumun**) by his pupils. In a speech to the students he said that he felt (**rasa**) lucky to be loved (**kasih**) and he too loved (**kasih**) them. He ended (**sudah**) his speech with a rhyme that reminded (**ingat**) his pupils to study hard.

retirement	**persaraan**	rhyme	**pantun**
qualification	**kelayakan**	former	**bekas**
encourages	**menggalakkan**	dedicated	**berdedikasi**

Conversations

Study the conversations below and note the application of **me_i**, and **di_i** in bold print. What roots are they derived from?

Merawati anak

BAPAK: Saya **mengetahui** bahawa Tuan Doktor boleh **mengubati** penyakit anak saya ini.

DOKTOR: Biarlah saya periksanya dahulu dan kalau ada sebarang penyakit, saya akan **merawatinya**.

BAPAK: Dia tidak dapat tidur semalam kerana dadanya terlalu sakit.

DOKTOR: Mengapa tidak menghubungi saya lebih awal?

BAPAK: Saya hanya **menyedari** penyakitnya ini semalam.

DOKTOR: Buat masa ini anak Encik mesti **menjauhi** sebarang aktiviti berat. Bila dia **mengalami** kesakitan ini lagi, datang ke klinik dengan segera.

BAPAK: Bulan depan dia **dikehendaki** bermain bola untuk pasukannya.

DOKTOR: Lebih baik kalau dia tidak bermain. Keadaannya mesti **diawasi**!

BAPAK: Pada pendapat Tuan Doktor, penyakit ini boleh **menjangkiti** orang lain?

DOKTOR: Tidak!

Vocabulary

sedar/meny_i	to be aware, conscious	**jangkit/men_i**	to infect
rawat/me_i	to treat	**sebarang**	any
hubung/meng_i	to contact	**awal**	early

Pembangunan bandar

AHMAD: Saya harap anda akan **menyetujui** rancangan pembangunan ini.

KASSIM: Saya bersetuju tapi kita juga mesti minta supaya rancangan ini **disetujui** oleh penduduk di sini. Lepas itu bolehlah kerja-kerja **dimulai**.

AHMAD: Jadi kita mesti **menemui** mereka dulu supaya rancangan ini dapat dirundingi bersama.

KASSIM: Saya dapati bahawa penduduk-penduduk di sini boleh dibawa berunding. Saya telah **mengikuti** perkembangan pembangunan bandar ini dan saya rasa mereka mempunyai pemimpin-pemimpin yang pintar.

AHMAD: Pemimpin-pemimpin ini mesti **dihubungi** terlebih dahulu dan kalau mereka setujui rancangan ini, kita mulai projek itu.

Vocabulary

pemimpin	leaders	**setuju**	to agree
pintar	clever	**kembang/per_an**	to develop

Reading

Study the text. Note the applications of **me_i** and **di_i** printed in bold, then answer the comprehension questions at the end of the text.

Dikurniai seorang bayi

Azlan dan Salmah berumah tangga selama sepuluh tahun tapi belum **memperolehi** anak. Setiap hari mereka berdoa supaya satu hari mereka **dikurniai** seorang bayi. Keadaan ini **mengganggui** ketenteraman rumah tangga mereka. Sahabat-sahabat mereka **menasihati** mereka supaya mereka **dirawati** di rumah sakit, tetapi mereka memerlukan wang yang agak banyak untuk tujuan itu.

Oleh kerana ia tidak **mempunyai** anak sendiri, Salmah sentiasa **merindui** anak saudaranya, Anna yang baru berumur 10 bulan. Tiap-tiap minggu dia **mengunjungi** kakaknya untuk bermain dengan anak kecil itu. Selepas beberapa lama, Salmah mendapat tahu bahawa Azlan selalu **didampingi** oleh seorang wanita cantik apabila dia keluar. Salmah sudah lama **mensyaki** Azlan tidak setia kepadanya, tapi dia tidak berani menghadapi kenyataan yang sebenar.

Pada satu hari, Salmah membuat keputusan untuk meninggalkan Azlan. Dia menulis sepucuk surat yang ditinggalkan kepada Azlan dan meminta supaya dirinya **dilupai**. Salmah bertujuan untuk **menghadapi** hidup seorang diri. Dia **merasai** dirinya sebagai tidak guna lagi sebagai seorang isteri. Dia menyesal bahawa Azlan tidak **menepati** janjinya akan bersamanya walau apa sekalipun terjadi. Salmah **mengakhiri** suratnya dengan meminta ampun dan maaf dari suami yang masih **dikasihi**.

Apabila Azlan menerima surat itu, dia terus **menyesali** sikapnya itu. Azlan menghubungi kakak Salmah untuk **mengetahui** di mana Salmah berada tapi tidak siapa pun yang tahu. Salmah telah menghilangkan diri. Setelah polis dihubungi, mereka menjumpai Salmah di rumah kanak-kanak cacat. Dia **menikmati** hidup baru dengan anak-anak yang **mengasihinya**. Dia kini **dikurniai** anak-anak yang juga mendapat kasih sayangnya.

Vocabulary

kurnia/_i	to give/to be blessed with	**tepat/me_i**	to be exact/to fulfil
tenteram/ke_an	peace	**ampun**	to pardon/to forgive
rindu/me_i	to miss, to long for		
syak/men_i	to suspect	**sikap**	attitude
setia	loyal	**nikmat/me_i**	enjoyment/to enjoy
kenyataan	reality		
keputusan	decision		

Soalan-soalan

1 Sudah berapa lamakah Azlan dan Salmah berumah tangga?
2 Apakah yang mengganggui ketenteraman rumah tangga mereka?
3 Siapakah yang menasihati mereka dan apakah nasihat mereka?
4 Siapakah yang dirindui Salmah setiap hari?
5 Salmah buat apa setiap hujung minggu?
6 Azlan dikatakan berdampingan dengan siapa setiap kali dia keluar?
7 Apakah yang Salmah menyesali?
8 Bagaimanakah Salmah mengakhiri suratnya kepada Azlan?
9 Siapakah Azlan hubungi untuk mencari Salmah?
10 Di manakah polis menjumpai Salmah?

15 Ayam terlepas keluar

The chickens have escaped

In this lesson you will learn about:

- Expressing involuntary and accidental actions using **ter-** + verb
- Using **ter-** to express ability/inability
- Using **ter-** to indicate the result of an action

Ayam terlepas keluar

Pak Mahmud is holding a wedding feast for about five hundred people in three days' time. Preparations are being made for the marriage of his eldest daughter. He is extremely proud, although a little anxious that the wedding should run smoothly

Dari pagi lagi Pak Mahmud berkejar ke sana sini untuk membeli barang dan menyiapkan makanan untuk kenduri kahwin anaknya, Timah. Isterinya Mak Limah juga sibuk menyiapkan pelamin pengantin. Ramai saudara mara yang datang untuk menolong mereka. Pak Mahmud telah membeli lima puluh ekor ayam untuk membuat kari. Dia telah **terbeli** sepuluh ekor lebih dari yang disuruh oleh Mak Limah. 'Tak mengapalah', fikirnya. 'Lebih banyak tak apa daripada tidak cukup.' Dia sengaja membeli ayam-ayam yang besar dan gemuk supaya lebih sedap untuk dibuat kari.

Ayam-ayam yang dibeli Pak Mahmud disimpan di dalam reban ayam dan diberi makan dengan cukupnya sebelum disembelih. Pak Mahmud menyuruh anak-anak kecil jirannya untuk memberi makan ayam-ayam itu. Mereka begitu suka sekali. Pak Mahmud terus pergi menyiapkan kerusi untuk tetamu-tetamunya. Tiba-tiba dia **ternampak** ayam-ayamnya berkeliaran. Rupa-rupanya ayam sudah **terlepas** dari reban!

Kanak-kanak kecil tadi juga berkeliaran mengejar ayam-ayam

itu. Semua **terjatuh**; ada yang **tersungkur** dan ada yang **terbaring.** Pak Mahmud sendiri **terpegun** dan tidak dapat membuat apa-apa. Mulutnya **terbuka** dan **tertutup** tapi tak bersuara.

Mak Limah turun dari rumah dan tolong mengejar ayam-ayam itu, tapi kakinya terpijak sarung dan sarungnya pun **tercicir**. Orang ramai yang melihat terus **tergelak** tak henti-henti. Mereka teringat kisah lucu tentang Pak Pandir dan isterinya Mak Andih.

Pak Mahmud cuba menolong Mak Limah. Kanak-kanak yang cuba menolong menangkap ayam-ayam itu berlari ke sana sini. Semua kerusi yang disusun Pak Mahmud **terbalik**.

Pak Mahmud **tersandar** melihat keadaan huru-hara itu. Dan ternganga mulut pengantin perempuan melihat keadaan ibu dan bapanya. Semua ini berlaku kerana Pak Mahmud **terlupa** untuk mengunci reban ayam!

Vocabulary

kejar/ber	to chase, rush	**ingat/ter_**	to remember/come to mind
kenduri	feast	**cicir/ter_**	to drop accidentally
sengaja	purposely	**gelak/ter_**	to laugh
pelamin	bridal dais	**susun/di_**	to arrange
pengantin	bride and groom	**sandar/ter_**	to sit back
reban	coop	**nganga/ter**	to gape
sembelih/di	to slaughter	**cukup**	enough
keliaran/ber	to run helter skelter	**kari**	curry
sungkur/ter_	to fall flat on the face	**kerusi**	chair
pegun/ter_	to stun/stunned	**huru-hara**	chaotic situation
pijak/ter_	to step/accidentally step	**mulut**	mouth

The chickens have escaped

Since early morning, Pak Mahmud had been rushing here and there to buy things and prepare food for the wedding feast of his eldest daughter, Timah. His wife, Mak Limah, was also busy getting the bridal dais ready. Lots of relatives had come to help them. Pak Mahmud had bought fifty chickens for the curry. He had accidentally bought ten more than Mak Limah had asked for. 'Never mind,' he thought, 'it's better to have too much, than not enough.' He had deliberately bought big, fat chickens because they make delicious curry.

All decorations were already hung. The chickens bought by Pak

Mahmud were kept in a chicken coop and were fed up for slaughtering. Pak Mahmud asked the neighbour's little children to feed the chickens. They were delighted. Pak Mahmud went on to get the chairs ready for his guests. Suddenly he saw the chickens running around, helter-skelter. It seemed that the chickens had escaped from the coop!

The children were also running around chasing after the chickens. Everybody fell over; some fell flat on their faces and some fell flat on their backs. Pak Mahmud himself was stunned and didn't do anything. His mouth opened and shut but nothing came out.

Mak Limah came down from the house and helped to chase after the chickens but her feet accidentally stepped on her sarong and it came off. The people who were watching burst out laughing. They remembered the funny story about Pak Pandir and his wife Mak Andih [an old tale about an odd couple].

Pak Mahmud tried to help Mak Limah. The children who were trying to catch the chickens ran here and there. All the chairs that had been arranged by Pak Mahmud were overturned.

Pak Mamud sat back and watched the chaos. The bride's mouth gaped open as she saw the state her mother and father were in. All this happened because Pak Mahmud had forgotten to lock the chicken coop!

Language point

Accidental/unintentional actions

Ter- + a transitive verb can be used to indicate accidental actions.

The phrase **tak sengaja** ('not on purpose') is often used to emphasize the involuntary and accidental nature of an action. **Sengaja** shows that the action was done on purpose:

ter- + lepas

Ayam *terlepas* dari reban.	The chicken *escaped* from the coop.
Ayam *tak sengaja* dilepas dari reban.	The chickens were *accidentally* let out of the coop.
Dia *sengaja* melepaskan ayam dari reban.	He *deliberately* let the chickens out of the coop.

ter- + putus

Tali bendera itu *terputus*.	The flag string *snapped*.
Dengan *tak sengaja* tali itu putus semasa saya mengikat bendera itu.	The string *accidentally* snapped while I was tying the flag.

ter- + pijak

Mak Limah *terpijak* sarungnya.	Mak Limah *accidentally stepped* on her sarong.
Mak Limah *tak sengaja* pijak sarungnya.	Mak Limah did *not deliberately* step on her sarong.
Mak Limah *sengaja* pijak kaki orang itu.	Mak Limah *deliberately* stepped on the man's leg.
Sarung Mak Limah *terpijak* olehnya semasa ia berlari.	Mak Limah's sarong *was stepped on* by her while she was running. (*lit.*)

Involuntary actions

Ter- + an intransitive verb (in the subjective construction) is used to indicate involuntary actions.

ter- + gelak

Mereka *tergelak* melihat kejadian lucu itu.	They *burst out* laughing watching the funny incident.
Dengan *tak sengaja* mereka gelak melihat kejadian itu.	(*Without any intention*) they laughed watching the incident.

ter- + nganga

Mulutnya *ternganga* melihat kejadian itu.	His mouth *fell open* as he watched the incident.
Dia *tak sengaja* nganga mulutnya semasa melihat kejadian itu.	He did *not deliberately* open his mouth while watching the incident.

ter- + tidur

Amin *tertidur* semasa membaca buku.	Amin *fell asleep* while reading the book.
Amin *tak sengaja* tidur semasa membaca buku.	Amin did *not deliberately* go to sleep while reading the book.

ter- + gigit

Saya *tergigit* lidah semasa bercakap.	I *accidentally bit* my tongue while talking.
Saya *tidak sengaja* menggigit lidah semasa perbualan itu.	I did *not deliberately* bite my tongue during the conversation.

Semuanya teratur

After a morning of near disasters, Pak Mahmud and Mak Limah decided to think again. Pak Mahmud contacted a friend, Musa, who worked at a hotel and told him about the problems. After what had happened, Pak Mahmud hadn't got the energy left to organize anything, so Musa took the matter into his own hands

Pada pagi hari kenduri perkahwinan itu, Pak Mahmud dan Mak Limah bangun awal, tetapi di halaman luar rumah, sudah **tersusun** kerusi dan meja untuk para tamu yang akan datang petang itu.

Segala perhiasan telah **tergantung**. Pinggan mangkuk untuk jamuan tengah hari juga sudah **tersedia** di dapur. Di pintu masuk kawasan rumah Pak Mahmud, **terdapat** sebuah arca besar dan kiri kanannya **terdapat** bunga-bunga manggar yang berwarna-warni. Dan **terpampang** bendera besar yang mengatakan 'Selamat Datang'.

Di dalam rumah pula, sebuah pelamin cantik yang siap **terhias** dengan pasu-pasu bunga yang harum dan kertas warna-warni. Dua kerusi pengantin terletak di tengah-tengah pelamin untuk persandingan nanti. Di depan pelamin **terbentang** satu permaidani indah di mana para jemputan akan duduk menyaksikan pengantin bersanding.

Para tamu yang tiba pukul 12.00 tengah hari dijemput masuk ke ruang depan rumah Pak Mahmud untuk menyaksikan upacara bersanding. Dari jauh terdengar pukulan kompang yang menandakan ketibaan pengantin lelaki. Pengantin lelaki diiring masuk terus ke pelamin di mana siap **ternanti** pengantin perempuan. Mereka duduk di pelamin buat beberapa lama untuk tatapan para tamu. Kedua-dua pengantin tersenyum melihat telatah kawan-kawan yang nakal.

Tepat pada pukul 12.30 tengah hari, siap **terhidang** segala nasi dan lauk kenduri. Masakan ini telah dimasak oleh pekerja-pekerja Musa di hotelnya. Boleh dikatakan segala-galanya terkawal. Pak Mahmud dan Mak Limah hanya melayan para tamu mereka saja.

Kedua-dua pengantin lelaki dan perempuan diiring keluar untuk makan bersama tetamu mereka. Di kepala meja, siap **tersedia** dan **terhidang** makanan khas untuk pengantin. Sejambak bunga menghiasi meja itu. **Ternyata** benar bahawa Pak Mahmud dan Mak Limah gembira dengan segala persediaan untuk kenduri anak perempuan mereka yang sulung. Akhir-akhirnya semuanya berjalan dengan **teratur**!

Vocabulary

hias/per_an	to decorate/decoration
gantung/ter	to hang/hung
arca	arch
bunga manggar	*a kind of flower made of colourful materials for special occasions*
pampang	to display/displayed
sanding/ber_	to sit/stand side by side, especially in marriage ceremony
saksi/meny_kan	to witness
bentang/ter_	to lay out/laid out
kompang	*drums played for special occasions such as weddings*
tatap/_an	to feast one's eyes on
telatah	antics
sejambak bunga	a bouquet of flowers
nyata/ter_	evidently
permaidani	carpet

Everything was arranged

On the morning of the feast, Pak Mahmud and Mak Limah woke up early, but in the house compound, tables and chairs for the guests who were coming that afternoon were already arranged. Plates and bowls for the feast were already in the kitchen. At the entrance to the compound of Pak Mahmud's house was a big arch and there were colourful manggar *flowers on the left and right (of the arch). There was also a big flag (displayed), saying 'Welcome'.*

In the house, a beautiful dais was decorated with aromatic flowers in pots and colourful paper. Two chairs for the bride and groom were already placed in the middle of the dais for the bersanding *ceremony later. In front of the dais, a beautiful carpet was laid out on which guests would sit to witness the bride and groom sit side by side.*

The guests, who arrived at noon, were invited to enter the front hall of Pak Mahmud's house to witness the bersanding *ceremony. From a distance, the beat of the* kompang *drums was heard to mark the arrival of the bridegroom. The groom was led inside, straight to the dais where the bride was waiting. They sat on the dais for a while so the guests could feast their eyes on them. Both the bride and groom smiled, watching the antics of their naughty friends.*

At 12.30 sharp, all the rice and dishes for the kenduri *were ready and laid out. The food had been cooked by Musa's workers at his hotel. It could be said that everything was under control. Pak Mahmud and Mak Limah needed only to entertain their guests.*

Both the bride and groom were led out to eat with their guests. At the head of the table, a special meal had been laid out and served for the bride and groom. A bouquet of flowers decorated the table. It was evident that Pak Mahmud and Mak Limah were happy with all the preparations for their eldest daughter's feast. Everything turned out to be well planned after all!

Language point

Stative verbs: the result of an action

Ter- + verb can be used to indicate the result of an action.

Ter- + susun

Di halaman luar, semua kerusi meja siap *tersusun*.	Out in the compound, all chairs and tables were already *arranged*.

This is the same as:

Di halaman luar, semua kerusi meja siap *disusun* (oleh pekerja).	Out in the compound, all chairs and tables were already *arranged* (by the workers).

ter- + hidang

Makanan pengantin siap *terhidang* di atas meja.	The bridal food was *already* (*served*) on the table.

This is the same as:

Makanan pengantin siap *dihidang* (oleh seseorang) di atas meja.	The bridal food was *already* (*served by someone*) on the table.

Ter + bentang

Permaidani *itu terbentang* di tengah-tengah dewan.	The carpet was *already laid out* in the middle of the hall.

This is the same as:

Permaidani itu *dibentang* di tengah-tengah dewan.	The carpet *was laid out* in the middle of the hall.

Pinggan-pinggan ini tak akan terganti

Pak Mahmud and Mak Limah were rejoicing after the success of the wedding feast

Pak Mahmud memang terhutang budi dengan Musa. Segala-galanya berjalan dengan licin dan selepas melayani tetamu-tetamu mereka semalam, Pak Mahmud dan Mak Limah tidak bertenaga lagi untuk membuat apa-apa. Mereka **tak terdaya** mengemas barang-barang yang berselerak di dalam dan di luar rumah. Pak Mahmud menanya Ahmad anak bongsunya sama ada dia **terdaya** mengangkat pinggan mangkuk masuk ke dalam rumah. Ahmad juga mengatakan dia begitu letih selepas bekerja teruk pada hari perkahwinan semalam.

Mak Limah masuk ke dapur dan terkejut melihat makanan yang begitu banyak yang masih ada dalam periuk-periuk. Keluarga Mak Limah **tak termakan** semua makanan ini kerana terlalu banyak. Musa telah masak terlebih untuk kenduri itu. Di bawah rumah pula, terdapat pinggan-pinggan yang pecah. Kalau disuruh ganti pun, memang **tak terganti** sebab pinggan-pinggan ini dibeli Musa di luar negeri.

Mak Limah kemudian pergi balik ke dapur. Pinggan mangkuk yang kotor bersepah memang **tak terbasuh** kesemuanya hari itu juga. Semua saudara maranya sudah pulang dan tak dapat menolongnya lagi. Periuk-periuk besar kepunyaan Musa masih lagi di luar. Dan **tak terangkat** oleh Pak Mahmud seorang diri. Dia terpaksa menunggu Musa datang mengambilnya.

Apabila Musa datang ke rumah Pak Mahmud, dia menyerah kepada Pak Mahmud bil kerja kenduri serta masakan kenduri. Sekali lagi ternganga mulut Pak Mahmud melihat bil sebanyak RM20,000. Dia **tak terfikir** yang belanja nikah kahwin itu begitu banyak. Musa **tergamak** mengenakan bayaran sebanyak itu kepada kawan baiknya sendiri?

Vocabulary

terhutang budi	to owe in terms of kindness
daya/ter	energy, ability
selerak/ber	to be in a mess
kecuali	unless
kira/ter	to count
ganti/ter	to replace/replaceable
angkut/ter	to lift/able to be lifted
sama ada	whether
bil	bill
gamak/ter	to have the heart or be willing (to do something without pity)
tenaga/ber_	energy/to have the energy
periuk	pots (for cooking)

The plates were irreplaceable

Pak Mahmud certainly owed Musa a lot for his kindness. Everything had gone smoothly, and after entertaining their guests the previous night, Pak Mahmud and Mak Limah didn't have any energy to do anything. They were unable to tidy up the things left lying around in and outside the house. Pak Mahmud asked his youngest son, Ahmad, whether he had any energy left to carry the plates and bowls to the house. Ahmad also said he was too tired after working hard for the wedding the day before.

Mak Limah went to the kitchen and was surprised to see lots of left-over food still in the pots. Mak Limah's family wouldn't be able to get through all the food because there was too much. Musa had cooked too much for the feast. Broken plates were then found under the house. Even if she was asked to replace them, they would certainly be irreplaceable because the plates were bought by Musa from overseas.

Later, Mak Limah went back to the kitchen. They would not be able to wash the dirty plates and bowls that same day. All her relatives had gone home and were not able to help her. The big pots belonging to Musa were still outside. And they were too heavy for Pak Mahmud to carry alone. He had to wait for Musa to come and get them.

When Musa came to Pak Mahmud's house, he handed over to Pak Mahmud the bill for services and the food. Once again, Pak Mahmud's mouth fell open when he saw a bill for RM20,000. He had never thought that the wedding would cost that much. How could Musa have the heart to charge his own close friend that much?

Language points

Expressing ability or inability

Ter- + transitive verb can be used to indicate ability achieved against all odds. To indicate inability, use **tak** or **tidak** in front of it, i.e. **tak ter-** + transitive verb.

You should be able to differentiate by context the use of **ter** + transitive verb which indicates ability and **ter** + transitive verb which indicates accidental action.

tak ter- + makan

Keluarga Mak Limah *tak termakan* makanan sebegitu banyak.	Mak Limah's family *won't be able to eat* that much food.

ter- + makan

Cili yang begitu pedas *termakan* oleh Asiah.	A chilli that hot could be eaten by Asiah.

tak ter- + angkat

Pak Mahmud *tak terangkat* periuk yang begitu berat.	Pak Mahmud *isn't able to lift* a pot that heavy.

ter- + angkat

Beg yang begitu berat *terangkat* oleh budak kecil itu.	Such a heavy bag *could be lifted* by the small child.

tak ter- + bayar

Pak Mahmud tak *terbayar* hutang sebanyak itu kepada Musa.	Pak Mahmud *isn't able to pay* that much debt owed to Musa.

ter- + bayar

Pak Mahmud *terbayar* juga hutang selepas bekerja kuat.	Pak Mahmud *is able to pay* the debt after working hard.

tak ter- + ganti

Mak Limah *tak terganti* pinggan-pinggan yang mahal itu.	Mak Limah *is not able to replace* the expensive plates.

ter- + ganti

Selepas mencari di merata kedai, *terganti* juga barang kemas yang hilang itu.	After searching in shops everywhere, the lost jewellery *was finally replaced.*

tak ter- + jamin

Keselamatan Aman *tak terjamin* sebab dia berada di tempat yang bahaya.	Aman's safety *cannot be guaranteed* because he is in a dangerous place.

ter- + jamin

Masa depannya terjamin.	His future *is* (*able to be*) *guaranteed.*

jamin	to guarantee

Summary of uses of the ter- prefix

Applied to verbs **ter-** is used to express:

1 accidental/unintentional actions, e.g. **termakan**, **tergigit**, **terjatuh**
2 involuntary actions, e.g. **tersenyum**, **terbatuk**, **terkejut**, **terpegun**
3 a state (result of action), e.g. **tersusun**, **teratur**, **tergantung**, **terbentang**, **terletak**
4 ability (against the odds), i.e. **ter-** + verb
inability , i.e. when preceded by **tak/tidak** + **ter-**

For **ter-** applied to adjectives, see Lesson 13.

Exercises

Exercise 1

Identify whether **ter-** in the following sentences expresses accidental/unintentional or involuntary actions, a state, ability or inability.

1 Saya termakan kari yang pedas itu dan sekarang saya sakit perut.
2 Rumah saya terletak di atas bukit.
3 Oleh kerana terlalu banyak makan, dia termuntah di atas katil.
4 Jarinya terpotong semasa dia memotong ikan.
5 Kereta itu sungguh mahal. Tak terbeli oleh saya yang hanya bergaji kecil.

6 Tergamak dia menghalau emaknya sendiri keluar dari rumah.
7 Akhir-akhirnya terbayar juga hutang itu walaupun ia mesti bekerja siang malam.
8 Rumah itu terbakar tetapi orang dalam rumah itu terselamat.

pedas	hot	**muntah/ter_**	to vomit
perut	stomach	**halau/meng_**	to chase out

Exercise 2

Say the following sentences in Malay, using the **ter-** prefix. Begin the sentence with the words given, omitting words such as 'accidentally', 'unintentionally', 'unable', 'able', etc.

1 Ahmad accidentally stepped on the plates. (**pijak**)
Ahmad ter- _______
2 On both sides of the road can be found fruit trees. (**dapat**)
Pada kedua-dua belah jalan ter- _______
3 She unintentionally bought a fake watch. (**beli**)
Dia ter- _______
4 I am unable to answer all these questions in five minutes. (**jawab**)
Saya tak _______
5 Although she is poor, she is still able to send her son to the university. (**daya**)
Walaupun dia miskin, dia masih ter- _______
6 When she told me the story, I laughed so loudly. (**gelak**)
Apabila dia memberitau cerita itu, saya ter- _______
7 The fare of the flight is inclusive of airport tax. (**masuk**)
Tambang penerbangan itu ter- _______
8 Father was stunned when Aman came back with his new hairstyle. (**pegun**)
Bapak ter- _______
9 Five people were injured in the accident. (**cedera**)
Lima orang ter- _______
10 In the confusion, the soldier accidentally shot his friend. (**tembak**)
Dalam kekeliruan itu, askar itu ter- _______

fake	**tiruan**	hairstyle	**fesyen rambut**

Exercise 3

Select the right words to complete the sentences:

1 (**beli**, **pembelian**, **terbeli**, **membeli**)
Dia ingin ______ kereta mahal itu, tapi tak ______ olehnya kerana harganya mahal.
2 (**pukul**, **memukul**, **terpukul**, **pukulan**)
Semasa ______ bola dengan kayu hoki, dia ______ kaki kawannya.
3 (**makan**, **termakan**, **memakan**, **makanan**)
Saya tak ______ apabila melihat gambar kanak-kanak yang kekurangan ______
4 (**letak**, **terletak**, **meletak**)
Meja itu ______ di tengah-tengah dewan. Siapa yang ______ -nya di sana?
5 (**terdiri**, **mendirikan**, **berdiri**)
Dia ______ sebentar selepas mendengar berita buruk itu. Kemudian semua orang ______ untuk memberinya sokongan moral.
6 (**masuk**, **termasuk**, **memasuki**, **memasukkan**)
Dalam kumpulan itu ______ seorang gadis yang sangat cantik. Dia ______ pertandingan itu setelah ibunya ______ namanya ke dalam senarai.
7 (**membakar**, **terbakar**, **pembakaran**)
Semasa Abu ______ sampah, dia ______ baju yang tergantung di luar rumah.
8 (**potong**, **memotong**, **terpotong**, **potongan**)
Asma ______ jarinya semasa ia ______ ikan.
9 (**gigit**, **tergigit**, **menggigit**)
Semasa Chong ______ biskut itu, dia ______ satu benda keras.
10 (**teringat**, **ingatan**, **ingat**, **peringatan**)
Hamid ______ satu kisah sedih dalam hidupnya. Kejadian itu menjadi satu ______ supaya ia selalu berhati-hati.

jari	finger	**benda**	thing
biskut	biscuit		

Conversations

Majikan dengan pekerjanya

M: Apa yang sudah terjadi?
P: Saya terbayar upah Amat kepada orang lain?
M: Macam mana tersalah bayar?

P: Saya ternampak nama Amat pada kertas tuntutan upah itu, jadi saya terus bayar pembawanya.
M: Tak terfikirkah yang dia mungkin Ahmad, atau Aman?
P: Saya sudah tersilap baca. Terkejut Amat bila saya tak dapat cari duitnya!
M: Kamu terpaksa cari orang itu dan minta balik duit itu.

Vocabulary

upah	payment	**silap/ter_**	to be wrong
tuntutan	demand		

Pasar raya peniaga tempatan

A: Di mana terletak bangunan pasar raya baru itu?
B: Pasar raya itu bukannya mudah dicari. Ia terapit oleh dua bangunan besar di Jalan Bangsar.
A: Anda sudah ke sana?
B: Saya termasuk salah seorang penjual di situ. Jadi saya ke sana setiap hari.
A: Bagaimana keadaannya?
B: Barang-barang tersusun kemas, jual-beli semuanya dijalankan dengan teratur dan harganya terjamin murah.
A: Siapa tuan punya pasar raya itu?
B: Mereka terdiri dari peniaga-peniaga tempatan.

Vocabulary

tuan punya	owner	**apit/ter_**	to be wedged between two objects
pasar raya	supermarket		

Reading

Read the text below, noting in particular the uses of **ter** in its various forms and functions, then answer the questions at the end.

Teringat kisah lucu

Dua tahun selepas perkahwinan anak sulungnya, Timah, Pak Mahmud dan Mak Limah mendapat berita bahawa mereka telah mendapat cucu. Dan sepuluh tahun selepas itu, semasa merayakan hari jadi cucu mereka yang ke dua belas, Pak Mahmud dan Mak Limah **terkenang** kembali kisah yang bercampur suka dan duka semasa perkahwinan anak mereka.

Hutang perbelanjaan Pak Mahmud kepada Musa masih belum **terbayar**, tapi mereka **terpaksa** membayar secara **beransur-ansur** kepada Musa. Dan hutangnya bukanlah begitu banyak.

Musa tersilap kira sehinggakan Pak Mahmud dikenakan bayaran sebanyak RM20,000. Perbelanjaan sebenarnya hanya RM10,000, **terlebih** RM10,000 lagi. Walaupun tak **terhingga** kegembiraannya, itu pun masih **tak terbayar** oleh Pak Mahmud. Dan Musa yang mengenangkan budi baik Pak Mahmud, membenarkan Pak Mahmud membayar sebanyak mana yang ia mampu setiap bulan. Pak Mahmud rasa **terharu** dengan kebaikan Musa.

Melihat kebahagian rumah tangga anaknya Timah, Pak Mahmud rasa cita-citanya **tercapai**. Timah mempunyai rumah besar dan suami yang baik. Rumah mereka **terletak** di atas sebuah bukit yang indah dan apabila Pak Mahmud dan Mak Limah **teringat** cucu mereka, Adi, mereka akan melawatnya. Timah mahu membayar hutang Pak Mahmud, kerana dia tak **tergamak** melihat bapanya bekerja kuat semasa tua untuk membayar hutang. Tapi Pak Mahmud enggan menerima pertolongannya. Dia menganggap belanja kenduri itu sebagai hadiah kepada anaknya. Timah tidak **tersinggung** dengan sikap Pak Mahmud dan dia tahu bahawa hutang itu lama kelamaan akan **terbayar** juga.

Sekali sekala Timah **teringat** kisah lucu anak-anak kecil mengejar ayam pada hari perkahwinannya. Mereka **tergelak** beramai-ramai teringatkan Mak Limah yang terburai kainnya. Adi sungguh tertarik dengan cerita-cerita ini dan selalu meminta datuk dan neneknya menceritakan kisah-kisah lucu ini berkali-kali. Dan tak **terjawab** Mak Limah segala soalan Adi yang memang suka bertanya. Mak Limah menceritakan bagaimana mulut emak Adi, Timah, **ternganga** ketika melihat kain ibunya **terburai** dan bagaimana Pak Mahmud **tersandar** sambil mulutnya terbuka dan **tertutup** tanpa bersuara. Semua kenangan ini **tersemai** dalam kenangan Pak Mahmud dan Mak Limah.

Vocabulary

duka	sadness	**bahagia/ke_an**	happy/happiness
campur/ber	to add	**cita-cita**	ambition
hutang	debt	**capai/ter**	to achieve
haru/ter	to disturb/disturbed	**singgung/ter**	to elbow/offended

enggan	to refuse	**semai/ter**	to plant/implanted
burai/ter_	to unfold and drop		

Soalan-soalan

1. Pak Mahmud dan Mak Limah mendapat cucu setelah berapa tahun anak mereka berkahwin?
2. Apakah hutang Pak Mahmud kepada Musa masih tak terbayar?
3. Mengapakah Pak Mahmud dikatakan berhutang RM20,000? Berapakah wang yang terlebih dalam kiraannya?
4. Bagaimanakah pembayaran hutang Pak Mahmud kepada Musa setiap bulan?
5. Mengapakah Musa membenarkan Pak Mahmud membayar sebanyak mana yang dia mampu setiap bulan?
6. Di manakah terletaknya rumah Timah dengan suaminya?
7. Apakah yang diingat selalu oleh Pak Mahmud dan Mak Limah tentang hari perkahwinan Timah?
8. Apakah kejadian lucu yang berlaku pada Mak Limah?
9. Bagaimanakah mulut Timah semasa melihat keadaan ibu dan bapanya?
10. Apakah yang mereka buat semasa terkenang kisah-kisah lucu ini?

16 Bermaaf-maafan di Hari Raya

Asking for forgiveness on the Day of Eid

In this lesson you will learn about:

- Plural verbs
- Equivalents of the English 'When'
- Adverbs
- More on the functions of **se-**
- The uses of **pun**, **saja** and **kan**

Bermaaf-maafan di Hari Raya

David Smith has heard a little about Hari Raya Aidil Fitri, which is the day that marks the end of Ramadan, the month of fasting for all Muslims. He is keen to know more and asks his friend Ani about it

DAVID: Malam ini riuh rendah sekali. Tadi terdengar bunyi meriam. Apakah itu tanda esok Hari Raya?

ANI: Ya, semua orang Islam **tertunggu-tunggu** bunyi meriam itu, kerana itu menandakan mereka sudah nampak anak bulan malam ini.

DAVID: Apakah maksudnya?

ANI: Kemunculan anak bulan bermakna tahun baru bagi umat Islam. Ramai orang bukan Islam yang tak mengerti, **tertanya-tanya** mengapa anak bulan begitu penting sekali.

DAVID: Semasa bunyi tembakan meriam tadi, saya nampak anak-anak kecil **berlompat-lompat**.

ANI: Mereka **berlompat-lompat** kerana seronok hari Raya. Di waktu pagi, semua anak-anak **bersalam-salaman** dengan ibu bapa dan saudara mara mereka. Mereka sama-sama **bermaaf-maafan** sekiranya ada yang bercakap atau berbuat salah. Selepas pergi ke mesjid untuk sembahyang Hari

Raya, mereka **kunjung-mengunjung** sahabat dan saudara mara. Kanak-kanak ini diberi duit pada Hari Raya.

DAVID: Wah! Meriah sekali perayaan ini.

ANI: Ya, kalau anda **berjalan-jalan** ke bandar malam ini anda akan nampak lampu warna warni **menyala-nyala** menyerikan bandar.

DAVID: Marilah kita keluar **bersuka-suka**!

ANI: Tak boleh, sebab saya mesti **bersiap-siap** untuk esok. **Masak-memasak**, **sapu-menyapu**, **simpan-menyimpan** . . . semua itu tugas saya.

DAVID: Harus ada **tolong-menolong** antara jiran! Mereka tak datang menolong Ani?

ANI: Mereka juga sibuk. Pergilah David tengok budak-budak **bermain-main** dengan mercun!

DAVID: Mereka harus **berjaga-jaga**, nanti terbakar tangan!

Vocabulary

Hari Raya	Eid Day (to celebrate end of Ramadan)	**lompat/ber_**	to jump
riuh rendah	noisy	**kelip/ber_**	to twinkle
meriam	canon	**seri/meny_kan**	to brighten
anak bulan	new moon, (lit) moon's child	**mercun**	fireworks
umat	followers of religion	**jaga/ber_**	to beware
seronok	to be happy, to enjoy	**Ramadan**	month in the Islamic calendar

Asking for forgiveness on the Day of Eid

DAVID: *It's very noisy tonight. Just now I heard the sound of cannon being fired. Is that the sign that tomorrow is Hari Raya?*

ANI: *Yes. All Muslims wait for the sound of the cannon because it shows they have sighted the new moon.*

DAVID: *What does that mean?*

ANI: *The appearance of the new moon means a new year for the followers of Islam. Lots of non-Muslims who do not understand ask why the new moon is so important.*

DAVID: *During the firing of the cannon just now, I saw children jumping up and down.*

ANI: *They were jumping up and down because they're happy that tomorrow is Hari Raya. In the morning, all the children shake their parents' and relatives' hands. They all forgive and ask for forgiveness for anything that is wrongly said or done. After going to the mosque, for the Hari Raya prayer, they visit relatives and friends. The children are given money on Hari Raya.*

DAVID: *Wow! Then it is a happy occasion!*

ANI: *Yes, if you walk to the town tonight, you'll see colourful lights twinkling and brightening up the town.*

DAVID: *Let's go and have fun!*

ANI: *I can't, because I must get ready for tomorrow. All the cooking, sweeping, tidying up - these are all my job!*

DAVID: *There must be help among neighbours! Don't they come and help you?*

ANI: *They are busy too. Go and watch the children playing with fireworks!*

DAVID: *They must be careful, their hands will get burnt!*

Language points

Plural verb forms

Malay verbs can be expressed in the plural form, the idea being to indicate that the actions occur many times, repeatedly and often continuously. Their forms vary, depending on what category the verbs belong to. As for the subject (doer), this is mostly in the plural, but can also be in the singular depending on the context.

Independent verbs

Simply double the verb. The subject can be in the singular or plural.

Mereka *duduk-duduk* di tepi jalan sambil berbual.	They *sat* by the roadside and chatted.
Kami *makan-makan* di restoran itu.	We *eat* at the restaurant.

Verbs with ber, me *and* ter *prefix*

Double the base verb. The subject can be in the singular or plural.

Mereka *melaung-laung* nama saya dari luar rumah.	They *shouted* my name from outside the house.
Mari kita *bersuka-suka.*	Let's *have* fun.

Umat Islam *tertunggu-tunggu* bunyi meriam yang menandakan anak bulan telah kelihatan.	The followers of Islam *wait* for the firing of the cannon that marks the sighting of the new moon.
Lampu itu *menyala-nyala* di langit.	The lamp *shines* in the sky.
Mereka *membuka-buka* komik itu.	They *turned* the pages of the comic.

Reciprocal verbs with me

Saling can also be used as an alternative. The subject is sometimes in the singular but connotatively it is plural.

Pada Hari Raya, kami *maaf-memaafkan* satu sama lain. (saling memaafkan)	On Hari Raya, we *forgive* each other.
Mereka suka tolong menolong sesama sendiri. (saling menolong)	They like to *help* each other.
Kami suka *masak-memasak* di rumah. (saling memạsak)	We *like* cooking at home.

Reciprocal verbs with the prefix ber

As explained in Lesson 10, the words **makanan**, **minuman**, **pelukan** etc. are verbal nouns derived from base-verbs **makan**, **minum** and **peluk**. In Lesson 6 we also learned that when the prefix **ber-** is attached to a noun, it transforms it into an intransitive verb. The combination of these two rules brings about the following verb form. Note that the subject is always in the plural.

peluk	base-verb: 'to hug/embrace'
pelukan	verbal noun: 'a hug/embrace'
berpeluk-pelukan	'to hug each other'
Dalam pertemuan itu mereka *berpeluk-pelukan.*	During the meeting they *embraced each other.*
salam	base-verb: 'to shake hands'
bersalam	verbal noun: 'shaking hands'
bersalam-salaman	'shaking hands with each other'
Semasa mahu pulang mereka *bersalam-salaman.*	When they were going home, they *shook hands with one another.*

Exercises

Exercise 1

Cover the column of sentences on the right with a piece of paper. Insert the first words on the left into the model sentence. Reveal the first sentence on the right and see whether your sentence is the same. Continue doing this with the remaining words on the left. Model: **Mereka berteriak-teriak kerana kesakitan.**

kesukaan	Mereka berteriak-teriak kerana kesukaan.
ketakutan	Mereka berteriak-teriak kerana ketakutan.
minta tolong	Mereka berteriak-teriak minta tolong.
minta perhatian	Mereka berteriak-teriak minta perhatian.
minta duit	Mereka berteriak-teriak minta duit.

Model: **Dia melihat-lihat saja, tidak beli.**

cakap/belajar	Dia bercakap-cakap saja, tidak belajar.
rehat/tidur	Dia berehat-rehat saja, tidak tidur.
baca/tulis	Dia membaca-baca saja tidak menulis.

Exercise 2

Say the following in Malay, using the double verb.

1 Children are playing in the street, lighting fireworks.
2 On the eve of Hari Raya, children jumped up and down.
3 Muslims wait for the appearance of the new moon.
4 They send each other cakes.
5 They embrace each other and forgive each other.
6 Children have lots of fun on Hari Raya.
7 They visit friends and relatives who give them money.
8 Mothers are usually busy cooking, and preparing for the happy occasion.

appearance **kemunculan**

Memohon jawatan

Ali is being interviewed for a job

I: Bila saudara lulus peperiksaan Sijil Tinggi Pelajaran?
A: Saya lulus STP dalam tahun 1987.

I: Bila keluar universiti?
A: Saya keluar universiti tahun 1991.
I: Semasa di universiti saudara belajar apa?
A: Saya belajar dalam bidang ekonomi.
I: Ketika itu saudara mendapat pinjaman atau biasiswa?
A: Ketika itu saya mendapat biasiswa.
I: Waktu belajar dulu, saudara pernah bekerja?
A: Saya pernah bekerja waktu cuti universiti.
I: Kalau saudara diterima, bila boleh anda mula bekerja?
A: Saya boleh kerja bila-bila masa saja.

Vocabulary

biasiswa scholarship

Applying for a job

I: *When did you pass your Higher School Certificate?*
A: *I passed the HSC in 1987.*
I: *When did you leave university?*
A: *I left university in 1991.*
I: *During your time at university what did you study?*
A: *I studied in the field of economics.*
I: *During that time did you have a loan or a scholarship?*
A: *During that time I had a scholarship.*
I: *Whilst you were studying, did you ever work?*
A: *I worked during university breaks.*
I: *If you are accepted, when can you start work?*
A: *I can start work any time.*

Language points

Using 'when'

Bila, **ketika**, **waktu**, **semasa**, **kalau** and **jika** all translate into one word in English, namely, 'when'.

Bila is used in questions relating to time:

Bila **anda lulus STP?** *When* did you pass your HSC?
Bila **dia datang?** *When* did he come?

Ketika, **waktu** and **masa** are usually used to indicate two actions happening at the same time.

Ketika **dia membaca buku itu, dia tertidur.**	*While* he was reading the book, he fell asleep.
Masa **dia tinggal di London, dia selalu tulis surat kepada saya.**	*When* he was in London, he always wrote to me.
Dia suruh semua orang diam ***waktu*** **dia sembahyang.**	He asks everyone to keep quiet *when* he is praying.

Kalau and **jika** are used in conditional sentences, hence they are very close to 'if' in English:

Jika **dia datang, suruh dia tunggu.**	*If* he comes, ask him to wait.
Kalau **hujan jangan keluar.**	*If* it rains, don't go out.

Exercises

Exercise 3

Cover the sentences on the right with a piece of paper. Insert the first words on the left into the model sentence. Reveal the first sentence on the right and see whether your sentence is the same. Continue doing this with the remaining words on the left:

1 Model: **Bila saudara tiba di Kuala Lumpur?**

Pak Aman	Bila Pak Aman tiba di Kuala Lumpur?
Pulau Pinang	Bila Pak Aman tiba di Pulau Pinang?
berangkat ke	Bila Pak Aman berangkat ke Pulau Pinang?
Mak Som	Bila Mak Som berangkat ke Pulau Pinang?

2 Model: **Susan datang ketika saya membaca buku.**

pergi/mandi	Susan pergi ketika saya mandi.
makan/tidur	Susan makan ketika saya tidur.
belajar/bersenam	Susan belajar ketika saya bersenam.
waktu	Susan belajar waktu saya bersenam.
baring/berenang	Susan baring waktu saya berenang.

3 Model: **Kalau tidak tahu harap bertanya.**

suka/beritahu	Kalau tidak suka harap beritahu.
hujan/keluar	Kalau tidak hujan, kita keluar.
panas	Kalau tidak panas, kita keluar.
makan/lapar	Kalau tidak makan kita lapar.

jika	Jika tidak makan kita lapar.
lulus/menangis	Jika tidak lulus saya menangis.

Exercise 4

Give the Malay equivalents of the following, using **bila**, **ketika**, **waktu**, **jika**, **kalau**, as appropriate:

1 When was this book written?
2 I was studying when he came in.
3 When are you going to see Mr Johnson?
4 When I wrote that letter, I was sad.
5 If you don't understand the question, don't hesitate to ask.
6 When is your holiday?
7 When you phoned, I was talking to my mother.
8 When I am praying do not make any noise.
9 If they don't come, cancel the plans.
10 If I am rich, I will give you money.

hesitate	**berlengah**	cancel	**batal**

Susun elok-elok

Tahir has employed a new salesman, Tony, in his shoe shop. He is quite impressed with him

Tahir memerhatikan bahawa Tony datang ke kedai **awal-awal** lagi. Dia bertugas **diam-diam** tapi kerja masih juga berjalan. Tony susun **elok-elok** kasut-kasut untuk dijual itu. Apabila pelanggan masuk, dia tanya **dengan baik** jenis kasut yang hendak dibeli. Kemudian dia mencari kasut **cepat-cepat** supaya pelanggan tidak **tertunggu-tunggu**.

Apabila pelanggan membeli kasut, Tony membungkus **rapi-rapi** kasut itu. Dia bilang wang dengan cermat. Kalau pelanggan tidak tahu saiz kasut mereka, Tony ukur **tepat-tepat** kakinya, untuk mendapatkan kasut yang sesuai.

Tahir nampak bahawa Tony bekerja **betul-betul** dan berharap dia akan bekerja **lama-lama** dengannya.

Vocabulary

elok	nice	**jenis**	type of
kasut	shoes	**ukur**	to measure

Arranging things nicely

Tahir notices that Tony comes to the shop early. He works quietly but he gets his work done. Tony arranges the shoes nicely for selling. When a customer comes in, he asks nicely what sort of shoes he wants to buy. After that he finds the shoes quickly so that the customer is not kept waiting.

When a customer pays (money), Tony wraps up the shoes neatly. He counts the money with care. If the customers don't know their shoe size, Tony accurately measures their feet to get them suitable shoes.

Tahir notices that Tony works properly. Tahir hopes that Tony will work with him for a long time.

Language points

Adverbs

Using adverbs in Malay is simple. There are various forms of adverbs, derived from adjectives, as indicated below. One form is often preferred to another, depending on the individual taste of the speaker. The adverb can be placed at the beginning, middle or end of the sentence. They can be made in three ways: (1) double adjective; (2) dengan + adjective; (3) secara + adjective. Examples:

Cantik

Dia menyusun bunga itu cantik-cantik.
Dia menyusun bunga itu dengan cantik.

Cepat

Dengan cepat dia berlari ke depan.
Dia berjalan cepat-cepat menuju pejabat pos.

Senyap

Secara senyap dia keluar ikut pintu belakang.
Senyap-senyap dia keluar ikut pintu belakang.
Dia keluar dengan senyap ikut pintu belakang.

Sometimes an intensifier is required to go with the adverbs, e.g. quite well, very carefully, etc. In Malay, **sangat** and **sekali** are used to mean 'very'. **Sangat** is placed before the adjective and **sekali** is placed after the adjective.

Dia makan *lambat sekali.*	He eats *very slowly.*
Aman belajar *rajin sekali.*	Aman studies *very hard.*
Anna *bangun sangat* lambat.	Anna wakes up *very late.*

Exercises

Exercise 5

Cover the sentences on the right with a piece of paper. Insert the first words on the left into the model sentence. Reveal the first sentence on the right and see whether your sentence is the same. Continue doing this with the remaining words on the left.

1 Model: **Ruby menulis surat itu lambat-lambat.**

dengan lambatnya	Ruby menulis surat itu dengan lambatnya.
lambat sekali	Ruby menulis surat itu lambat sekali.
sangat lambat	Ruby menulis surat itu sangat lambat.
lambat-lambat	Lambat-lambat Ruby menulis surat itu.
mengutip	Lambat-lambat Ruby mengutip surat itu.
secara pantas	Secara pantas Ruby mengutip surat itu.
dengan pantas	Ruby mengutip surat itu dengan pantas.

2 Model: **Asiah mengira wang itu betul-betul.**

cermat-cermat	Asiah mengira wang itu cermat-cermat.
dengan cermat	Asiah mengira wang itu dengan cermat.
cermat sekali	Cermat sekali Asiah mengira wang itu.
dengan pantas	Dengan pantas Asiah mengira wang itu.
bayar	Dengan pantas Asiah membayar wang itu.
hutang	Dengan pantas Asiah membayar hutang itu.
pantas sekali	Pantas sekali Asiah membayar hutang itu.

Exercise 6

Translate the following story into Malay. Take particular care with the use of the adverbs.

Mr Johnson is a very busy man. He is always anxious when he gets up in the morning. He quickly takes a shower and has a little breakfast. He goes to the office early because he doesn't want to be caught in the traffic jam.

At the office, he examines his letters. He reads them carefully and tells his secretary which ones need to be answered immediately. If there is a problem, he usually goes to the boss for advice.

Mr Johnson also meets clients for his company. He asks them to sit comfortably and always talks to them politely. He questions them carefully about their proposals and insists on reading every contract carefully. He pays his clients promptly and makes sure that they do their work efficiently and quickly.

anxious	**khuatir**	to insist	**berkeras**
caught in	**terperangkap dalam**	examine	**meneliti**
traffic jam	**kesesakan jalan raya**	promptly	**dengan cepat**
comfortable	**selesa**		

Kita pun mesti pulang

Hasnah has just received a phone call from her brother. Her mother is seriously ill. Hasnah, who lives with her younger sister, Rozi, decides to leave for their home town as soon as possible

HASNAH: Rozi, abang telefon tadi. Mak sakit kuat. Abang pulang kelmarin. Kita **pun** mesti pulang juga.

ROZI: Mak sakit apa, kakak?

HASNAH: Abang tak tahu. Katanya, sudah berubat di hospital **pun** tak baik juga.

ROZI: Bila kita pulang?

HASNAH: Kalau kita mahu pulang sekarang **pun**, tidak ada kenderaan. Kita harus tunggu esok pagi. Kakak mesti telefon pejabat untuk memberitahu mereka kakak terpaksa pulang. Apa sekali **pun** kata mereka, kakak akan pulang juga.

ROZI: Rozi akan telefon sekolah untuk memberitahu Mak sakit kuat. Sekarang **pun** Rozi boleh telefon Encik Ismail di rumahnya.

HASNAH: Kita boleh naik kereta api, kita naik kapal terbang pun boleh. Apa pendapat Rozi?

ROZI: Mana-mana **pun** boleh. Tapi Rozi rasa kapal terbang lebih cepat.

Vocabulary

kenderaan transport

We must go home as well

HASNAH:	*Rozi, Brother phoned just now. Mother is seriously ill. Brother went back yesterday. We must go home as well.*
ROZI:	*What is Mother's illness, Sister?*
HASNAH:	*Brother doesn't know. He said, even after treatment at the hospital, she is still not well.*
ROZI:	*When do we go home?*
HASNAH:	*Even if we want to go home now, there's no transport. We must wait till tomorrow morning. I must phone the office to tell them that I have to go home. Whatever they say, I will still go home.*
ROZI:	*Rozi will phone the school to tell them that Mother is very ill. Even now I can phone Encik Ismail at home.*
HASNAH:	*We can take the train, we can also take the plane. What do you think, Rozi?*
ROZI:	*Either is fine. But I think the plane is faster.*

Language points

Using the particle pun 

The particle **pun** can be attached to almost any word or phrase one wishes to emphasize. It can mean: 'too', 'also', 'as well', 'even' and 'ever':

'too'/'also'/'as well':

Abang pulang kelmarin. Kita *pun* mesti pulang.	Brother went home yesterday. We have to go home *as well.*
Baju saya cantik. Baju dia *pun* cantik.	My dress is beautiful. Her dress *too* is beautiful.

'even':

Kalau kita mahu pulang sekarang *pun*, tidak ada kenderaan.	*Even* if we want to go home now, there's no transport.
Kalau dia datang *pun*, saya tidak mahu berjumpa dia.	*Even* if she comes, I don't want to see her.

'ever':

Apa *pun* kata mereka kakak akan pulang juga.	*Whatever* they say, I will still go home.
Ke mana *pun* awak pergi dia akan ikut awak.	*Wherever* you go, he will follow you.

Exercises

Exercise 7

Say the following in Malay, using the particle **pun**:

1 Whatever you ask for, I'll give you.
2 Wherever you go, I'll go with you.
3 Any time you need me, just phone me.
4 If you don't want to go, I too don't want to go.
5 Whoever took my money will not be able to sleep properly.
6 She can't even do that simple sum!
7 Even when the phone rings, she won't answer.
8 Whatever happens to me, you must not tell my mother.

Ya, aku ingat dia

Jasin and Munah were contemporaries at school. They are looking at an old school magazine and begin to reminisce about old friends and old times

JASIN: Eh, kau ingat orang ini tak?
MUNAH: Manalah aku ingat?
JASIN: Kan kau **sekelas** dengan dia! Dia ada **seorang** adik **sedarjah** dengan aku.
MUNAH: Mari aku tengok lebih dekat lagi. Oh, ya! Aku ingat dia . . .
JASIN: Dia **kan** yang jadi pelajar terbaik di sekolah kita?
MUNAH: Di mana agaknya dia sekarang?
JASIN: Aku selalu nampak seorang guru baru di sekolah anak aku. Rupa dia macam rupa perempuan ini.
MUNAH: Mungkin dia tak? Dia **secantik** dulu juga?
JASIN: Dulu dia muda, sekarang sudah tua sedikit.
MUNAH: Setengah orang lagi tua **kan**, lebih cantik?

JASIN: Aku nampak dia ada dua orang anak dan memandu **sebuah** kereta mahal. Setiap kali aku jumpa dia, macam ada **sesuatu** yang dia nak cakap dengan aku.
MUNAH: Mungkin dia ingat kau. Kan kau terkenal di sekolah dulu?
JASIN: Mungkin satu hari aku tegur dia!

Vocabulary

tegur to speak

Yes, I remember her

JASIN: *Hey, do you remember this person or not?*
MUNAH: *What year is that? How can I remember!*
JASIN: *Weren't you in the same class as her! She had a younger brother in the same class as me.*
MUNAH: *Let me look closer. Oh, yes! I remember her.*
JASIN: *Wasn't she the best student at our school?*
MUNAH: *I wonder where she is now?*
JASIN: *I always see a new teacher at my child's school. She looks like this person.*
MUNAH: *Perhaps it's her. Is she as beautiful as before?*
JASIN: *Before she was young, now she is a little bit older.*
MUNAH: *For some people, the older, the more beautiful, right?*
JASIN: *I see that she has two children and drives an expensive car. Every time I see her, it's as if there's something she wants to say to me.*
MUNAH: *Maybe she remembers you. Weren't you very popular in school before?*
JASIN: *Maybe one day, I'll speak to her.*

Language points

The prefix se-

We have already come across a number of uses of **se**. Let's summarize these and look at a couple of new ones. Basically **se** means 'one'.

Se- + *noun = to share*

Dia *sekelas* dengan saya.	She's in the *same class* as me.
Adik dia *sepejabat* dengan bapa saya.	His younger sister is in the *same office* as my father.

Seorang, seekor, sebuah, *etc.*

As we saw in Lesson 4, these are equivalent to 'a' or 'an' in English. They are used with concrete objects. (For abstract objects use **suatu**.)

seorang anak perempuan	*a* daughter
sebuah kereta	*a* car
seekor anjing	*a* dog

Se- + *time (hour, day, week, etc.)*

Sudah *setahun* saya bekerja di situ.	I've already worked here for *a year*.
Saya tunggu dia selama sejam.	I waited for her for *an hour*.

Se- + *adjective*

See Lesson 13.

Dia *secantik* dulu lagi.	She is *as beautiful* as before.

Se- + *number*

See Lesson 6.

sepuluh	ten
seratus	a hundred, etc.

A further use of **se-** to note:

seseorang	somebody (*not to be confused with* **seorang**)
sesuatu	something (*not to be confused with* **suatu**)
seketika	a while (*not to be confused with* **ketika**)

kan **short for** bukan

Kan is short for **bukan**, a question tag used when the speaker makes a statement which in his or her view is obvious or factually true and hence assumes that the person spoken to will agree. It is broadly equaivalent to 'isn't it', 'aren't you', 'right?', etc. **Kan** is widely used in Malay. It can be placed in front or at the end of the sentence.

***Kan* dia sekelas dengan kau?**	*Wasn't* she in the same class as you?
Dia pelajar terbaik dalam sekolah kita dulu, *kan*?	She's the best student in our class, *right*?

Exercises

Exercise 8

Fill in the blanks with appropriate **se** words, from **sebuah**, **seorang**, **setahun**, **seratus**, **sekejap**, **sepejabat**, **seekor**, **sepandai**, **sesuatu**, **setahun**, **sebulan**:

1 Sepuluh kali sepuluh jadi _______
2 Dia membeli _______ kereta buruk.
3 Dia mandi tiga kali _______
4 Dia berhenti _______ untuk berehat.
5 Dalam _______ ada 365 hari. Dalam _______ -ada 30 hari.
6 Ada _______ yang saya harus ceritakan kepada anda.
7 Atan _______ dengan anak saya. Mereka bekerja sebagai kerani.
8 Dia memang _______ ibu yang baik.
9 Tadi saya lihat _______ kucing memanjat tembok itu.
10 Budak itu tidak _______ anak saya.

panjat/me-	to climb

Suruh mereka pulang saja

Ali is going on leave for a month and is briefing his clerk what to do in his absence

ALI: Buat saja apa yang patut semasa saya tiada.
AMAT: Tapi saya seorang saja yang kerja di sini. Mungkin saya tak dapat buat semuanya.

ALI: Tak apa. Buat apa yang penting-penting saja. Yang lain tinggal sampai saya balik.
AMAT: Kalau orang datang minta hutang, apa harus saya buat?
ALI: Suruh mereka pulang saja. Beritahu mereka saya tak ada.

Just ask them to go back

ALI: *Do anything that is possible while I am not here.*
AMAT: *But I'm the only one working here. Maybe I can't do everything.*
ALI: *Never mind. Do only the important things. Leave the rest until I get back.*
AMAT: *If someone comes and ask for payment of debts, what should I do?*
ALI: *Just ask them to call back. Tell them I'm not around.*

Language point

Using saja

Saja does not have full vocabulary status. Being a word that adds flavour, it is never used on its own and is found only in fixed phrases. From the example above, it carries three meanings: 'only', 'any' and 'just' and sometimes it has no meaning at all. It can also have a plural connotation.

Buat apa yang penting *saja*.	*Just* do whatever is important.
Tentu saja!	Of course! Certainly! (Here, **saja** has no meaning)
Dia baru *saja* pulang.	He *just* went home.
Ke mana *saja* dia pergi, dia akan belikan saya cenderamata.	*Wherever* he goes, he buys me souvenirs.
Suruh mereka pulang *saja*.	*Just* ask them to go home.
Dia beli satu *saja*. Tak cukup!	He bought *only* one. It's not enough!

Exercises

Exercise 9

Say the following in Malay using **saja**:

1 I need to eat just one a day.
2 Don't just sit there. Do something.
3 She is just a small girl. Let her play.
4 She cooks for five people only. You can't invite any more!
5 Whatever you wish, let me know.
6 Just do what I tell you to.
7 She just arrived with her new friend.
8 I just asked for one drink. It hasn't arrived.
9 He can do anything, from cooking to dancing.
10 Don't just stand there! Help her!

Concluding message

Lesson 16 completes the course component of *Colloquial Malay*. You should now be able to communicate in basic situations. However, to consolidate your achievement, you are strongly advised to get as much practice as you can in reading and speaking. As always, the best way to improve your language skills is through contact with native speakers of the language. Remember that what you have learned in *Colloquial Malay* is the most often heard form of the language. You will discover that there are quite a few dialects, so you'll need to keep your ears peeled to understand what's going on. Good luck!

Grammar summary

Accidental actions

These are expressed by means of **ter**:

tergigit	accidentally bitten
Lidahnya tergigit.	He (accidentally) bit his tongue.
terpijak	to step accidentally
Kakinya terpijak kaca.	He (accidentally) stepped on glass.

See Lesson 15.

Active voice

Where the subject of the sentence is the person or the thing doing the action or responsible for the action. It is usually marked by the application of the prefix **me** to a transitive verb:

Dia menghantar surat kepada saya.	He sent me a letter.
Saya membaca surat khabar setiap hari.	I read the newspaper every day.

See Lesson 8.

Ada

Ada has two meanings: (1) 'there is/are'; (2) 'to have/own':

Ada sebuah buku di atas meja.	There is a book on the table.
Pak Ali ada isteri dan anak.	Pak Ali has a wife and a child.

Ada meaning 'to have', 'to own' has a synonym, **punya/mempunyai**. They can be used interchangeably. See Lesson 3.

Adalah ('is/are', 'am (to be)')

Adalah is used only when the speaker needs to define something:

Guru adalah orang yang patut dihormati.	A teacher is someone who should be respected.
Anak saya adalah kebahagian saya.	My child is my happiness.

See Lesson 4.

Adjectives

An adjective denotes quality:

rumah besar	big house
kereta buruk	old car

See Lesson 1.

Adverbs

Adverbs denote how someone does something or how something is done:

Dia keluar perlahan-lahan.	He leaves quietly.
Dia gelak kuat-kuat.	She laughs loudly.

In Malay the adverbs are expressed by doubling the adjectives. The adjectives can also be used with **dengan** and **secara**:

Dia menjerit dengan kuat.	She screamed loudly.
Secara senyap-senyap dia keluar.	She leaves quietly.

See Lesson 16.

Affixation

The application of affixes such as **me**, **ber**, **i**, **an** and **kan** to a root word:

me + **pukul** becomes **memukul**	to strike
main + **an** becomes **mainan**	a toy

Affixation is one of the principal characteristics of the Malay language.

See Lessons 6, 8, 9, 13, 14, 15.

-an

Attached to a transitive verb, this suffix forms a noun indicated by the verb:

> **makan** ('to eat') + **an** becomes **makanan** ('food')
> **minum** + **an** becomes **minuman** ('drink')

See Lesson 10.

apa

Apa is a question word that means 'what'. It can be used at the beginning of a sentence as well as at the end:

Apa dia mahu?	What does he want?
Dia mahu apa?	(*lit.*) He wants what?

See Lesson 5.

apakah

Apakah is the same as **apa** above, serving as a question word. The suffix **kah** adds to the strength of the question. See Lesson 2.

Assimilation

The modification of a sound due to its joining with another sound. In the example in the last entry, the root **pukul** changes to **mukul** because it bumps into the prefix **me**. See table on page 106, and Lesson 8.

Auxiliary verbs

Auxiliary or help verbs are similar to their counterparts in English:

boleh	can/may
mesti	must/have to

When asking questions, inversion should be applied and at the same time **kah** added.

Maukah dia beli untuk saya?	Will she buy it for me?

See Lesson 5.

bagaimana

Bagaimana translates as 'how' when one is asking about something or somebody.

Bagaimana dia?	How is she?

See Lesson 1.

banyak

Banyak is equivalent to the English 'plenty', 'much', and 'lot(s)'. It can be used for countable as well as uncountable nouns:

banyak ikan	many fish
banyak garam	plenty of salt

The same applies to its opposite, i.e. **sedikit/sikit** meaning 'a few', 'a little'. See Lesson 3.

Base-verbs

Base-verbs are verbal roots, the meanings of which may not be clear until completed by an affix (see above). The verbal root **ajar**, for example, has an ambiguous meaning. But when the base is joined with the prefix **ber** (**belajar** – 'to study'), with **me** (**mengajar** – 'to teach'), with **pe** (**pengajar** – 'a teacher'), etc. then the meaning becomes clear. Base verbs are asterisked (*) in the Glossary at the back of the book.

Beneficent verbs

This type of verb is marked by a **kan** ending. Originally it comes from a transitive verb:

membeli	to buy
membuat	to make
mencari	to find

Preceded by the suffix **kan** they become **membelikan**, **membuatkan**, **mencarikan**, which mean 'to buy something', 'to make something', 'to find something for somebody', respectively. In each case someone 'benefits' from the action. See Lesson 9.

ber (prefix)

The prefix **ber** can be attached to base verbs to produce intransitive verbs, e.g. **berjalan** ('to walk'), **berkumpul** ('to assemble'), **bermain** ('to play'). **Ber** can also be applied to a noun to carry the meaning of 'to own/to have' or 'to wear':

berkereta	to have a car
berbaju merah	to wear a red dress.

See Lesson 6.

A further application is to make nouns into intransitive verbs. From **demonstrasi** (n) comes **berdemonstrasi** meaning 'to demonstrate' (vi.); from **usaha** (n) comes **berusaha** ('to work hard'). It can be assumed that a verb that has **ber** in it is generally intransitive. See Lesson 6.

bukan

Bukan is equivalent to the English 'no/not', but should be followed by a noun, not a verb or an adjective:

Dia bukan penyanyi.	He is not a singer.
Saya bukan anak Pak Ali.	I am not Pak Ali's child.

See Lesson 2.

Causative verbs

New verbs can be created by applying **me_kan** to adjectives:

menakutkan	to make someone scared

Causative verbs can also be derived from intransitive verbs:

turun	to bring down
menurunkan	to bring down something/someone
Dia menurunkan bendera itu.	He lowered the flag.

See Lesson 9.

Classifiers

There are a number of classifiers (i.e. 'a' and 'an') in Malay depending on the nature of the noun, that is, whether it is human, animal or inanimate:

For humans **orang** is used:

seorang lelaki	a man
seorang anak perempuan	a girl

For animals **ekor** is used:

seekor tikus	a mouse
seekor biri-biri	a lamb

For inanimate objects **buah**, **helai**, **batang**, etc. are used depending on the shape of the object:

sebuah radio	a radio
sehelai kertas	a sheet of paper
sebatang rokok	a cigarette

See Lesson 4.

Commands

Giving commands or orders involves actions: they should be brief. Further commands can be harsh or polite depending on the mood of the person giving the command. A short verb form that fits the meaning of the message must be found:

Pergi jauh dari sini!	(*lit.*) Go far away from here!
Lepaskan dia!	Let her go!

To change harsh into soft commands, one can either (1) say them with persuasive inflection, or (2) add to them one of the following polite words, whichever is appropriate: **silakan**, **tolong**, **lah**. See Lesson 12.

Compound nouns

In Malay the main noun comes first and is then followed by the qualifier. This is the opposite to English where the qualifiers come first, followed by the main noun:

when qualifiers are nouns (compound nouns):

pegawai bank	bank officer
pejabat pos	post office

when the qualifiers are adjectives (note that **yang** can be inserted when the mood is comparative):

buku merah	a red book
budak pandai	a clever child
meja yang besar	a big table (*lit.* a table that is big [as opposed to one that is small])

when the qualifiers are verbs:

rumah makan	(an) eating house/restaurant
bilik tidur	a sleeping room/bedroom

If **yang** is inserted it serves as a relative pronoun:

orang (yang) pakai baju merah	the person who wears the red dress
kereta yang saya beli	the car that I bought

See Lesson 3.

dari, di, ke

These three short words are the main prepositions that relate to place. They translate roughly as:

di	on, in, at
dari	from
ke	to

Each can be combined with the words of location:

di dalam	inside
ke dalam	into
dari dalam	from inside

See Lesson 4.

Imperatives, *see* Commands

Independent verbs

There are around fifty-seven base-verbs that can be used in sentences without requiring any affixation. The meanings of these verbs are already fixed. Most of them are intransitive. Being straightforward, they are especially useful for beginners. Some linguists call them 'easy verbs' or 'no-prefix verbs'. A list is provided in the book. See Lesson 4.

Informal pronouns

Emotion and feeling play an important role in choosing the appropriate personal pronouns. When conversants know each other well, **aku** ('I') and **kamu** ('you') are normally used. On the other hand **saya** and **anda/saudara** are the proper pronouns to use for conversants who know each other less well. **Saya**, however, is acceptable for all occasions, informal and formal. Here are the informal pronouns:

aku ('I'), **kamu** ('you')	subject
ku ('my'), **mu** ('your')	possessive
rumahku	my house
seluarmu	your trousers
kepadaku	to me
dariku	from me

Like **saya**, **mereka** ('they') and **kami/kita** are not affected by any social setting. They are free to be used in all situations, but bear in mind that although both **kami** and **kita** mean 'us' or 'our' in Malay, the former excludes the listener, whilst the latter includes the listener:

Jangan ambil tempat kami.	Do not take our place.
Hormatilah bendera kita.	Respect our flag.

See Lesson 3.

Intransitive verbs

This is the group of verbs that do not take objects. In Malay, these verbs normally have the prefix **ber**, although a few have the prefix **me**:

berdiri	to stand
berlari	to run
mendarat	to land
meluncur	to glide

In English there is no difference in form between intransitive and transitive verbs. For example, 'to run' in 'She's running to the post office' is intransitive, but 'She's running the shop by herself' is transitive. The Malay equivalent for the former is **berlari**, for the latter **menjalankan**. See the whole of Lesson 6.

kah

This particle is used in 'yes–no' questions for emphasis:

Tahukah dia nama saya?	Does he know my name?
Malaskah dia?	Is he lazy?

See also Lesson 5.

kalau/jika

Kalau is equivalent to the English 'if/when' in a conditional sentence:

Kalau tidak suka, jangan dibeli.	If you don't like it, don't buy it.
Saya akan ke rumahmu kalau tidak hujan malam ini.	I'll come to your house if it doesn't rain tonight.

See also Lesson 16.

kepada

Kepada conveys the meaning of 'to (somebody)':

Saya kirim surat kepada ibu saya.	I sent a letter to my mother.
Dia baik kepada semua orang.	He is kind to everybody.
Beg ini diberikan kepada siapa?	(*lit.*) To whom is this bag given?

See Lesson 4.

Ke_an

Ke_an applied to an adjective produces an abstract noun:

besar	('big')	**kebesaran**	('pomp')
sihat	('healthy')	**kesihatan**	('health')
baik	('kind')	**kebaikan**	('kindness')

Ke_an applied to a base-verb can produce words which indicate ability:

mendengar	('to hear')	**kedengaran**	('audible')
melihat	('to see')	**kelihatan**	('visible')

See Lesson 10.

ketika

Ketika is equivalent to the English 'when'. It is used when there are two actions taking place:

Saya sedang duduk di luar rumah ketika pelanggaran itu berlaku.	I was sitting outside the house when the collision happened.
Ketika saya sedang makan, telefon berbunyi.	When I was eating, the phone rang.

A synonym for **ketika** is **waktu**. See Lesson 17.

lah

When used in the imperative, **lah** belongs to the group of polite words used to soften the order: **duduklah**, **makanlah**, **tengoklah**, etc. **Lah** is also used to emphasize a word in a sentence which the speaker considers to be important:

Dialah yang membayar duit itu.	He is the one who paid the money.

See Lesson 2.

lebih

This is used in making comparisons. It need only be placed in front of the adjective concerned, regardless of the number of syllables in the adjective.

Singapura lebih besar daripada Pulau Pinang.	Singapore is bigger than Penang.

See Lesson 13.

Locative verbs

This term refers to verbs with the suffix i. They are transitive and are derived mostly from verbs (intransitive) with a preposition. They are locative because they have the characteristic of locating or finding the object.

intransitive	*locative*
duduk di (vi) ('to sit on')	**Menduduki** (vt) ('to occupy')
Dia duduk di atas kerusi.	He sits on the chair.
Jepun menduduki Malaya selepas perang.	Japan occupied Malaya after the war.

me (prefix)

The significance of the prefix **me** is that the whole word that includes it becomes a verb, and the subject of the sentence in which the word occurs does the action as indicated by the verb. Hence the sentence is in the active voice. The root to which the **me** is added can be a verb, a noun or an adjective. The resulting **me-**verbs can be either intransitive or transitive.

root	*whole word (verb) in active voice*	
(v) **tulis**	**Dia menulis surat.**	He wrote a letter.
(n) **darat**	**Pesawat sudah mendarat.**	The plane has landed.
(a) **hijau**	**Rumput di padang itu menghijau.**	The grass is greening in the field.

me_kan

Generally **kan** is a transitive verb maker. It is normally combined with **me** for the active voice or **di** for the passive voice. It has several functions:

To create new transitive verbs in addition to the existing ones. The new meanings differ but still bear some relation to the old ones.

transitive verb	*another transitive verb*
mendengar ('to hear')	**mendengarkan** ('to let it be heard')
menyewa ('to rent')	**menyewakan** ('to let')
meminjam ('to borrow')	**meminjamkan** ('to lend')

To create new transitive verbs in addition to the existing ones. The new meaning implied is 'for the benefit of'. See Beneficent verbs, above.

Applied to adjectives and independent verbs, this forms new transitive verbs. The new meaning implied is to cause or to make the object do the action as indicated by the root. See Causative verbs, above.

See Lessons 8 and 9.

memper_kan

This is an extension of the causative verb type. The difference is that the root has the prefix **ber**:

bermain	becomes **mempermainkan**
bersatu	becomes **mempersatukan**

The causative quality is still there. See Lesson 9.

Nouns

There are several kinds:

Ordinary nouns – names of things as listed alphabetically in the dictionary, e.g. **buku** ('book'), **meja** ('table'), etc.

Nouns developed from independent verbs with the help of the suffix **-an**. *See* **-an**, above.

Nouns, mostly abstract, developed from the prefix **ber** with the help of the suffix **an**. The **b** in **ber** converts to a **p**:

bermain ('to play')	**permainan** ('game')
bertemu ('to meet')	**pertemuan** ('meeting')
berlari ('to run')	**perlarian** ('fugitive')

Nouns developed from the prefix **me** with the help of the suffix **-an**.

memberi ('to give')	**pemberian** ('a gift')
meminta ('to request')	**permintaan** ('a request')
melihat ('to see')	**penglihatan** ('sight')

Abstract nouns, developed by applying **ke_an** to a number of adjectives. See **ke_an** above.

See the whole of Lesson 9.

Numbers

See Lesson 3.

nya

For the various uses of **nya** see Lesson 5.

paling

Paling is used for expressing superlatives, whether with adjectives or adverbs. It is equivalent to 'most' or '-est' in English:

Siapa yang paling berani?	Who is the bravest?
Dia paling tinggi dalam darjahnya.	He is the tallest in his class.

See Lesson 13.

Passive voice

Transformation from an active sentence to a passive sentence depends on the performers of the action. These are divided into two groups: first and second persons (**saya/aku/kami/kita** and **anda/saudara/kamu/engkau**) on the one hand, and third person singular or plural (**dia/mereka**) on the other:

Agent – first and second person:

Saya/Aku menulis surat itu. (A)	**Surat itu saya/aku tulis.** (P)
I wrote the letter.	(*lit.*) That letter was written by me.
Anda/Kamu membaca surat ini. (A)	**Surat ini anda/kamu baca.** (P)
You read this letter.	(*lit.*) This letter was read by you.

Note the 'infinitive' form of the verb in the passive.

Agent – third person:

Ali menaiki basikal. (A)	**Basikal dinaiki (oleh) Ali.** (P)
Ali rode a bicycle.	(*lit.*) The bicycle was ridden by Ali.
Ayah memasukkan kereta ke garaj. (A)	**Kereta dimasukkan ke garaj oleh Ayah.**

The agent, if not required, can be dropped:

Kereta sudah dimasukkan ke garaj.	The car has been put in the garage.

pe-

Pe_an, **pem_an**, **per_an**: see Nouns, above

Plural of actions

Actions can be pluralized very simply. Note the different verb forms used:

Kami melihat-lihat saja.	We're just looking.
Mereka lama bercakap-cakap.	They chatted a long time.

See Lesson 16.

Plural of nouns

For concrete objects the form is very simple. Just say it twice:

kedai-kedai	shops
budak-budak	boys/girls
perusahaan-perusahaan	industries

When a number or a word of quantity is used, the noun remains in the singular:

Banyak orang di pesta itu.	Many people were at the festival.
Dia ada lima anak.	She/he has five children.

See Lesson 3.

Polite Words

Some words are often used to soften an order/request. They are **silakan** ('if you please'), **tolong** ('to help') and the particle **lah**, all of which translate into one word in English: please!

Tolong belikan saya roti.	Please buy me some bread.
Tidurlah di bilik besar!	Sleep in the big room, please!

See Lesson 12.

Prepositions

See Lesson 4 under 'Adjuncts of place and time'.

Pronouns

Personal pronouns: **saya**, **aku**, **anda**, **saudara**, **kamu**, **dia**, **mereka**, **kami**, **kita**.

Possessive Pronouns: the same as above, e.g. **kawan saya** ('my friend'), **kereta mereka** ('their car'); in short form, e.g. **bukuku**, **rumahmu** (only for informal personal pronouns).

Relative pronouns: **yang** is used for all pronouns: humans, animals and inanimate objects:

Orang yang duduk di sana itu.	the person who's sitting there
Kucing yang ekornya panjang itu.	the cat with the long tail
seluar yang saya beli kelmarin.	the trousers which I bought yesterday

pun

See Lesson 16.

Qualifiers

See Compound nouns, above

Questions (yes–no)

This is a type of question the answer to which is either 'yes' or 'no'. You can ask the question in two ways:

(1) Raise the intonation at the end of the sentence:

Dia suka makan rambutan?	She likes to eat rambutan?
Anda boleh makan kari pedas?	You can eat hot curry?

(2) Reverse the order – put the predicate in front of the subject:

Suka dia makan rambutan?	Does she like to eat rambutan?
Boleh anda makan kari pedas?	Can you eat hot curry?

For both you can put the suffix **kah**. In (1) i.e. after a statement, the **kah** can be put at the end of the sentence.

Dia suka makan rambutankah?	Does she like to eat rambutan?

However, if **kah** is put after the subject (**dia**), the meaning totally changes:

Diakah suka makan rambutan?	Is she the one who likes to eat rambutan?

For (2), when you put the predicate to the front, attach **kah** to it:

Sukakah dia makan rambutan?
Bolehkah anda makan kari pedas?

See Lessons 2 and 5.

Question ('what', 'who', 'where', 'how', 'why')

To form questions of this type use the question words **apa** ('what'), **siapa** ('who') **di mana** ('where') **bagaimana** ('how') and **mengapa** ('why').

To make a question, insert the corresponding question word into the statement question. The question word takes over the place of the word in question.

S **Mary pergi ke panggung wayang.**	Mary is going to the cinema.
Q **Siapa pergi ke panggung wayang?**	Who is going to the cinema?
Q **Mary pergi ke mana?**	Where did Mary go?

S **Dia makan nasi dengan tangan.**	She eats rice with her fingers.
Q **Dia makan apa dengan tangan?**	She eats what with her fingers?
Q **Dia makan nasi bagaimana?**	
or **Bagaimana dia makan nasi?**	How did she eat the rice?

The rule, however, does not apply to **mengapa** ('why'). As in English, it is always placed at the front of the sentence:

Mengapa Mary pergi ke panggung wayang?	Why did Mary go to the cinema?

See Lesson 5.

Question tag

Bukan/kan and **tidak/tak** serve as question tags in Malay, when placed either in the middle or at the end of the sentence. With **bukan/kan** the speaker does not usually need confirmation of his question or statement. But with **tidak/tak** he or she does:

Dia sakit, bukan/kan?	He is ill, no?
Dia kan sakit?	He is ill, isn't he?
Dia makan tidak/tak?	He eats (or doesn't he?).

See Lesson 16.

Reciprocal actions

See Lesson 16.

sangat/sekali

Sangat and **sekali** are used to intensify the meaning of an adjective or an adverb. **Sekali** is placed after the adjective/adverb, whereas **sangat** is placed in front of them:

Rumah itu besar sekali.	The house is very big.
Rumah itu sangat besar.	The house is very big.

See Lesson 16.

Semi-transitive verbs

Semi-transitive verbs are verbs that seemingly take objects such as:

Dia bermain piano.	He plays the piano.
Dia suka nasi goreng.	He likes fried rice.

However, unlike true transitive verbs, they cannot be changed into the passive voice, without adding **di_kan** or **di_i** to them:

Piano dimainkannya.	The piano was played by him.
Nasi goreng disukainya.	(*lit.*) Fried rice is liked by him.

This is not very common in colloquial Malay.

tak

Short for **tidak**. See below.

ter as a prefix

A **ter** prefix can be attached to verbs and nouns to mean different things:

Ter + verb to express something accidental.

Dia terpijak cawan itu. Kakinya luka.	He (accidentally) stepped on to a cup. His foot is cut.

Ter + verb to express an involuntary action:

Dia tergelak melihat kejadian itu.	He (involuntarily) laughed when he saw the incident.

Ter + verb to express a state of readiness as a result of an action:

Bila saya masuk ke dapur, makanan sudah terhidang.	When I entered the kitchen, the food was already laid out.

Ter + verb to express ability. When preceded by **tak/tidak** it means inability:

Termakan juga Hasnah kari yang begitu pedas.	Hasnah could, after all, eat that very hot curry.
Dia tak termakan semua makanan itu.	He couldn't eat all that food.

Ter + adjective to express, for example, the most, the smallest, the least, etc.:

Dia pelajar terbaik di sekolah itu.	He is the best pupil in the school.

tidak

When put in front of an adjective or a verb, **tidak** carries the meaning of 'no' or 'not':

Saya tidak/tak makan.	I did not eat.
Mereka tidak rajin.	They are not hardworking.

See **Bukan** for comparison. See Lesson 2.

Transitive verbs

See Intransitive verbs, above.

yang

Yang is equivalent to the English relative pronouns, 'who(m)', 'which' and 'that':

Orang yang makan banyak itu kakak saya.	(*lit.*) The person who is eating a lot is my elder sister.
Kereta yang kau pinjam itu rosak.	The car that you borrowed has broken down.

In phrases where a noun is combined with an adjective such as **buku merah** ('red book') and **budak rajin** ('hardworking child') etc., **yang** can be inserted between noun and adjective when the speaker is in a comparative mood. In this situation, he/she uses the adjective, which serves as a qualifier, to point out the object more specifically:

buku yang merah	the book that is red (not any other colour)
budak yang rajin	the boy who is hardworking (not the lazy one)

See also Compound nouns, above. See Lesson 3.

Key to the exercises

Lesson 1

Exercise 1

1 I am Jack Smith. I am an American.
2 My name is Ali. I am a student.
3 This is Samad. He is my friend.
4 That is Henry. He is a friend from the office.
5 This is Mr and Mrs Smith. They are English language teachers.
6 We are bank officers. Our names are John and Jane.
7 You are a student of the Malay language. I am also a student of the Malay language. We are students of the Malay language.

Exercise 2

1 Ini John Stanton, pengurus bank.
2 Ini Siti, setiausaha di bank.
3 Ini Mary Jones, guru bahasa Inggeris.
4 Ini Gopal, pengurus restoran.
5 Ini Tan, kerani di pejabat pos.
6 Ini John Smith dan isterinya Jane. Mereka guru bahasa Inggeris. Mereka orang Amerika.
7 Ini Anne Johnson, pelancong dari England.
8 Ini suami/isteri saya.
9 Ini Susan, anak perempuan John.

Exercise 3

1 Anda siapa/Siapa anda?
2 Itu siapa?/Itu guru siapa?
3 Dia siapa?/Dia setiausaha siapa?

4 Ini apa?/Ini meja apa?
5 Nama dia siapa?
6 Apa nama anda?
7 Itu apa?/Itu bilik apa?
8 Ini siapa?/Ini isteri siapa?
9 Siapa mereka?

Exercise 4

1 Maafkan saya, apa nama anda?
2 Nama saya Hassan. Saya suami Asiah.
3 Kami pelajar di sini.
4 Ini restoran Malaysia.
5 Isterinya doktor di klinik itu.
6 Siapa pengurus bank ini?
7 Selamat petang. Saya Wong, pengurus hotel ini.
8 Bill kerani pejabat pos dan Mary guru.
9 Selamat pagi. Saya kawan Susie.
10 Apa nama suami anda?

Exercise 5

1 Selamat datang.
2 Selamat tinggal.
3 Selamat jalan.
4 Selamat pagi.
5 Selamat makan.
6 Selamat berjaya.

Exercise 6

1 Maafkan saya, siapa nama pengurus bank anda?
2 Maaf, siapa nama isteri pengurus anda?
3 Maafkan saya, di mana dia tinggal.
4 Maafkan saya, dia dari mana?
5 Maaf, siapa setiausaha pengurus itu?

Exercise 7

1 Maaf, saya mesti pergi.
2 Maaf, saya tak tahu.
3 Maafkan saya. Saya terlambat.
4 Maaf, saya terlupa namanya.

Lesson 2

Exercise 1

1 tidak/tak
2 bukan
3 tidak/tak
4 tidak/tak; bukan
5 Bukan; bukan
6 tidak/tak; tidak/tak
7 tidak/tak; tidak/tak
8 Tidak/tak.
9 tidak/tak

Exercise 2

A: Di mana anda berkerja sebelum ini?
G: Sebelum ini saya bekerja sebagai kerani sekolah.
A: Anda kerani besar di sana?
G: Bukan. Saya bukan kerani besar.
A: Anda suka bekerja di sana?
G: Ya. Tapi saya mahu cuba bekerja di bank.
A: Anda merokok atau tidak? Anda marah atau tidak kalau orang lain merokok?
G: Saya tidak merokok tapi saya tak marah kalau orang lain merokok.

Exercise 3

R: Siapa yang duduk dekat tingkap itu?
A: Dia Mary Ong.
R: Dia penulis kolum untuk akhbar ini?
A: Ya.
R: Dia kakitangan akhbar ini atau wartawan bebas?
A: Dia bukan kakitangan. Dia wartawan bebas. Dia menulis sekali seminggu.
R: Siapa orang yang bekerja di komputer di hujung bilik itu?
A: Dia Azlan.
R: Dia Ketua Pengarangkah?
A: Bukan. Ketua Pengarang ialah Susan. Dia menghadiri mesyuarat.
R: Siapa wanita yang berjalan dengan kamera itu?
A: Dia Mary, juru gambar.

R: Dia bekerja setiap harikah?
A: Tidak. Dia hanya bekerja tiga hari seminggu.
R: Siapa ambil gambar pada hari yang Mary tidak bekerja?
A: Maniam juru gambar seorang lagi di akhbar ini.

Exercise 4

I: Silakan masuk dan sila duduk.
C: Terima kasih.
I: Siapa nama anda?
C: Nama saya Helen Tan.
I: Apa minat anda?
C: Saya mahu bekerja sebagai doktor.
I: Anda minat dalam bidang sains?
C: Ya.
I: Ibu bapa anda doktorkah?
C: Bukan. Mereka bukan doktor, mereka guru.
I: Anda mahu belajar di Amerika?
C: Tidak. Saya mahu belajar di England.
I: Anda akan bekerja apabila lulus peperiksaan?
C: Ya.

Exercise 5

1 Sila datang/datanglah ke majlis hari jadi saya.
2 Sila masuk/masuklah.
3 Silakan duduk/duduklah.
4 Silalah makan/makanlah.
5 Sila berdiri/berdirilah.

Exercise 6

1 Terima kasih. Saya akan datang ke majlis itu.
2 Ya, terima kasih.
3 Di mana? Sini atau sana?
4 Maaf, saya tak merokok dan saya tak minum.
5 Ya, terima kasih. Sedap.
6 Maafkan saya, boleh saya bercakap dengan anda?

Exercise 7

1 Susan pengurus bankkah?
2 Anwar pelajarkah?
3 Amran suami Hasnah?
4 Peter kerani pejabatkah?
5 Rumah Asmah besarkah?
6 Dia pergi ke sekolahkah pagi tadi?
7 Arifin datang ke pejabat hari ini?
8 Lily anak Richardkah?
9 Mereka suka makan rotikah?
10 Dia sakit semalam?

Exercise 8

1 Henry Tan pembekal buah segarkah?
2 Dia eksport tak buah-buahan dari luar negeri?
3 Roti segera Maniam terkenalkah?
4 Dia bekal tak untuk majlis-majlis?
5 Dia bekal kuah tak untuk roti itu?
6 Adakah Maniam pembekal yang boleh dipercayai?
7 Dia ada kakitangan yang besarkah?

Exercise 9

khabar, dari, Bila, kerja, Sila, Terima kasih

Lesson 3

Exercise 1

1 to have
2 there are
3 there are
4 to have
5 there are/to have
6 there are
7 to have
8 to have
9 to have
10 there is

Exercise 2

1 Sebagai pelajar Hassan ada/mempunyai banyak kawan.
2 Dia ada/mempunyai kerja sambilan.
3 Dia tidak ada/mempunyai abang atau kakak.
4 Dia juga tidak ada/mempunyai banyak wang.
5 Dia tidak ada/mempunyai baju mahal.
6 Dia ada/mempunyai bilik sendiri.
7 Dia hanya ada/mempunyai basikal buruk.

Exercise 3

1 Ada berapa orang dalam pejabat itu?
2 Berapa penduduk Malaysia?
3 Berapa umur anak lelaki anda?
4 Berapa saya pinjam dari anda?
5 Tidak berapa ramai orang datang ke majlis itu.
6 Berapa harga buku yang anda beli?
7 Berapa tahun anda tinggal di negera ini?
8 Apa nombor kereta yang anda nampak?
9 Ini tahun apa?
10 Apa nombor biliknya?

Exercise 4

empat, sembilan, sebelas, dua belas, lapan belas

dua puluh, dua puluh tiga, dua puluh lapan, dua puluh sembilan, tiga puluh lima

lima puluh empat, enam puluh tujuh, tujuh puluh, tujuh puluh tujuh, lapan puluh dua

lapan-puluh lapan, lapan puluh sembilan, sembilan puluh, sembilan puluh enam, seratus

seratus sepuluh, seratus dua puluh tiga, seratus tiga puluh satu, seratus lima puluh sembilan, dua ratus empat puluh dua

enam ratus lapan puluh dua, tujuh ratus lima puluh satu, lapan ratus, sembilan ratus dua puluh, sembilan ratus sembilan puluh sembilan

seribu satu; seribu sembilan ratus; dua ribu lima ratus tiga puluh tiga; empat ribu lima puluh; lima ribu dua ratus sebelas; enam ribu sembilan ratus dua puluh lapan

sepuluh ribu empat ratus; dua puluh enam ribu, sembilan ratus tujuh puluh dua; empat puluh satu ribu, tiga ratus dua puluh empat; sebelas juta, empat ratus dua puluh tiga ribu, dua ratus dua belas; lima puluh satu juta, tiga ratus dua puluh satu ribu, tiga ratus enam puluh lima

Exercise 5

1 Anak-anak ada di sekolah.
2 Ali ada tiga orang anak dan enam orang cucu.
3 Ada banyak gerai makanan di tepi jalan.
4 Dia minum banyak air tapi dia tidak minum kopi.
5 Rumah-rumah di kawasan saya mahal.
6 Ada banyak gula dalam teh saya.
7 Ada banyak surat khabar di atas meja.
8 Dia cuba tak makan terlalu banyak roti, tapi dia makan banyak nasi.
9 Mereka ada ramai saudara mara di Seremban.
10 Ariffin ada banyak masalah di pejabat.

Exercise 6

1 tujuh anak
2 dua tahun
3 seratus km dari sini
4 dua tahun
5 sebelas tahun
6 seratus empat puluh tiga ribu, lima ratus empat ringgit
7 dua satu satu sembilan enam lapan tiga
8 tujuh pagi
9 lima hari
10 empat kali
11 dua jam
12 dua ribu lapan ratus empat puluh sembilan ringgit
13 tiga rumah

Exercise 7

1 Kereta saya yang merah tak ada dalam garaj.
2 Dia ada kalkulator yang kecil.
3 Kawannya yang baru datang kelmarin.
4 Johan pelajar yang baik. Semua guru suka dia.

5 John hilang begnya yang hitam.
6 Rose anak yang kedua dalam keluarga itu.
7 Wanita yang duduk di meja keempat dalam bilik ini ialah doktor.
8 Pegawai itu marah dengan kerani yang datang lambat.
9 Polis mencari pencuri yang curi beg itu.
10 Ibu membaca buku yang dia pinjam dari perpustakaan.
11 Mereka menonton cerita yang sedih.
12 Wanita yang sakit itu meninggal dunia pada hari Ahad.

Exercise 8

1 Puan Asiah ada tiga orang anak.
2 Anak pertamanya laki-laki. Namanya Ahmad.
3 Anak keduanya perempuan. Namanya Asma.
4 Tina ialah anak ketiga. Dia ialah anak perempuannya yang kedua.
5 Puan Asiah merayakan hari jadinya yang keempat puluh. Suaminya Ismail memberinya sebuah kereta. Ini keretanya yang kedua.
6 Mereka akan pergi bercuti ke luar negeri buat pertama kali dalam bulan Julai.

Lesson 4

Exercise 1

1 dalam kereta
2 di luar rumah
3 di dalam bilik
4 di panggung wayang
5 ke panggung wayang
6 di belakang garaj
7 di bawah kerusi
8 di atas bangunan
9 di dalam bangunan
10 di tepi rumah
11 di kiri
12 di sudut
13 di tengah
14 ke tengah
15 di tepi
16 di atas meja
17 ke kanan Mrs Tan
18 dari tengah
19 untuk Mr Harris
20 ke Jerantut
21 di Jepun.
22 pada pukul enam
23 dalam bulan Januari
24 pada hari Isnin
25 dalam tahun 1993, pada tahun 1993
26 pada hujung tahun/pada akhir tahun

Exercise 4

1 di
2 dari
3 ke
4 di
5 untuk/daripada
6 pada
7 untuk
8 di dalam
9 ke
10 pada
11 pada, ke
12 di
13 untuk
14 dalam
15 pada
16 ke/pada
17 pada
18 Dari/Dari/ke
19 dari/ke
20 di

Exercise 5

1 seorang/seorang
2 sehelai
3 seekor
4 seorang
5 sebuah/sebuah
6 segelas/sebiji
7 seorang
8 sepucuk
9 sebatang
10 sehelai
11 sebotol

Lesson 5

Exercise 1

1 Bila Adam pergi ke Seremban?
2 Adam pergi ke mana minggu lalu?
3 Siapa pergi ke Seremban minggu lalu?
4 Hassan makan nasi goreng di mana setiap hari?
5 Siapa makan nasi goreng di rumah setiap hari?
6 Hassan makan apa di rumah setiap hari?
7 Nama penuhnya apa?
8 Pelancong itu datang dari mana?

Exercise 2

1 Sebab apa/mengapa John pergi ke Singapura?
2 Mengapa/sebab apa Asmah gembira?
3 Mengapa/sebab apa mereka masak banyak?
4 Sebab apa/mengapa Ali tidak hadir di mesyuarat?
5 Mengapa/sebab apa dia beri hadiah kepada Ani?

Exercise 3

1 Dapurnya besar.
2 Bilik tidurnya kecil.
3 Ruang tamunya dicat hijau.
4 Pintu-pintunya luas.
5 Bilik-bilik mandinya bersih dan besar.
6 Halaman-halaman depan dan belakangnya cantik.

Exercise 4

1 Masakannya sedap.
2 Tingginya 32,000 kaki.
3 Harganya lima ringgit.
4 Harganya lima ratus ribu ringgit.
5 Katanya dia sakit.

Exercise 5

1 Umur Amran berapa?
2 Baha tinggal di Taiping dengan siapa?
3 Mereka pergi ke luar negeri dengan siapa?
4 Tahun lalu Pak Kassim dan anak-anaknya berkelah di mana?
5 Harga buku itu berapa?

Exercise 7

1 Pakaiannya mahal-mahal.
2 Cenderamatanya murah-murah.
3 Orangnya baik-baik.
4 Hotelnya bagus-bagus.
5 Tamannya besar-besar.
6 Polisnya baik-baik.
7 Orang lelakinya tinggi-tinggi dan orang perempuannya cantik-cantik.

Exercise 8

1 Di London, cuaca sejuk sekali. Di Kuala Lumpur panas sekali.
2 Makanan murah sekali di Malaysia tapi perjalanan mahal sekali.
3 Pakaian yang dia pakai mahal sekali.
4 Suaminya tinggi sekali tapi anaknya pendek sekali.
5 Guru marah sekali dan pelajar-pelajarnya takut sekali.

Exercise 9

1 Di Malaysia, di mana Pulau Pinang?
2 Berapa besarkah pulau itu?
3 Berapa jauhkah Pulau Pinang dari Kuala Lumpur?
4 Berapa lama penerbangan dari Kuala Lumpur?
5 Berapa lama kalau berkereta dari Seremban?
6 Berapa tinggi Bukit Maxwell?

Exercise 10

1 Birmingham berada di kawasan tengah England.
2 Kolej Perubatan tempat kajian anda berada di pusat bandar.
3 Anda boleh berjumpa saya pada hari anda tiba di lapanganterbang Heathrow.
4 Ya, anda boleh singgah di rumah saya semasa anda tiba di London.
5 Perjalanan kereta api dari London ke Birmingham dua jam lebih.
6 Birmingham kira-kira dua ratus batu dari London.
7 Ya, ada makanan halal di Birmingham.
8 Ya, anda boleh masak di rumah sewa anda.
9 Ya, anda boleh membawa masuk makanan dari Malaysia ke England.
10 Musim sejuk di England ialah dalam bulan Disember.
11 Pakaian-pakaian sejuk di England mahal.
12 Musim panas bermula pada bulan Jun.
13 Kadar pertukaran wang ringgit dengan wang sterling ialah empat ringgit bagi satu paun sterling.
14 Anda boleh pergi ke mesjid di Birmingham untuk sembahyang Jumaat.
15 Scotland tidak jauh dari Birmingham. Sama jauhnya dengan London.
16 Surat udara dari London akan tiba di Malaysia dalam masa tiga hari.

Lesson 6

Exercise 1

1 berkelahi/bergaduh
2 bermain
3 bertemu
4 berbaring
5 bersenam
6 berbaris
7 berhenti
8 berlari
9 bertanya
10 bergerak

Exercise 2

1 bekerja di/pergi ke/pulang ke
2 akan/boleh/tak mahu
3 terbang ke/datang dari/tinggal di
4 berkelah/bermain bola
5 berkumpul/bermain/berbaris
6 belajar di/ berehat di/keluar dari
7 bekerja di/berangkat ke/berada di
8 melawat/tidak suka/tinggal di
9 bercakap/faham/belajar

Exercise 3

1 Saya bekerja di rumah/di pejabat/di kilang/di hospital
2 Saya pergi ke pejabat pos/bank/sekolah
3 Hassan tinggal di Seremban/di rumah abangnya
4 Asiah tidur di dalam bilik/di atas katil/di luar bilik
5 Kamal letak kasutnya di dalam almari/di atas papan tingkat/di bawah katil
6 Ani jumpa beg itu di dalam tong sampah/di tepi jalan/di atas lantai
7 Rumahnya di Kuala Lumpur/dekat sekolah.

Exercise 4

1 Dia berjalan ke pejabatnya, masuk ke dalam dan duduk.
2 Dia bangun pada pukul enam, mandi dan pakai baju.
3 Untuk sarapan pagi, kami makan nasi goreng dan minum kopi.
4 Isterinya bekerja dari pukul sembilan hingga pukul lima tapi dia duduk di rumah sahaja.
5 Anaknya tidak pernah mau belajar. Dia selalu menonton televisyen.
6 Kereta itu berhenti di depan rumah. Enjinnya rosak.
7 Budak-budak itu berlari ke sana sini. Sangat bising.
8 Saya suka berenang tapi adik lelaki/abang lelaki saya tidak suka.
9 Patrick sudah berkahwin dan dia ada tiga anak.
10 Rumah saya kecil dan ada dua bilik saja.
11 Mereka berkata mereka berjaya dalam peperiksaan.

Exercise 5

1 Marilah kita pergi berjalan.
2 Marilah kita makan nasi goreng.
3 Marilah kita pergi berenang.
4 Marilah kita pergi ke panggung wayang.
5 Marilah kita bermain tenis.
6 Marilah kita menyanyi lagu.
7 Marilah kita masak untuk malam ini.

Exercise 6

Jimmy sudah berkahwin dan isterinya bernama Jane. Mereka ada dua anak, seorang lelaki berumur empat tahun dan seorang lagi perempuan berumur dua tahun. Jimmy berumah besar dengan taman besar. Dia memandu kereta biru.

Isterinya, yang berkaca mata, berbasikal ke tempat kerja. Anak-anak mereka berkawan dengan anak-anak jiran dan jarang berkelahi. Mereka sering bertemu jiran mereka untuk minum teh dan berbincang berkenaan keselamatan kawasan di mana mereka tinggal.

Lesson 7

Exercise 1

1 Rabu/Khamis
2 Jumaat/Sabtu
3 Ahad/Sabtu
4 Khamis/Sabtu
5 Rabu/Selasa
6 Rabu/Selasa
7 Selasa/Selasa
8 Sabtu
9 Isnin

Exercise 2

1 dua belas
2 sebulan
3 dua puluh empat
4 satu jam
5 enam puluh
6 satu minggu
7 dua hari
8 dua tahun
9 tiga minggu
10 setahun

Exercise 3

1 November
2 Jun
3 April
4 lepas
5 depan
6 September/Oktober

Exercise 4

1 Kelmarin satu haribulan Januari.
2 Hari ini enam belas haribulan September.
3 Esok lapan haribulan Disember.
4 Hari Krismas dua puluh lima haribulan Disember.

5 Hari kemerdekaan Amerika ialah empat haribulan Julai.
6 Tahun baru satu haribulan Januari.
7 Hari Kemerdekaan Malaysia tiga puluh satu haribulan Ogos.
8 Hari jadi saya . . .

Exercise 5

dua puluh lapan haribulan Jun sembilan belas lapan puluh lima,
satu haribulan Februari sembilan belas sembilan puluh,
dua puluh dua haribulan April sembilan belas empat puluh lapan,
empat belas haribulan Mei sembilan belas enam puluh tujuh,
tiga puluh satu haribulan Januari lapan belas empat puluh tiga,
dua puluh sembilan haribulan Ogos lapan belas enam puluh lima,
enam belas haribulan Julai sembilan belas sembilan puluh satu,
tujuh haribulan Disember sembilan belas empat puluh dua,
lapan belas haribulan Mac sembilan belas tiga puluh sembilan,
tiga puluh haribulan Oktober sembilan belas empat puluh enam

Exercise 6

1 Setiap pagi saya bangun pada pukul enam setengah.
2 Saya pakai baju pada pukul tujuh.
3 Saya makan sarapan pada pukul tujuh lima belas minit/suku.
4 Saya mula bekerja pada pukul lapan setengah/lapan tiga puluh minit.
5 Saya ada mesyuarat pagi pada pukul sembilan setengah/tiga puluh minit.
6 Pada pukul dua belas setengah/tiga puluh minit saya makan tengah hari selama sejam.
7 Saya berangkat dari pejabat pada pukul lima.
8 Pada pukul tujuh lima belas minit/suku saya makan malam dengan keluarga saya.
9 Saya membaca akhbar dari pukul lapan setengah/tiga puluh minit sampai pukul sembilan.
10 Pada pukul sepuluh saya tidur.

Exercise 7

1 Dua puluh minit selepas pukul tujuh, lima setengah, kurang lima belas minit pukul tiga.
2 Enam setengah, tujuh, kurang lima belas minit pukul lapan.

3 Lapan setengah, kurang lima belas minit pukul sepuluh, sepuluh setengah.
4 Kurang lima belas minit pukul enam, enam setengah, empat setengah.
5 Tiga suku, kurang lima belas minit pukul tiga, satu setengah petang.

Exercise 8

1 Dia pakai baju warna merah dan biru dengan reben putih.
2 Bunga di atas meja itu warna kuning/merah jambu/merah.
3 Kasut Ani warna kelabu/merah tua.
4 Kereta Samad warna biru muda/kelabu.
5 Warna kesukaan saya ialah warna kuning/ungu/hijau.

Lesson 8

Exercise 1

1 membaca
2 mengirim
3 mengambil
4 menggali
5 memasak

Exercise 2

1 undang
2 jaga
3 hilang
4 keluh
5 langgar

Exercise 3

1 Dia menulis surat. (tulis)
2 Dia mengambil pen dari laci. (ambil)
3 Saya menangkap pencuri itu bila dia keluar dari kedai. (tangkap)
4 Orang lelaki itu membuka kedai pada pukul sembilan. (buka)
5 Orang membeli dan menjual barang di pasar. (beli/jual)
6 Amir mencari pekerjaan. (cari)

7 Anna mencuba baju barunya. (cuba)
8 Pelayan itu membawa dua cawan teh. (bawa)
9 Mr. Simmons mengajar bahasa Perancis. (ajar)

Exercise 4

3 Mariam bermain piano di bilik tamu.
4 Mariam berehat di bilik tamu.
5 Mariam berjalan di dalam taman.
6 Mariam mengajar bahasa Inggeris.
7 Mariam menulis surat.
8 Mariam menulis surat di pejabat.
9 Mariam bekerja di pejabat.
10 Mariam bermesyuarat dengan teman-temannya di pejabat.
13 Asma pergi dengan Mary ke restoran.
14 Asma pergi makan mee goreng di restoran.
15 Asma berbual di restoran sebelum pulang.
16 Asma keluar dari restoran.
17 Asma mencari teksi.
18 Asma memanggil teksi.
19 Asma naik teksi.
20 Asma turun dari teksi.

Exercise 5

1 Saya perlu meminta visa di kedutaan Malaysia di Washington.
2 Saya mesti pergi berjumpa doktor untuk mendapatkan suntikan.
3 Saya perlu membeli wang Malaysia di bank.
4 Saya perlu menempah tiket penerbangan ke Kuala Lumpur.
5 Saya perlu seorang guru untuk mengajar saya bahasa Melayu.
6 Saya perlu mencari peta Malaysia di kedai buku.
7 Saya perlu menelefon kawan untuk memberitau dia mengenai perjalanan saya.
8 Saya perlu menulis surat kepada seorang kawan Melayu di Malaysia.

Exercise 6

1 Mrs Wong mula bekerja pada pukul 9.30 pagi.
2 Dia melawat setiap bilik di rumah itu dan bercakap dengan kanak-kanak di setiap bilik.

3 Dia membincangkan masalah kanak-kanak itu dengan jururawat.
4 Semasa mesyuarat pagi dengan kakitangan dia merancangkan kegiatan-kegiatan minggu itu.
5 Selepas mesyuarat, dia membuka semua surat dan menjawabnya sendiri.
6 Di waktu petang, dia membawa sekumpulan kanak-kanak ke taman haiwan.
7 Dia membeli mereka aiskrim dan minuman dan memberitahu mereka tentang haiwan itu.
8 Di rumah anak-anak yatim itu, dia meminta kanak-kanak itu supaya melukis gambar-gambar setengah dari haiwan itu.
9 Pada pukul lima petang itu, dia mengadakan satu lagi mesyuarat dengan timbalan pengarah yang memberitahunya bahawa seseorang telah memberi derma sebanyak RM1,000.
10 Mrs Wong meminta setiausahanya menyediakan surat terima kasih kepada penderma.
11 Sebelum pulang, Mrs Wong melawat kanak-kanak itu sekali lagi di pusat kegiatan.
12 Mrs Wong mengucap selamat tinggal kepada kanak-kanak itu dan kakitangannya.

Exercise 7

1 Pernah anda pergi ke Jepun?
2 Saya pernah beli durian beberapa kali di London.
3 Dia tidak pernah makan rambutan.
4 Saya pernah melihat seorang lelaki menggigit anjing.
5 Saya tak pernah berjalan seorang diri di waktu malam.
6 Pernahkah dia sakit?

Lesson 9

Exercise 1

1 trans.
2 intrans.
3 trans. benf.
4 trans. benf.
5 trans.
6 trans.
7 trans. caus.

8 trans. benf.
9 trans. benf.
10 intrans.

Exercise 2

1 naik, menaikkan
2 berhenti, menghentikan
3 membelikan, membeli
4 mengerjakan, bekerja, kerja
5 menjanjikan,berjanji

Exercise 3

1 Ibu itu mendudukkan anaknya di atas kerusi kecil.
2 Budak itu memasukkan permainan ke dalam kotak.
3 Pemandu itu mengeluarkan kereta dari garaj.
4 Isteri saya membuatkan saya baju baru.
5 Saya mengambil duit dari bank.
6 Pelajar-pelajar mengadakan sebuah majlis selepas peperiksaan.
7 Berhenti. Saya mahu keluar dari kereta.
8 Boleh anda berhentikan kereta?

Exercise 4

1 matikan.
2 meminjam, membayar
3 memasukkan
4 mendengar
5 bertemu
6 mengemas, memasakkan
7 berdiri
8 meminta, mendirikan
9 membacakan
10 beristeri, berhutang

Exercise 5

1 Mereka mendengar kuliah.
2 Mereka mencatatkan penjelasan pensyarah.
3 Mereka membuat latihan.
4 Mereka menanya pensyarah beberapa soalan.

5 Mereka membincangkan topik yang diberi oleh pensyarah.
6 Mereka berehat dan makan tengah hari.
7 Mereka kembali ke kelas.
8 Mereka menyambung pelajaran.
9 Mereka pulang pada pukul empat.

Exercise 6

1 Selepas makan malam dia belajar.
2 Dia membuat kerja rumah.
3 Dia menghabiskan buku cerita yang dia sedang membaca.
4 Dia menterjemahkan kira-kira dua puluh ayat bahasa Inggeris ke bahasa Melayu.
5 Dia mengarang kira-kira satu setengah muka.
6 Dia pergi ke bilik tidur.
7 Dia memadamkan lampu.
8 Dia tidur.

Lesson 10

Exercise 1

1 perdagangan
2 perjalanan
3 pembicaraan
4 pembunuhan
5 penjelasan
6 pertandingan
7 pertemuan
8 kekayaan, kerajinan
9 kesihatan
10 harapan
11 kematian
12 tulisan, penulis
13 latihan
14 pemain, permainan
15 pekerja, kerajinan

Exercise 2

1 bersatu, kesatuan
2 bermain, pemain, permainan
3 menjelaskan, penjelasan, kejelasan

4 minum, minuman
5 bekerja, pekerja, pekerjaan
6 menjual, penjualan, penjual
7 membeli, pembelian, pembeli
8 menari, tarian, penari
9 bersedih, kesedihan, menyedihkan
10 berbahagia, kebahagiaan, membahagiakan
11 menulis, penulis, penulisan
12 membersihkan, kebersihan, pembersih
13 adil, pengadilan, pengadil
14 makmur, kemakmuran
15 memakai, pemakai, pakaian

Exercise 3

1 minum, minuman, minum, peminum
2 pemain, bermain, memainkan, permainan
3 pekerjaan, pekerja, mengerjakan, pekerjaan, pekerja, bekerja
4 menjual, jualan, penjualan, penjual, menjual
5 bersedih, menyedihkan, kesedihan, sedih
6 membersihkan, kebersihan, bersih, pembersih, membersih
7 mengajar, pelajar, belajar, pelajaran, mengajar, pengajaran
8 melahirkan, lahir, kelahiran
9 benar, membenarkan, kebenaran
10 jatuh, kejatuhan, menjatuhkan

Exercise 4

1 Perjalanan itu membuat saya penat.
2 Pemandangan itu mengkagumkan.
3 Teorinya mempunyai banyak kelemahan.
4 Saya tak faham perkataan itu.
5 Perkahwinan antara orang timur dan orang dari barat adalah perkara biasa sekarang ini.
6 Pekerjaannya tidak memuaskan.
7 Semasa pertemuan dengan bapanya dia meminta kebenarannya untuk pergi bercuti.
8 Makanan yang dihidangkan di restoran itu sedap, hiburannya juga bagus.
9 Penyakitnya menjejaskan pekerjaannya.
10 Penerbangan dari London ke Kuala Lumpur memakan masa tiga belas jam.

Lesson 11

Exercise 1

1 Surat ditulis (oleh) Ahmad.
2 Pintu rumah ditutup (oleh) dia.
3 Sani dibawa Asma ke sekolah.
4 Kepada siapa buku itu diberi Hashim?
5 Apa yang dibacanya?
6 Apa yang dibuat mereka?
7 Siapa yang dihantar Bill ke stesen bas?
8 Gambar rumah dilukis Ahmad.
9 Budak itu dimarahi bapanya.
10 Pokok ditanam mereka di taman.
11 Buku Anna diambil Mary.
12 Saya ditelefon setiausaha itu di rumah.

Exercise 2

1 Rumah itu dibeli oleh bapa saya.
2 Buku itu dibaca Ahmad kelmarin.
3 Siapa yang dibawa ke stesen?
4 Apa yang dicuri dari rumah itu?
5 Makanan itu disediakan oleh ibu saya pagi ini.
6 Wang itu diberi olehnya.
7 Lagu itu dinyanyikan oleh mereka.
8 Kereta itu dipandu oleh Samad ke stesen.
9 Tiket itu dibeli oleh Ali bulan lepas.
10 Surat itu ditulis olehnya kepada ibunya di Ipoh.
11 Siapa yang diberi buku itu di majlis itu?
12 Kanak-kanak itu ditolong oleh guru mereka di sekolah.

Exercise 3

1 Siapa yang dibawa Din ke rumah sakit?
2 Apa yang dibakar kanak-kanak itu?
3 Apa yang dibeli Susan untuk Anna?
4 Apa yang dimakannya?
5 Apa yang diberi oleh Bill kepada Zain?
6 Siapa yang dihantar bapa Ramli ke sekolah pagi itu?
7 Apa yang disimpan oleh ibu Mansor di dalam beg?
8 Siapa yang dipanggil oleh Susan masuk ke dalam bilik?

Exercise 4

1 Pak Ali is very fortunate. Recently he was promoted. Now he is the Managing Director of his company. His salary has been increased. His family was given a big house and his car was replaced with one that is big and expensive. He is always asked to go overseas to meet clients. His children are sent to study at a private school. And his wife is helped by two helpers.
2 On the other hand, Pak Aman is less fortunate. He was found to have used the company's money. His car was repossessed. He was asked to stop work. He was asked to report to the police station. He will be questioned by the police about the missing money. If found guilty, he will certainly be put in prison.

Exercise 5

Husin baru saja lulus peperiksaan. Semua soalan yang diberi oleh guru dijawabnya dengan betul. Bila keputusan diterimanya minggu lepas, Husin diberikan sebuah basikal oleh ibunya sebagai hadiah. Sebuah jam tangan dihadiahkan kepadanya oleh bapanya.

Exercise 6

Seorang pencuri telah memecah tingkap rumah Ainon dan mencuri barang-barangnya. Ainon menelefon polis dan memberitahu mereka tentang kejadian itu. Polis menyuruhnya supaya menulis senarai barang-barang yang hilang. Kemudian Ainon mengemas bilik yang bersepah itu.

Lesson 12

Exercise 1

1 (p)
2 (b)
3 (p)
4 (p)
5 (p)
6 (p)
7 (h)
8 (p)
9 (p)
10 (h)
11 (p)
12 (h)
13 (b)
14 (h)
15 (b)
16 (h)
17 (b)

Exercise 2

1 Silakan masuk dan duduk.
2 Silakan makan dan minum di sini.
3 Silakan berehat.
4 Silakan buat apa saja.
5 Silakan duduk di mana saja.
6 Silakan balik bila-bila masa saja.
7 Silakan bayar seberapa yang boleh.
8 Silakan pilih baju mana yang anda suka.

Exercise 3

1 Tolong keluarkan kereta dari garaj.
2 Tolong bawa kereta ke bengkel.
3 Tolong tanya apa yang rosak.
4 Tolong tanya berapa harganya.
5 Tolong bersihkan kereta itu.
6 Tolong jualkan kereta itu.
7 Tolong masukkan duit ke dalam bank.
8 Tolong carikan kereta baru.

Exercise 4

1 Lihatlah ke belakang.
2 Masuklah ke pejabat.
3 Mainlah tenis.
4 Pergilah sekarang.
5 Datanglah esok.
6 Tanyalah nama jalan itu.
7 Tunggulah di sini.
8 Pergilah malam nanti.
9 Kembalikanlah duit saya.
10 Jawablah soalan saya.
11 Kerjalah rajin-rajin.
12 Masaklah kuih yang sedap.

Exercise 5

3 Jangan/lah pakai barang kemas.
4 Jangan/lah bawa banyak duit dalam beg.
5 Jangan/lah pukul anak kuat-kuat.

6 Jangan/lah marah dia di hadapan orang.
7 Jangan/lah bawa orang itu ke rumah saya.
8 Jangan/lah pakai baju kotor.
9 Jangan/lah berjalan kaki.
10 Jangan/lah berhenti kereta di tengah jalan.
11 Jangan/lah lupa kawan lama.

Lesson 13

Exercise 1

3 Meja makan ini lebih panjang daripada meja tulis.
Meja tulis ini lebih pendek daripada meja makan.
4 Buku sejarah ini lebih nipis daripada buku ilmu alam.
Buku ilmu alam itu lebih ini lebih tebal daripada buku sejarah.
5 Beg ini lebih ringan daripada beg itu.
Beg itu lebih berat daripada beg ini.
6 Kereta itu berjalan lebih perlahan daripada kereta saya.
Kereta saya berjalan lebih laju daripada kereta itu.
7 Julie mendapat dua markah kurang daripada Susan.
Susan mendapat dua markah lebih daripada Julie.
8 Rumah itu lebih rendah daripada rumah ini.
Rumah ini lebih tinggi daripada rumah itu.

Exercise 3

Aziz dan Omar adalah kembar tetapi mereka begitu berlainan sekali. Aziz lebih pendiam dan lebih suka membaca daripada menonton televisyen. Apa yang dia paling suka ialah pergi ke perpustakaan di mana dia boleh bersendirian dengan semua buku-buku yang menarik. Omar lebih suka keluar ke panggung wayang dan majlis. Dia paling suka menari. Kedua-dua mereka pandai tetapi Aziz lebih berjaya daripada Omar. Omar, walau bagaimanapun, lebih berjaya membuat kawan daripada membuat duit.

Exercise 4

1 terlalu/agak
2 seperti/terlalu
3 agak
4 terlalu
5 sama dengan

6 agak
7 terlalu/agak
8 seperti
9 terlalu
10 agak/terlalu

Lesson 14

Exercise 1

1 mengakhiri
2 mengatasi
3 mengunjungi
4 menandatangani
5 menasihati
6 menyusui
7 menghadiri
8 menemui
9 menjumpai
10 mendalami

Exercise 2

1 Penyanyi itu dikenali saya dari jauh lagi.
2 Rumah itu dimasuki pencuri menerusi pintu belakang.
3 Pertunjukan itu diakhiri oleh penari itu dengan satu tarian inang.
4 Abu dinasihati guru supaya kerja baik Atan dicontohinya.
5 Muzik dipelajari Ani setiap hujung minggu.
6 Upacara itu dihadiri oleh Perdana Menteri selepas rumah kanak-kanak cacat dikunjunginya.
7 Kedah diwakili oleh Asma di pertandingan itu.
8 Aman berdoa supaya permintaannya diberkati Tuhan.

Exercise 3

1 Ibu Susan menasihatinya supaya memandu dengan baik.
2 Peminat-peminat penyanyi itu mengerumuninya semasa ia menyanyi.
3 Ketua Menteri itu menganugerahi bintang kepada pekerja itu kerana keberaniannya.
4 Asap meliputi kawasan itu selepas kebakaran itu.

5 Dia dapat mengatasi kemarahannya apabila anaknya menangis.
6 Polis mengawasi rumah itu sejak mereka ketahui bahawa pembunuh itu ada di situ.
7 Rahman menghubungi balai polis apabila isterinya tidak pulang.
8 Semua penduduk pengasihi puteri itu.

Exercise 4

1 dicintai Ahmad
2 diketahui mereka dari polis
3 menandatangani cek itu di depan saya
4 menganggotai kesatuan itu sejak tahun lepas
5 dirasainya sehingga ia pulang
6 dihormati oleh Basir sebagai orang tua
7 mendampingi John di majlis itu
8 diratapi semua penduduk

Exercise 5

Encik Karim ialah seorang guru yang dikasihi oleh murid-muridnya. Dia selalu menasihati pelajar-pelajarnya untuk mengikuti pelajaran dalam kelas setiap hari. Dia memperolehi kelayakannya menerusi kerja kuat dan dia menyedari bahawa kerja kuat selalu membawa kejayaan.

Kadang-kadang, semasa pelajaran, dia menceritakan kisah-kisah orang yang berjaya dan menggalakkan murid-muridnya untuk mencontohi mereka.

Semasa Encik Karim mengakhiri kerjayanya dan sebagai seorang guru yang berdedikasi dan seorang yang dihormati, kakitangan dan murid-murid sekolah itu memberinya satu majlis selamat bersara. Encik Karim tidak mengetahui tentang majlis itu. Setiap kakitangan dan pelajar disuruh menandatangani sekeping kad untuk Encik Karim.

Pada malam majlis itu, Encik Karim diminta pergi ke dewan sekolah. Dia masih tidak sedar tentang rancangan bagi majlis itu. Majlis itu dihadiri oleh bekas-bekas pelajarnya. Bila Encik Karim memasuki dewan, dia dikerumuni pelajar-pelajarnya. Dalam satu ucapan kepada pelajar-pelajar, dia berkata dia merasa bernasib baik kerana dikasihi dan dia juga mengasihi mereka. Dia menyudahi ucapannya dengan sebuah pantun yang memperingati pelajar-pelajarnya supaya belajar rajin-rajin.

Lesson 15

Exercise 1

1 accidental
2 state
3 involuntary
4 accidental
5 inability
6 ability
7 ability
8 accidental

Exercise 2

1 terpijak pinggan
2 terdapat pokok buah
3 terbeli jam tiruan
4 terjawab semua soalan ini dalam masa lima minit
5 terdaya menghantar anaknya ke universiti
6 tergelak
7 termasuk dalam cukai lapangan terbang
8 terpegun apabila Aman balik dengan fesyen rambutnya yang baru
9 tercedera dalam kejadian itu
10 tertembak kawannya

Exercise 3

1 membeli/terbeli
2 memukul/terpukul
3 termakan/makanan
4 terletak/meletak
5 terdiri/berdiri
6 termasuk/memasuki/memasukkan
7 membakar/terbakar
8 terpotong/memotong
9 menggigit/tergigit
10 teringat/peringatan

Lesson 16

Exercise 2

1 Kanak-kanak bermain-main di jalan, membakar mercun.
2 Pada hari sebelum Hari Raya, kanak-kanak berlompat-lompat di jalan.
3 Umat Islam menanti-nanti kemunculan anak bulan.
4 Mereka hantar-menghantar kuih.
5 Mereka berpeluk-peluk dan maaf-memaafkan.
6 Kanak-kanak bersuka-suka pada Hari Raya.
7 Mereka kunjung-mengunjung sahabat dan saudara mara yang beri mereka duit.
8 Ibu-ibu selalunya sibuk masak-memasak dan bersiap-siap untuk hari yang mulia itu.

Exercise 4

1 Bila buku ini ditulis?
2 Saya sedang belajar ketika dia masuk.
3 Bila anda akan pergi berjumpa Mr Johnson?
4 Ketika saya menulis surat itu saya merasa sedih.
5 Kalau anda tidak faham soalan itu, jangan berlengah bertanya.
6 Bila cuti anda?
7 Ketika anda menelefon, saya sedang bercakap dengan ibu saya.
8 Ketika saya sembahyang jangan membuat bising.
9 Jika mereka tidak datang, batalkan rancangan itu.
10 Kalau saya kaya saya akan beri kamu wang.

Exercise 6

Mr Johnson ialah seorang yang sibuk. Dia selalu khuatir semasa ia bangun pagi. Dia mandi cepat-cepat dan makan sedikit sarapan. Dia pergi ke pejabat awal-awal sebab dia tak mau terperangkap dalam kekesakan lalu lintas.

Di pejabat dia meneliti surat-suratnya. Dia membaca dengan cermat dan memberitau setiausahanya yang mana perlu dijawab dengan segera. Sekiranya ada masalah dia biasanya pergi berjumpa ketuanya untuk meminta nasihat.

Mr Johnson juga bertemu dengan pelanggan-pelanggan syarikatnya. Dia menyuruh mereka duduk dengan selesa dan selalu bercakap dengan mereka baik-baik. Dia menyoal mereka dengan teliti mengenai cadangan mereka dan berkeras untuk membaca setiap kontrak dengan berhati-hati. Dia membayar pelanggan-pelanggannya dengan cepat dan mempastikan bahawa mereka membuat kerja mereka dengan cekap dan cepat.

Exercise 7

1 Apa pun yang anda minta saya akan beri kepada anda.
2 Di mana anda pergi, saya pun pergi dengan anda.
3 Pada masa-masa manapun yang anda memerlukan saya, telefon saya.
4 Kalau anda tak mau pergi, saya pun tak mau pergi.
5 Siapa pun yang ambil duit saya tak akan dapat tidur betul-betul.
6 Dia tak boleh pun buat kira-kira yang senang begitu!
7 Walau pun telefon berbunyi dia tak mau jawab.
8 Walau apa pun yang berlaku kepada saya, jangan beritahu ibu saya.

Exercise 8

1 seratus
2 sebuah
3 sehari
4 sekejap
5 setahun/sebulan
6 sesuatu
7 sepejabat
8 seorang
9 seekor
10 sepandai

Exercise 9

1 Saya perlu makan ini satu saja sehari.
2 Jangan duduk saja. Buat sesuatu.
3 Dia budak kecil saja. Biarlah dia main.
4 Dia memasak untuk lima orang saja. Anda tidak boleh menjemput lebih ramai lagi!
5 Apa saja yang anda ingin, beritahu saya.
6 Buat saja yang apa saya katakan.
7 Dia baru saja sampai dengan kawannya.
8 Saja minta satu gelas minuman saja. Belum lagi datang.
9 Dia boleh buat apa-apa saja, dari memasak hingga ke menari.
10 Jangan berdiri saja di situ, tolong dia!

Malay–English glossary

This glossary covers words that have been used in this book and their derivatives. They are arranged in alphabetical order according to their rootforms, e.g. **berjalan** appears under **jalan**, **menulis** under **tulis**, etc. The derivatives, however, are arranged by meaning rather than alphabetically. Remember that the affixation can be:

> **ber, me, me_kan, me_i, memper_kan, an, ke _an, pe, per, se, ter, ber _an**

The meanings of base-verbs, except independent verbs, are usually ambiguous or vague; hence their English translations are not given. These verbs are marked with an asterisk*. New meanings appear as an affixation is applied to them.

The following abbreviations have been used: adj (adjective), n (noun), ad (adverb), prep (preposition) vi (intransitive verb), vt (transitive verb), sb (somebody), smn (someone), st (something).

acara	event
ada	there is/are, to have/own
berada	to be at, to be well off
mengadakan	to hold, to organize
keadaan	situation, condition
adat resam	customs and traditions
adik	younger siblings
adik laki-laki	younger brother
adik perempuan	younger sister
adil (adj)	just, fair
mengadili	to try
pengadil	judge
aduh!	*an expression of dismay or pain*
agak	rather
agama	religion
ugama	
agar	hopefully
Ahad	Sunday
air	water
aiskrim	ice cream

ajak*
mengajak to invite, to ask smn to go along
ajar *
belajar to learn, study
mempelajari to learn, study
mengajar to teach
ajaran (n) lesson, the teachings
pelajaran (n) lesson
pelajar student
pengajar teacher
pengajaran lesson/moral
akan will
akhbar newspaper
aku I (*informal*)
alam world/nature
mengalami to experience
pengalaman experience
berpengalaman to have experience
alam sekitar environment
aman peaceful
keamanan peace
almari cupboard
amat very
ambil*
mengambil to take
ambilkan take
mengambil alih to take over
diambil balik is repossessed
ampun (n) pardon, forgiveness
mengampuni to forgive
anak child
lelaki son
perempuan daughter
yatim orphan
bulan new moon
ancam*
mengancam to threaten
ancaman threat
anda you, your
anggota member
keanggotaan membership
menganggotai to be a member
angkat*
mengangkat to carry
berangkat to leave
angkut*
mengangkut to lift, carry
anjing dog
anjur*
menganjur to organize
anugerah (n) award
menganuger-akan to award
dianugerahi to be given an award
apa what
apa(kah)
apabila when
api fire
apit*
terapit to be wedged in between
arah*
mengarah to order, to command
arahan order, command
pengarah (n) director
arca arch
asap (n) smoke
Asia Tenggara South East Asia
asyik to be engrossed in st
atas (prep) above, on
mengatasi to overcome
atur*
mengatur to arrange
beratur to line up
peraturan rules, regulations
awal early

awas*	
mengawasi	to monitor
pengawas (n)	monitor
ayah	father
baca*	
membaca	to read
bacaan (n)	reading text
bagai	as
sebagai	
berbagai	various
bagaimana	how
bagus (adj)	good, nice
bahagia, bahagia (adj)	happy
berbahagia	to be happy
kebahagiaan	happiness
bahan	ingredients, material
bahasa	language
bahawa	that; *Dia berkata bahawa* . . . He said that
baik (adj)	good
baiklah	all right, okay
kebaikan (n)	goodness
membaiki	to repair/ renovate
memperbaiki	to repair/ renovate
sebaik saja	as soon as
baju	items of clothing such as dress, skirt, shirt, etc
bakar*	
membakar	to burn
kebakaran (n)	fire
terbakar	accidentally burnt
balai	station
balai polis	police station
bandar	city, town
luar bandar	rural area
pusat bandar	city centre
banding*	
membandingkan	to compare
perbandingan	comparison
bangga*	
berbangga	to be proud
membanggakan	st to be proud of
bangsa	race
kebangsaan	national
bangun	to wake up
membangunkan	to develop
pembangunan	development
bangunan	building
banjir (n)	flood
bantah*	
membantahkan	to object/protest
pembantahan	
bantahan (n)	protest
bantu*	
membantu	to help
bantuan (n)	assistance, help
pembantu (n)	helper
banyak	many
memperbanyakkan	to increase
bapa, bapak	father
barang	things
barang-barang	goods
sebarang	anything, whatever
barat	west
baring *	
berbaring	to lie down
terbaring	
baru, baharu (adj)	new
membarui	to renew
memperbaharui	to renew

bas	bus
basikal	bicycle
berbasikal	to ride a bicycle
batal*	
membatalkan	to cancel
batu	stone, mile
-nisan	gravestone
batuk	cough
bau*	to smell
terbau	
bau-bauan	aroma
bawal	pomfret
bayar*	
membayar	to pay
bayaran	payment
bayi	baby
bebas*	
membebaskan	to set free
kebebasan	freedom
wartawan bebas	freelance journalist
bebas cukai	tax-free
beberapa	several
beza*	
berbeza	to differ
perbezaan	difference
beg	bag
beg galas	rucksack
begitu	like that
sebegitu	
kalau begitu	if so
bekal*	
membekal	to supply
pembekal	supplier
bekalan	supply
bekas	former
bela*	
membela	to rear
belanja*	
membelanja	to give a treat, to spend
berbelanja	
perbelanjaan	expenses
beli*	
membeli	to buy
membeli belah	to shop
pembeli	buyer
pembelian (n)	purchase
belum	not yet
sebelum	before
benda	thing
bendera	flag
bengkel	workshop
bentang*	
membentang	to lay out
terbentang	laid out
berani (adj)	
memberanikan	to make oneself brave
keberanian	bravery
berapa	how much/ many?
beras	uncooked rice
beri*	
memberi	to give
memberikan	
pemberian (n)	gift
pemberi	giver
beritahu/tau	to tell
memberitahu/ tau	
berkat	blessing
memberkati	to bless
berlian	diamond
berontak*	
memberontak	to rebel
bertengkar	to argue
pertengkaran	argument
berus*	
memberuskan	to brush
pemberus (n)	brush
besar (adj)	big
membesar	to grow

membesarkan, memper-besarkan	to enlarge
betik	papaya
biar	to let, to allow
biasanya	usually
biasiswa	scholarship
bicara	
membicara	to judge
pembicaraan	trial
bidang	width, field (e.g. the field of science)
bil	bill
bila	when
bilik	room
mandi	bathroom
tidur	bedroom
rehat	lounge
tamu	guest room
makan	dining room
bimbang*	
membim-bangkan	to be worried
kebimbangan (n)	worry
binatang	animals
bincang*	
berbincang	to discuss
membin-cangkan	
perbincangan	discussion
bintang	star, medal (award)
bintang filem	film star
bir	beer
biru	blue
bising (adj)	noisy
biskut	biscuit
blaus	blouse
boleh	can
membolehkan	to enable
kebolehan	ability
bongsu	youngest child
buah	fruit
bual*	
berbual	to converse, chat
berbual-bual	
perbualan	conversation
buat*	
membuat	to make, to do
pembuat	maker
perbuatan	behaviour/deed
budak	child
budak-budak	children
budak pejabat	office boy
budaya	culture
kebudayaan	cultural
budi (n)	to be courteous, polite
berbudi bahasa	to have good manners
buka (vi)	to open
membuka (vi)	to open
pembukaan (n)	the opening of
bukan	no/not (in front of nouns); *also as question tag*, isn't it, did you, did he, was she, etc.
bukit	hill
buku	book
bulan	month, moon
berbulan madu	to go on honey-moon
bunga	flower
bunga manggar	special decora-tive flowers for special ceremonies
sejambak bunga	a bouquet of flowers
bungkus*	

membungkus	to wrap
bungkusan	bundle, parcel
bunuh*	
membunuh	to kill, murder
pembunuh	killer, murderer
pembunuhan	murder
terbunuh	killed
burai*	
terburai	to unfold and drop
buruk (adj)	old
but (n)	boot
cacat	handicap
kecacatan	
cadang*	
bercadang	to propose
mencadangkan	
cadangan	proposal
cakap*	
bercakap	to talk
campur*	
bercampur	to mix
cantik (adj)	beautiful
kecantikan	beauty
capai*	
mencapai	to achieve
pencapaian	achievement
tercapai	achieved
cara	way (i.e. the way to do st)
cari*	
mencari	to find/search
mencarikan	to find/search st for smn
cat	paint
catat	
mencatat	to note down
catatan	notes
cawan	cup
secawan	a cup of
cek kembara	traveller's cheque
cekap (adj)	efficient
kecekapan	efficiency
cenderamata	souvenir
cerita (n)	story
menceritakan	to tell a story about
cermat (adj)	careful, with care
cetak*	
mencetak	to print
pencetak	printer/publisher
Cik	Miss
Cina (orang)	Chinese
cinta (n)	love
mencintai	to love
jatuh cinta	to fall in love
cicir/ter	to drop accidentally
cita-cita	ambition
bercita-cita	to have ambition
contoh (n)	example
mencontohi	to make example of
cuaca	weather
cuba*	
mencuba	to try, to attempt
percubaan (n)	attempt
cuci *	
mencuci	to clean, to wash
cucu	grandchildren
cukup	enough
curi*	
mencuri	to steal
kecurian	theft
pencuri	thief
cuti*	
bercuti	to go on holiday
percutian	holiday
dadah	drugs
daerah	area, district
pegawai daereh	district officer

dagang*
  berdagang to trade
  perdagangan trade
dahulu, dulu before
dakap*
  mendakap to embrace
  dakapan (n) embrace
dalam in
  di dalam inside
damping*
  berdamping to be with
  berdampingan
  didampingi accompanied by
dan and
dansa a dance
  berdansa to dance
dapat*
  terdapat
  mendapat to get
  mendapatkan
  pendapat idea
  pendapatan income
dapur kitchen
darat (n) land
  mendarat to land
  pendaratan landing
dari (prep) from (*as in* from A to B)
  daripada (prep) than (*as in* stronger than)
darjah standard, class
datang to arrive, to come
datuk grandfather
daya/ter having the ability
dedikasi (n) dedication dedicated
  berdedikasi with dedication
dekat (prep) near
demonstrasi (n) demonstration
  berdemonstrasi to demonstrate
dengan (prep) and/with
dengar to hear, listen
  pendengaran hearing
  terdengar can be heard
derita*
  menderita to suffer
  penderitaan suffering
derma (n) donation
  menderma to donate
dewan hall
Dewan Bahasa dan Pustaka National Language and Literacy Bureau
dewasa adult
di (prep) at, on, in
dia he/she/it
diam to be quiet
didik*
  mendidik to teach
  pendidik teacher
  pendidikan education
dinding wall
diri*
  berdiri to stand
  mendirikan to build
  pendirian standpoint
  terdiri to consist of
doa (n) prayer
  berdoa to say a prayer
doktor doctor
dokumen document
dua two
  kedua-dua both
duduk
  mendudukkan to sit sm
  menduduki to occupy
  penduduk population
  pendudukan occupation
  kedudukan status
duga* to come to one's mind
  tak terduga did not enter one's mind

duit	money; *also* **wang**
duka (adj)	sad
dulu	first, previously, before; *also* **dahulu**
dunia	world
meninggal dunia	to die
duta	ambassador
kedutaan	embassy
ekonomi	economy
ekor	tail, for animals
eksport	to export
ekspres	express
elok	nice
emak	mother; *also* **mak**
emas	gold; *also* **mas**
empat	four
enak	delicious
enam	six
Encik	sir, mister
enggan	to refuse
enjin	engine
esok	tomorrow
faham	
memaham	to understand
memahami	
fail	file
fasih	fluent
fesyen	fashion
fesyen rambut	hairstyle
fikir*	
berfikir	to think
memikirkan	to think about something
filem	film
gadai*	
bergadai	to pawn
tergadai	pawned
gadis	young girl
gaduh*	
bergaduh	to fight/argue
pergaduhan	a fight/argument
gaji	salary
bergaji	to have a salary
galak*	
menggalak(an)	to encourage
galakan	encouragement
gamak/ter	to have the heart to do sth
gambar	picture, photographs
juru gambar	photographer
ganggu*	
menganggu(i)	to disturb
gangguan	disturbance
ganti*	
mengganti	to change/ replace
menggantikan	
gantung*	
menggantung	to hang
tergantung	already hung
garaj	garage
gaul*	
bergaul	to mix
gaya	style
bergaya	to be fashionable, stylish
gelak/ter	to laugh uncontrollably
gelap	dark
gelisah	to be worried
gemar	like
digemari	is liked by
gembira (adj)	happy
bergembira	to be happy
kegembiraan	happiness
gemuk	fat
gerai	stall

gerak langkah	movement
giat*	
bergiat	to be active
kegiatan	activities
gigi	teeth
gigit*	
menggigit	to bite
tergigit	to accidentally bite
goreng	to fry
gosok	to iron
gula	sugar
guna*	
mengguna	to use
menggunakan	
berguna	useful
gunung	mountain
guru	teacher; *also* **cik gu**
habis	to finish
menghabiskan	to finish st
-masa	to spend time
hadap*	
berhadap	to face
menghadapi	to face
hadapan	in front
hadiah	present, gift
menghadiahkan	to give a present
hadir	
menghadiri	to attend, to be present
kehadiran	presence
hairan	
menghairankan	to be shocked/ perplexed
haiwan	animals
taman haiwan	zoo
hal ehwal	affairs
halaman	compound/yard
halau	
menghalau	to chase out
hampir	almost, nearly
menghampiri	to approach
berhampiran	nearby
handal	skilful
kehandalan	skill
hantar*	
menghantar (kan)	to send
hanya	only
haram	illegal
harap*	
berharap (vi)	
mengharapkan	to hope for st
harapan	hope, expectation
harga	price
berharga	to cost
hari	day
hari jadi	birthday
Hari Raya	*a Muslim religious celebration at the end of Ramadan*
harta benda	properties
haru	
terharu	to be sad, upset
harus	must, should
hati	heart
berhati-hati	to be cautious
perhati	to watch, to observe
memerhatikan	to watch
perhatian	attention
hebat	fantastic
hendak	to want
nak	*short for* **hendak**
hias*	
berhias	to decorate
mengiasi	decorating
perhiasan	decoration

hidang	
menghidang-kan	to serve
hidangan	meal that is laid out on the table
terhidang	ready served
hidu*	
menghidu	to smell
hidup	to live
menghidupkan	to bring to life
kehidupan	life
taraf hidup	standard of living
hijau	green
-tua	dark green
-muda	light green
hitam	black
hormat	
menghormati	to respect
kehormatan	respectability
hotel	hotel
hubung*	
berhubung	in connection with, to contact
hubungan	relation
perhubungan	relationship
hujan	rain
hujung	at the end
hukum*	
hukuman	sentence (after a trial)
huru hara	chaotic
hutang	debt
berhutang	to borrow
ibu	mother; *also* **emak, mak**
ibu bapa	parents
ikan	fish
ilmu alam	geography
indah (adj)	beautiful
India (orang)	Indian
industri	industry
perindustrian	industrial
ingat	
mengingatkan	to remind
teringat	to remember
peringatan	reminder
Inggeris	English
ingin	to want/desire
ini	this
istana	palace
isteri	wife
beristeri	to have a wife
istimewa	special
itu	that
jadi*	
menjadi	to become
kejadian	incident
jadi	so (*as in* so he went home)
jaga*	
menjaga	to take care of
penjaga	the caretaker
jalan	road
berjalan	to walk
perjalanan	journey
menjalankan	to carry out st
jam	watch, clock
jambak	
sejambak	a bouquet
jamin	to assure/ guarantee
menjaminkan	
terjamin	assured/ guaranteed
jamu*	
jamuan	party
jamuan malam	dinner party
jangan	don't
jangkit	
berjangkit	to infect
penyakit	infectious disease

berjangkit	
janji (n)	promise
berjanji	to promise
menjanjikan	to promise st to sb
perjanjian	agreement
temujanji	appointment
jarang	seldom
jari	finger
jatuh (vi)	to fall
menjatuhkan	to let fall
kejatuhan	the decline of
jauh	far
berjauhan	to be far apart
jawab*	
menjawab	to answer
jawapan	answer
jaya	
berjaya	to succeed
kejayaan	success
Jelapang Padi	Rice Bowl (of Malaysia)
jelas	clear
menjelaskan	to explain
penjelasan	explanation
jemput*	
menjemput	to invite, to fetch
jemputan	invitation
para jemputan	guests
jemur	
menjemur	to hang out to dry
jenis	type (e.g. type of person)
jerit*	
menjerit	to scream
jiran	neighbour
berjiran	to be neighbours with
jual	
menjual	to sell
menjualkan	
penjual	seller
penjualan	sale
judi	
berjudi	to gamble
perjudian (n)	gambling
juga	also
jujur (adj)	honest
kejujuran (n)	honesty
Jumaat	Friday
jumpa*	
berjumpa	to meet
perjumpaan	a meeting
menjumpai	to find
jururawat	nurse
juru gambar	cameraman, photographer
kabinet	cabinet
kaca	glass
kacak (adj)	good-looking, handsome
kacau	to disturb
kad	card
kadang-kadang	sometimes
kadar	rate
kagum	to be intrigued/ impressed
mengagumkan	to amaze, to astonish
kahwin	
berkahwin	to marry
mengahwini	to marry someone
mengahwinkan	to marry off smn
perkahwinan	marriage
kajian	research
kakak	elder sister
kaki	leg, foot
kakitangan	staff
kalah	to lose
mengalahkan	to defeat smn (vt)

kekalahan (n)	the defeat
kalau	if
kali	times, e.g. **dua kali dua** . . . two times two; **tiga kali** . . . three times
kalkulator	calculator
kamera	camera
kami	we (*excluding person spoken to*), us
kampung	village
kamu	you (informal)
kanan	right
kantin	canteen
kapal	ship
perkapalan	shipping
kapal terbang	aeroplane
karang*	
mengarang (vt)	to compose, to write
pengarang	editor
karangan (n)	essay, writing
kari	curry
kasih (n)	love
menghasihi (vt)	to love
dikasihi	to be loved
kasihan	
mengasihani (vt)	to have pity on
belas kasihan (n)	pity
kastam	custom
kasut	shoes
kata	
berkata (vi)	to say
mengatakan (vt)	
perkataan (n)	word
mengata (vt)	to gossip
katil	bed
kau	you (informal)
kawal*	
mengawal (vt)	to control
pengawal	controller
kawan (n)	friend
berkawan (vi)	to be friends
kawasan	area
kaya (adj)	rich
memperkayakan	to enrich
kekayaan (n)	wealth
ke (prep)	to
kebun	garden
kecil	small
kecuali	unless
kedai	shop
kejam (adj)	cruel, harsh
kejar*	
mengejar (vt)	to chase after, to rush
kejut*	
terkejut	surprised
kelab	club
kelip	
berkelip (vi)	to twinkle
keliru	
mengelirukan	confusing
kelmarin	yesterday
kelola*	
pengelola	organiser
keluar	to go out
mengeluarkan (vt)	to get smn out
kemas	tidy
mengemas (vt)	to tidy up
kembali	to return
mengembalikan (vt)	to return st to smn
kembar	twins
kenal	
berkenal (vi)	to get to know

mengenal (vt)	to recognize
terkenal	famous
kenang*	
mengenang (vt)	to remember
kenangan (n)	memory
kenderaan	transport
kenduri	a feast
kepala	head
mengepalai (vt)	to head
kepung	
mengepung (vt)	to surround
kerani	clerk
keras (adj)	hard
berkeras (vi)	to insist
kereta	car
berkereta (vi)	to go by car
kerja*	
bekerja (vi)	to work
pekerja	worker
pekerjaan (n)	job, occupation
mengerjakan (vt)	to do st
kertas	paper
kertas kerja	working paper
kerumun*	
berkerumun (vi)	to surround/ gather/flock
mengerumuni (vt)	
kerusi	chair
kesal*	
menyesal (vi)	to regret
ketagih	to be addicted to
ketat (adj)	tight
ketua	head, chief
khabar	news
surat khabar	newspaper
apa khabar	how are you?
Khamis	Thursday
khuatir	to worry
khusus	specific
kilang	factory
kira*	
kira-kira	approximately, about
mengira (vt)	to count
kirim*	
mengirim (vt)	to send
kisah	story, an account of
kita	we (*including person spoken to*)
klinik	clinic
kocek	pocket
kolam	pool
kolam renang	swimming pool
kolej	college
kolum	column
kompang	*a special drum used during special occasions such as weddings*
kopi	coffee
kot	coat
kotak	box
kotor (adj)	dirty
kredit	credit
kuah	gravy
kuasa	power
berkuasa (vi)	to have the authority
kucing	cat
kuih	cakes
kukuh (adj)	stable, strong
kuliah	lecture
kulit	skin/complexion leather (bag)
kunci	key
mengunci (vt)	to lock
terkunci	to lock

accidentally
kuning yellow
kunjung
mengunjungi (vt) to visit
berkunjung (vi)
kunjungan (n) a visit
kurang less
kurnia blessings
kutip*
mengutip (vt) to collect

lagu song
lain other, different, another
lain-lain others
laju (adj) fast
laksana*
melaksanakan (vt) to implement
perlaksanaan (n) implementation
laku*
berlaku (vi) to happen
melakukan (vt) to do
kelakuan (n) behaviour
lalu to pass by
melalui (vt) via
lalu lintas traffic
lama old, a long time
lambat (adj) late
memperlambatkan (vt) to delay
lampu light, lamp, lighting
lancar*
melancarkan (vt) to launch
pelancaran (n) launching of
langgan*
pelanggan clients, customers
lanjut
melanjutkan (vt) to further
lantai floor
lapangan terbang airport
lapar hungry
kelaparan hunger
lari
berlari (vi) to run
latih*
berlatih (vi) to train, to practise
melatih (vt) to train smn
latihan (n) training
pelatih trainer
laut sea
layak*
kelayakan (n) qualifications
layan
melayan (vt) to entertain
melayani (vt)
pelayan waitress/waiter
layanan (n) treatment
layang-layang kite
lazat (adj) delicious
lebih more
lega to feel relief
lekas fast, quick
lemah (adj) weak
kelemahan (n) weakness
lemak (n) fat
berlemak fatty
lembaga figure
lembut (adj) soft
lemah lembut gentle
lengah
berlengah (vi) to delay
lesen licence
letak
terletak located at

meletakkan (vt)	to place st
letih	tired
keletihan	exhausion
licin (adj)	smooth
lihat*	
melihat (vt)	to see
penglihatan (n)	sight
kelihatan	is seen
lima	five
liput*	
meliputi (vt)	to cover
liputan (n)	coverage
lompat*	
berlompat-lompat (vi)	to jump up and down
lorong	lane
luar	outside
luar bandar	rural areas
luar negeri	overseas
luas (adj)	wide
meluas	widespread
lucu (adj)	funny
lukis*	
melukis (vt)	to draw
lukisan (n)	drawing
pelukis	artist
lulus (vt)	to pass
kelulusan	pass
lumba	
berlumba	to race
perlumbaan	a race
lupa	to forget
terlupa	
maaf	sorry, excuse me
memaafkan (vt)	to forgive
meminta maaf	to ask for forgiveness
bermaaf-maafan	to forgive and ask for forgiveness
macam	like
mahal (adj)	expensive
mahasiswa	undergraduate
mahu, mau	to want
main*	
bermain (vt)	to play
pemain	player
permainan (n)	a game, toy
majikan	employer
majlis	party
maju	to advance, progress
kemajuan (n)	progress
mak	mother; *also* **emak**
Mak Cik	aunty (*an older woman whose name you do not know*)
makan*	
memakan (vt)	to eat
makanan (n)	food
-tengah hari	lunch
maksud	meaning
malam	night
semalam	last night
selamat malam	good night
malang (adj)	unfortunate
kemalangan (n)	accident
malas (adj)	lazy
malu	to be ashamed
memalukan (vt)	to embarrass
mampu	to afford
mana	where
mandi	to bathe
memandikan (vt)	to bathe someone
bilik mandi	bathroom
manis	sweet

marah to be angry, to scold
memarahkan (vt) to scold
kemarahan (n) anger
naik marah to lose one's temper
markah marks, points
masa time
semasa at the time
buang masa to waste time
masak*
memasak (vt) to cook
masakan (n) dish/meal
tukang masak chef, cook
masalah problem
masih still
masing-masing each
masjid mosque
masuk*
memasukkan (vt) to enter
termasuk including
mati die
mematikan (vt) to switch off
kematian (n) death
meja table
mekanik mechanic
Melayu (orang) Malay
memang true
menang to win
kemenangan victory
pemenang winner
mendung (adj) cloudy
mengapa why
tak mengapa never mind, that's all right
menteri minister
menteri besar chief minister
perdana menteri prime minister
kementerian ministry
merah red
merah jambu pink
merah tua dark red
merah muda light red
mercun fireworks
mereka they, them, their
meriam canon
mesti must
mesyuarat meeting
bermesyuarat (vi) to have a meeting
mimpi dream
bermimpi (vi) to dream
minat (n) interest
berminat (vi) to be interested
meminati (vt)
peminat fan
minggu week
minta*
meminta (vt) to ask for
minum*
meminum (vt) to drink
minuman (n) drinks
peminum drinker (unsually of alcoholic drinks)
minyak oil
miskin poor
kemiskinan poverty
moden modern
memper-modenkan (vt) to modernize
moga-moga hopefully
motosikal motorcycle
muat*
muatan load
muda (adj) young
termuda the youngest
mudah (n) easy

mula*
- **bermula** (vi) — to start
- **memulakan** (vt) — to start st
- **permulaan** (n) — the start of st

mulia — auspicious
muncul* — to appear
- **kemunculan** (n) — appearance

mungkin — perhaps, may be
muntah — to vomit
murah (adj) — cheap
- **murah hati** — generous

murid — pupil
musim — season
- **tengkujuh** — monsoon

musuh — enemy
- **permusuhan** — enmity

mutu — quality
- **bermutu** — with quality

muzik — music

naik — to ride
- **menaiki** (vt)
- **menaikkan** (vt) — to raise st

nakal (adj) — naughty
nama — name
nampak — to see
- **nampaknya** — it seems

nanti — wait
- **menanti** — to wait

nasib — luck
- **bernasib baik** — to be fortunate

nasi — rice (i.e. cooked)
- **nasi goreng** — fried rice

nasihat (n) — advice
- **menasihatkan** (vi) — to advise
- **menasihati** (vt) — to advise

negara — country
negeri — state
nelayan — fishermen
nganga — to open the mouth wide
- **(ter)nganga**

nikmat — enjoyment
- **menikmati** — to enjoy

nilai — value
nombor — number
nyaman — fresh
- **penyaman** — air conditioner

nyanyi*
- **menyanyi** (vt) — to sing
- **penyanyi** — singer
- **nyanyian** (n) — song

nyata — obvious
- **kenyataan** — a reality

olah*
- **mengolah** (vt) — to put together

oleh — by
- **memperolehi** (vt) — to obtain

orang — people
- **seorang** — alone
- **seseorang** — someone

pada — at, on, in
padan — to match, to suit
padang — field
pagi — morning
- **selamat pagi** — good morning

pakai*
- **memakai** (vt) — to wear, to use
- **pemakai** — wearer
- **pakaian** (n) — clothes

paksa — to force
- **terpaksa** — must

pameran — exhibition
pampang
- **terpampang** — to be displayed

	openly
panas (adj)	hot
memanas (vi)	to become hot
memanaskan (vt)	to heat
kepanasan (n)	heat
pancar	
memancar (vi)	to shine
pandang*	
memandang (vt)	to look
pandangan (n)	view
pemandangan (n)	scenery
pandu*	
memandu (vt)	to drive
pemandu	driver
panggil	
memanggil (vt)	to call
pangkat	
naik pangkat	to be promoted
panjang (adj)	long
panjat	
memanjat (vt)	to climb
pantai	beach
pantas	swiftly, quickly
pantun	*Malay rhyme*
papan	wood
papan tingkat	shelves
pasang	
memasang (vt)	to fit, to fix
pasar	market
pasar raya	supermarket
pasu	pot (flower)
pasukan	team
payung	umbrella
pecah	
memecah (vt)	to break
pedas (adj)	hot (taste)
pegawai	officer
pegun	
terpegun	to be stunned
pejabat	office
jabatan	department
pekak	deaf
pelamin	dais for bride and groom
pelancong	tourist
melancong (vi)	to tour
pelancongan (n)	tourism
peluk	
berpeluk (vi)	to embrace
memeluk (vt)	to embrace
pelukan (n)	embrace
berpeluk-peluk	to embrace repeatedly
pena	pen
penat	tired
pendek	short
penjara	jail
pengantin	bride and groom
penghuni	occupants
penting	important
mementingkan	to regard as important
Perancis	French
percaya	
mempercayai	to believe
kepercayaan	belief
perempuan	woman
periksa*	
memeriksa	to check
pemeriksaan	check up
periksa	to test
peperiksaan	examinations
perintah	order
memerintah	to order
pemerintah	ruler
pemerintahan	reign, rule
periuk	pots (for cooking)
perkara	thing, matter
perlu	
memerlukan	to need

memerlu	
keperluan	necessity
permaidani	carpet
pernah	to have done or experienced something
tak pernah	never
perpustakaan	library
pertanian	agriculture
perut	stomach
pesat	rapid, fast
pesona	
terpesona	to be fascinated by
pesta	party, fair
peta	map
piala	cup, e.g. football cup
pijak*	
memijak	to step on to st
terpijak	to step accidentally on to st
pilih*	
memilih	to choose
pimpin*	
memimpin	to lead
pemimpin	leader
pinjam*	
meminjam	to borrow
meminjamkan	to lend
pinjaman	loan
pintar	brilliant
pintu	door
pisang	banana
pokok	tree
polis	police
balai polis	police station
pondok	hut
pos	post
potong*	
memotong	to cut down
praktik	
mempraktikkan	to practise
presiden	president
produser	producer
projek	project
puas*	
berpuas hati	to be satisfied
memuaskan	satisfied
puasa	
***berpuasa**	to fast
bulan puasa	fasting month
publisiti	publicity
puji*	
memuji	to praise
pujian	praise
pukul*	
memukul	to hit, to strike
pukul	o'clock
pulang	to return, to go home
memulangkan	
kepulangan	the homecoming
pulau	island
Pulau Pinang	Penang
puluh	ten
punya*	
mempunyai	to have
kepunyaan	belonging to
pusat	centre
pusing	to turn
putera/i	prince/princess
putih	white
putus*	
memutuskan	to decide
keputusan	result
Rabu	Wednesday
ragu*	
meragui	to feel apprehensive
keraguan	apprehension
raja	king

kerajaan government
rajin hardworking, diligent
kerajinan diligence
rakyat citizen
kerakyatan citizenship
Ramadan *the month of fasting for Muslims*
ramah friendly, talkative
ramai many (applied to people)
rambutan *round fruit with hairy skin, sweet and succulent*
rancang*
berancang to plan
merancangkan
rancangan programme
rantai chain, necklace
rapi neat, tidy
rasa*
berasa to feel
merasakan
perasaan feelings, emotions
ratap*
meratap to mourn
rawat*
merawat to treat
rawatan treatment
raya
merayakan to celebrate
Hari Raya Muslim religious festival
reban coop (chicken coop)
reben ribbon
renang
berenang to swim
kolam renang swimming pool
rendah short, low
merendahkan to lower
restoran restaurant
rehat
berehat to rest
istirehat
ribu thousand
rindu to long for
merindui
ringan (adj) light
ringgit *Malaysian currency*
ringkas brief
riuh rendah noisy
rokok cigarette
merokok to smoke
rosak faulty
merosakan to make faulty
kerosakan fault
roti bread
rujuk*
merujuk to refer
rujukan reference
rumah house
perumahan housing
rumah sakit hospital
runding*
berunding to discuss
rundingan conference
runsing worried, anxiety

sabar to be patient
kesabaran patience
Sabtu Saturday
sabun soap
sahabat close friend
sahabat pena pen friend
sains science
saiz size
saja only, just

sakit ill
  kesakitan pain
  penyakit illness
saksi witness
  menyaksikan to witness
salah (n) wrong
  bersalah to be guilty
  kesalahan (n) wrongdoing
salam regards
  bersalam to shake hands in greetings
  bersalam-salaman
salji snow
sama same
  bersama to be together
  sama-sama *reply to thank you meaning* you're welcome
sama ada whether
sambilan part-time
sambung
  bersambung to continue
  menyambung
  sambungan continuation
sambut*
  menyambut to welcome, to greet
sampah rubbish
sampai to reach, until
sampan sampan, boat
sana there
sandar*
  tersandar to sit back (involuntarily)
sanding*
  bersanding to sit side by side (in marriage ceremony)
  persandingan marriage ceremony
sanggup willing
sapu*
  menyapu to sweep
  sapu tangan handkerchief
sara*
  bersara to retire
  persaraan retirement
sarung sarong
  _ tangan gloves
satu one
  kesatuan association
saudara *a term used to address a male*
saudari *a term used to address a female*
  saudara mara relatives
saya I, me, my
sayang love
  tersayang much-loved
  kesayangan pet, favourite
  sayang sekali what a pity
sayur vegetables
sebab because
  sebab apa why
sebentar a while
sedap delicious
sedar to be aware
sedia*
  menyediakan to prepare
sedih (adj) sad
  bersedih to be sad
  menyedihkan to make sad
  kesedihan sadness
sedikit/sikit a little/a few
segar fresh
segera immediately, at once
  roti segera instant bread
sejak since
sejarah history
sejuk (adj) cold
  kesejukan cold
sekali once

_ sekala	once in a while
sekarang	now
sekian	that's all
sekitar	around
sekolah	school
selalu	always
selamat	safe
selamat pagi	good morning
–petang	afternoon
–tengah hari	afternoon
–datang	welcome, etc.
keselamatan	safety
Selasa	Tuesday
selendang	long scarf
selerak*	
berselerak	to be in a mess
selesa	comfortable
selesai	
menyelesaikan	to finish, to complete
seledik	
penyelidikan	research
seluar	trousers
seludup*	
menyeludup	to smuggle
penyeludup	smuggler
sembahyang	to pray
semai*	
tersemai	implanted
sembang	
bersembang	to chit-chat
sembelih	to slaughter
sembilan	nine
sempat	to have the opportunity
semua	all
kesemuanya	all of it
senam*	
bersenam	to exercise
senaman	exercise
senang (adj)	easy, happy
menyenang-	to make happy
kan	
senarai	list
sengaja	purposely
sentiasa	always
sentuh*	
menyentuh	to touch
sentuhan (n)	touch
senyap	silence
senyum(ter)	to smile
sepah*	
bersepah	to be in a mess
sepak takraw	*a game of rattan ball*
separuh	half, middle
separuh umur	middle age
seperti	like
sepi	quiet
serah*	
menyerah	to hand over
seri*	
menyerikan	to brighten up, enhance
sering	often
seronok	to be happy, to enjoy
serta merta	immediately
sesal/meny	to regret
sesat	to lose one's way
sesuai	apt, matching
setem	stamp
seterika	iron
setia	loyal
kesetiaan	loyalty
setiausaha	secretary
setuju*	
bersetuju	to agree
persetujuan	agreement
sewa*	
menyewa	to rent
disewakan	to rent out
siap	
menyiapkan	to get ready

bersiap sedia	
persiapan	preparation
siapa	who, whom whose
siar*	
bersiar-siar	to go sightseeing
siasat*	
menyiasat	to investigate
penyiasatan	investigation
sibuk	busy
kesibukan	
sihat	fine, healthy
kesihatan	health
sikap	attitude
bersikap	to have a certain attitude
sila	*polite request to mean 'please, do'*
silap	mistake
tersilap	to unintentionally make a mistake
simpan*	
menyimpan	to keep
simpanan	in the care of
singgung	
tersinggung	to feel upset, offended
sisi	by the side
sistem	system
situ	there
soal	to question
soalan	question
stesen	station
suami	husband
sudah	already
suka	to like
bersuka-suka	to have fun
kesukaan	favourite
sumbangan	contribution
suntik*	
menyuntik	to inject
suntikan	vaccination
sungkur*	
tersungkur	to fall flat on the face
supaya	so that
surat	letter
surat khabar	newspaper
suruh*	
menyuruh	to ask smn to do st
susah	difficult, hard
kesusahan	difficulty
susu	milk
menyusukan	to feed milk to a child
susun	
menyusun	to arrange
tersusun	ready arranged
swasta	private
syak*	
mensyaki	to suspect
syarah*	
bersyarah	to make a speech
pensyarah	lecturer
syukur	to thank God
tadbir*	
mentadbir	to adminster
pentadbir	administrator
pentadbiran	administration
tadi	just now
tahan*	
menahan	to stop
tahi lalat	mole
tahu/tau*	
memberitahu/tau	to tell
pengetahuan	knowledge
berpengetahuan	with knowledge

taip*
  menaip to type
tahun year
takut*
  menakutkan to frighten, to scare
  ketakutan fear
tali rope
  tali pinggang belt
  tali leher neck tie
tamak greedy
taman garden
  taman haiwan zoo
tamat to finish/to know
  menamatkan
tambah*
  menambah to add, to increase
tamu, tetamu guest
tanam
  menanam to plant
  tanaman plants
tanda* a sign
  menandakan to mean
  tanda tangan signature
  menandatangani to sign
tanding*
  bertanding to complete
  petandingan competition
tangis*
  menangis to cry
  tangisan (n) cry
tangkap*
  menangkap to catch
tani
  pertanian agriculture
tapi, tetapi but
taraf standard
  – hidup standard of living
tarik to pull
  menarik attractive
tarikh date
tasik lake
tawar*
  tawaran offer
tatap
  menatap to watch
tebal (adj) thick
tegur
  menegur to speak
telatah antics
telefon telephone
  menelefon to phone
teliti with care
telur egg
tembak*
  menembak to shoot
tempat place
temu*
  bertemu to meet
  menemui meet
  pertemuan meeting
  temu janji appointment
tenaga energy
  bertenaga with energy
tengah middle, centre
tengkujuh monsoon
tentera soldier, army
tentu sure, certain
tepat exactly
tepi side
terang bright
terbang to fly
  penerbangan flight
terbit*
  menerbit to publish
  penerbit publisher
teriak
  meneriak to scream, to shout out
terik to shine brightly
terima*

menerima	to receive
terima kasih	thank you
terlalu	too
terpesona	fascinated
teruk	hard, worse, serious
terus	straightaway, straight ahead
tetamu, tamu	guests
para tamu	guests
tetapi/tapi	but
tiada	none
ketiadaan	the absence of
tiap	every
setiap	every
tiap-tiap	
tiba	to arrive
ketibaan	arrival
tiba-tiba	suddenly
tidak/tak	no/not
tidur	to sleep
menidurkan	to put to sleep
tiga	three
tiket	ticket
timbang*	
menimbang	to weigh, to give consideration
timur	east
Tuhan	God
tukang	worker trained for a certain skill
tukang masak	chef, cook
tukang kebun	gardener
tukar	
menukar	to change
pertukaran	exchange
tulis*	
menulis	to write
penulis	writer
penulisan	result of writing
tulisan	writing
tumbuk*	
menumbuk	to punch
tumpang*	
menumpang	to share
penumpang	passenger
tumpu	
menumpu	to concentrate
tunang	fiancé
bertunang	to be engaged, to have a fiancé
tunggu*	
menunggu	to wait
tunjuk*	
menunjuk	to show
pertunjukan	a performance, show
turun	to descend
menurunkan	to bring down st
turut*	
menurut	according to
ubat (n)	medicine
berubat	to go for treatment
mengubati	to treat
perubatan	medicine
ucap*	
berucap	to give a speech, to talk
mengucap	to say
ucapan	speech
udang	prawn
udara	air
ujian	test
ukur*	
mengukur	to measure
ulang	to repeat
ulang kaji	to revise
umat	followers of a religion
umum	general
mengumum-	to announce

kan	
pengumuman	announcement
umur	age
berumur	to be of a certain age
undang-undang	law
universiti	university
untuk (prep)	for
upacara	event
upah	pay
mengupah	to pay
urus*	
menguruskan	to manage, to arrange
pengurus	manager
usaha	effort
berusaha	to try
perusahaan	industry
utama	main
utara	noth
wah	wow
wajah	the looks
wakil	representative
waktu	time, when
walau bagaimanapun	nevertheless
walaupun	although
wanita	woman, lady
wang	money
wangi	aromatic, nice smell
wartawan	reporter, journalist
ya	yes
yang	that, which, who